U0499124

高端海归人才引进后
成效评价机制研究

GAODUAN HAIGUI RENCAI YINJIN HOU
CHENGXIAO PINGJIA JIZHI YANJIU

杨　庆◎著

中国财经出版传媒集团

经济科学出版社
Economic Science Press

·北　京·

图书在版编目（CIP）数据

高端海归人才引进后成效评价机制研究／杨庆著．

北京：经济科学出版社，2025.2. -- ISBN 978 - 7 - 5218 - 6504 - 2

Ⅰ．C964.2

中国国家版本馆 CIP 数据核字第 20248N7M53 号

责任编辑：于　源　刘　悦
责任校对：靳玉环
责任印制：范　艳

高端海归人才引进后成效评价机制研究
杨　庆　著
经济科学出版社出版、发行　新华书店经销
社址：北京市海淀区阜成路甲 28 号　邮编：100142
总编部电话：010 - 88191217　发行部电话：010 - 88191522
网址：www. esp. com. cn
电子邮箱：esp@ esp. com. cn
天猫网店：经济科学出版社旗舰店
网址：http://jjkxcbs. tmall. com
北京季蜂印刷有限公司印装
710 × 1000　16 开　20.25 印张　300000 字
2025 年 2 月第 1 版　2025 年 2 月第 1 次印刷
ISBN 978 - 7 - 5218 - 6504 - 2　定价：88.00 元
（图书出现印装问题，本社负责调换。电话：010 - 88191545）
（版权所有　侵权必究　打击盗版　举报热线：010 - 88191661
QQ：2242791300　营销中心电话：010 - 88191537
电子邮箱：dbts@ esp. com. cn）

前言 | Preface

　　积极引进和用好海外人才与智力是党和国家长期坚持的重要战略方针。党的十八大以来，习近平总书记高度重视人才强国战略的推进与高端海归人才引进工作，强调"在人才选拔上要有全球视野，下大力气引进高端人才"。党的十九大和党的二十大报告中均重申和强调了"聚天下英才而用之"。随之各部委相继推出了系列引才项目，各省份也竞相打造各种海归人才工程和计划，中国高端海归人才引进规模随之迅速扩大。尽管高端海归人才引进政策体系不断发展，海归人才引进及管理实践的不断深化，但尚未开展对高端海归人才引进后成效的全面系统性追踪与反馈，对高端海归人才引进后成效的关注不够，造成了高端海归人才引进工作"重引进，轻评估""重数量，轻实效"的现状。同时，一方面从人才产出与绩效考察来看，高端海归人才群体、引进单位、政府及社会公众都对高端海归人才引进后成效评价的实践探索与机制建立有着强烈的诉求；另一方面从政策评估及反馈、社会资源配置的有效性判断来看，社会管理者和公众都需要掌握和了解高端海归人才引进对国家及地方的社会和经济发展产生的积极影响与贡献程度，这同样也亟须建立一种有效的评价机制来实现。此外，从学术界的相关研究来看，有关海归人才的研究多是侧重某个领域进行单一层面的讨论，未将高端海归人才引进作为一个有机系统进行全面综合研究。即使是针对海归人才引进的研究，也仅是关注海归人才引进政策或策略及经验，将研究重点主要放在海归人才引进环节，很少关注海归人才引进后的效果及反馈，也尚未建立高端海归人才引进后成效的概

1

念与内涵，对高端海归人才引进后成效的评价尚属空白，没有针对性地对高端海归人才引进后所发挥的作用、产出、效果、效益等进行客观评价的研究。因此，本书探索展开对高端海归人才引进后成效评价的相关研究，对其概念界定、理论模型构建、指标体系的设计及评价机制具体构建进行全面系统的研究，具有重要的现实背景和理论背景。

本书遵循"概念辨析与界定（是什么）—背景与政策分析（为什么）—构建评价理论模型（评什么）—分类评价指标体系的构建（怎么评）—机制构建基础与逻辑架构（怎么建）—具体机制设计（怎么用）"的技术逻辑与研究路径剖析高端海归人才引进后成效评价机制的构建问题：首先探讨了高端海归人才的概念、范畴及特点，并在梳理总结已有理论和文献的基础上论述了高端海归人才引进后成效的内涵和界定，厘清了本书的研究对象"是什么"。其次对高端海归人才引进的现状进行了基础分析，并对现有海归人才政策进行了深入剖析，把握高端海归人才政策性体系的发展状况与问题，奠定了本书开展的现实背景，回答了"为什么"。之后，采用扎根理论研究方法，明确了高端海归人才引进后成效评价的层次结构理论模型，奠定了本书的理论基础，同时形成评价指标库，回答了"评什么"。再次在理论模型的指导下，运用专家咨询和问卷调查的方法对分类评价指标进行整理、筛选和评价，并创新运用毕达哥拉斯模糊集理论和大群体聚类模型，为各指标进行科学赋权，构建了高端海归人才引进后成效的分类评价指标体系，为"怎么评"提供了主要思路和借鉴；接下来，结合理论模型和方法应用，依据系统理论和机制设计理论，通过对高端海归人才引进后成效评价机制构建的价值取向辨析、目标分析、构成要素及功能分析等，确立了该机制基本构成与逻辑架构，为进一步具体机制设计的展开提供了依据和支持，明确了"怎么建"。最后围绕"怎么用"的问题，探寻聚焦于评价活动规则的规约机制、聚焦于评价活动运转的运行机制、聚焦于评价活动支持的保障机制的具体构建，以全面系统构建针对高端海归人才引进后成效评价有效实现的理论支持和实践途径。

杨 庆

2024 年 8 月

目录
Contents

第1章 绪 论

1.1 高端海归人才引进后成效评价的研究背景

1.1.1 实践背景

随着经济全球化的不断深入和国际竞争的日渐加剧，高端人才成为全球范围资源配置中的核心要素。积极引进和用好海外人才与智力是党和国家长期坚持的重要战略方针。党的十八大以来，党和国家加大力度深入推进人才强国战略，高度关注高端海归人才的引进工作，习近平总书记多次强调"在人才选拔上要有全球视野，下大力气引进高端人才"。在党的十九大报告中，习近平总书记重申了"聚天下英才而用之"，鼓励广泛吸引海外高端人才为实现"两个一百年"奋斗目标而奋斗，共同实现伟大中国梦。随之各部委相继推出了"长江学者奖励计划""高层次留学人才回国资助计划""海外赤子为国服务行动计划"等系列引才项目，各省份也竞相打造"海聚工程"等各种工程和计划，中国高端海归人才引进规模随之迅速扩大。党的二十大报告中，习近平总书记继续强调"聚天下英才而用之""深入实施人才强国""实施更加积极、更加开放、更加有效的人才政策"。可见海外人才，特别是高端海归人才依然是国家发展的重要战略资源。尽管高端海归人才引进政策体系不断发展，海归人才引进及管理实践不断深化，但尚未开展对高端海归人才引进后成效的全面系统性追踪与反馈，对高端海归人才引进后成效的关注不够，造成了高端海归人才引进工作"重引进，轻评估""重数量，轻实效"的现状。另外，随着高端海归人才引进规模的迅速扩大和持续累积，越来越多的高端海归人才在不同的地域、领域、行业及岗位等发挥自身优势，积极贡献力量。因此，基于人才产出与绩效评价的考虑，高端海归人才群体、引进单位、政府及社会公众都对高端海归人才引进后成效评价的实践探索与机制建立有着强烈的诉求。除此之外，从社会和经济效益的考察来看，推进高端海归人才的引进也是将高端海归人才这一特殊资源与一定社会资源进行有效的交换和配置，政府需要具体掌握高端海归人才引进对国家和地方的社会和经济发展产生的积极影响与贡献程度，这同样也亟须建立一种有效的评价机制来实现。因此，在中国经济社会发展的重要转折期，在人才强国战略的深入推进阶段，高端海归人才引进后成效评价机制研究具有重要的现实背景，可以为完善高端海归人才制度体系提供借鉴，从而为高端海归人才资源的有效利用提供保障，促进国家海外引才工作的良好发展。

1.1.2 理论背景

学术界普遍认同海外人才引进对区域竞争优势形成的直接影响，尤其是在新时代发展背景下，我国处于经济转型的重要时期，对高端人才的需求更加突出，需要进一步引进和开发利用海内外人才资源，其中高端海归人才的引进具有举足轻重的作用。伴随着近年来我国海外人才工作和实践的不断发展，关于海归人才领域的研究也逐渐兴起，成为相关学者们关注的焦点问题。通过使用中国知网检索期刊论文数据库，以"海归人才"为搜索主题进行查找，得到文献2635篇（包括新闻通讯形式的文献）。具体来看，关于海归人才及海外高层次人才的研究主要涉及人力资本的国际流动、海外人才引进对策和建议、海归人才智力资本与知识溢出、海归人才引进与组织运营及绩效等方面。这些不同角度的相关成果为本书的开展提供了有益的理论借鉴。但是总体上来看，有关海归人才的研究多是侧重于某个领域进行单一层面的讨论，未将高端海归人才引进作为一个有机系统进行全面综合研究。即使是针对海归人才引进的研究也仅是关注海归人才引进政策或策略及经验，更多是将研究重点主要放在海归人才引进环节，很少关注海归人才引进后的效果及反馈，也尚未建立高端海归人才引进后成效的概念与内涵，对高端海归人才引进后成效的评价尚属空白，没有针对性地对高端海归人才引进后所发挥的作用、产出、效果、效益等进行客观评价的研究。因此本书探索展开对高端海归人才引进后成效评价的相关研究，对其概念界定、理论模型构建、指标体系的设计及评价机制具体构建进行全面系统的研究，希望提升学术研究中对高端海归人才引进后成效的关注，也为相关体制机制研究提供借鉴和思考。

1.2　高端海归人才引进后成效评价的研究意义

1.2.1　实践意义

我国已经步入新的发展阶段，经济社会发展需要进一步提质增效，人才资源已占据重要的战略地位。为鼓励和吸引更多的优秀人才归国贡献，中央及各级政府持续完善优化海外人才政策。然而，近年来高端海归人才引进的成效如何？成效表现怎么评价？评价的目的、思路、内容、方法如何设计？又将如何运用于实践？这系列问题的答案目前还尚未得到足够的关注。因此本书将重点探索高端海归人才引进后成效评价机制的系统构建，供高端海归人才引进系统中各个主体参考，具体实践意义如下。

第一，本书构建科学有效的高端海归人才引进后成效评价机制能够满足我国引才实践不断发展的要求，弥补目前高端海归人才工作"重引进轻评估"的状况，重申报过程管理而轻后评估的突出问题的关注不足。本书首先基于对高端海归人才引进后成效的内涵解析和概念界定，拟初步树立引进后成效的观念；其次基于扎根分析的理论模型的构建，尝试通过全方位对高端海归人才引进后成效的构成、表现、维度、层次等进行层层剖析，逐步逐层挖掘其概念和范畴及结构，形成高端海归人才引进后成效评价的理论模型，为高端海归人才引进的相关利益主体提供启发思考；最后为建立高端海归人才引进后成效评价的机制体制提供理论借鉴。

第二，本书构建的分类动态高端海归人才引进后成效评价体系，可以为高端海归人才发挥作用提供评价标准借鉴与参考。本书自下而上进行探索，分类筛选整理出不同类型高端海归人才引进后成效评价指标集，并引入毕达哥拉斯模糊集理论，从隶属度和非隶属度对评价指标进行多主体评价，创新性构建评价信息集成算子；此外，考虑评价主体异质性和规模性，构建大群体评价模型，基于指标评价信息相似度进行聚类和参数设计，实现对评价指标体系的动态赋权，形成完备的评价指导系统。同时为高端海归人才引进后成效的科学评价提供理论依据和科学路径，为我国分类推进人才评价机制改革提供一定参考和借鉴，也为我国相关政府部门、人才引用单位的实践探索提供启示。

第三，本书基于理论与方法的结合，重点探索了高端海归人才引进后成效评价机制构建的价值取向、目的、要素以及机制构建的逻辑思路和具体方案，并进一步详细阐释和构建了聚焦于评价活动规则的规约机制、聚焦于评价运转的运行机制、聚焦于评价活动支持的保障机制三大具体机制，形成了较为详细的机制设计系统。希望可以为高端海归人才引进单位及相关政府管理部门的评价制度建设提供参考，为高端海归人才引进后成效评价的实践活动提供借鉴。

1.2.2　理论意义

目前对于高端海归人才的相关研究一方面由于主题领域的多样性与研

究边界的不统一，造成研究对象的模糊与交叉；另一方面相关研究多关注于我国人才引进政策体系的问题分析、模式对比、经验借鉴与对策建议。因此，需要研究者更多地关注引进后成效的内涵、表现、评价指标体系构建和评价机制设计等现实问题。另外，现有关于高端海归人才引进后成效及评价的理论研究不足，概念、理论与分析框架缺失，需要研究者在遵循高端海归人才引进后成效产生与发展逻辑的基础上，建构高端海归人才引进后成效的内涵和理论分析框架，并进一步开发相应评价指标体系与评价机制系统。基于此，本书将力图弥补理论缺憾，解决现实问题，理论意义如下。

第一，本书将深刻把握高端海归人才这一特殊人力资源的内涵与特点，对高端海归人才与高端海归人才引进后成效的概念进行讨论与界定，丰富了理论界对相关概念的解读。同时关注高端海归人才引进后成效的表现、内涵与产生机理，找寻其评价重点、关键维度与评价层次，从而逐步逐层挖掘其概念和范畴，并构建高端海归人才引进后成效评价结构层次模型，可以弥补学术界对此领域的研究不足，丰富劳动经济学、人力资源管理及人才学领域相关理论内涵。

第二，针对性设计高端海归人才引进后成效分类评价指标体系，丰富和发展了人才评价领域的理论研究。高端海归人才引进后成效评价作为人才引进和使用工作中不可或缺的环节，也是人才评价研究领域的重要内容。当前尚缺乏适用于高端海归人才及其引进后成效评价的研究。本书在理论模型构建的指导下，结合专家咨询法和问卷调查研究，创新运用毕达哥拉斯模糊理论，并结合大群体评价模型和聚类算法，构建了高端海归人才引进后成效分类评价指标体系。并基于该评价方法指导系统，形成新的评价工具和思路，从而对人才相关评价理论和研究进行补充与丰富。

第三，基于高端海归人才引进后成效的理论模型与评价指标体系的建立，同时依据机制理论和系统理论，本书重点剖析了高端海归人才引进后成效评价机制的构建逻辑体系，并系统构建聚焦于评价活动规则的规约机制、聚焦于评价活动运转的运行机制、聚焦于评价活动支持的保障机制三个成效评价机制子系统，可以拓展公共管理与公共政策学科领域关于高端海归人才的研究，为我国高端海归人才引进工作的纵深推进提供理论支撑。

1.3　研究思路框架与内容方法

1.3.1　研究的主要框架与技术路线

基于研究背景和研究意义，本书遵循"概念辨析与界定（是什么）—背景与政策分析（为什么）—构建成效评价理论模型（评什么）—成效评价指标体系的构建（怎么评）—机制构建基础与逻辑架构（怎么建）—具体机制设计（怎么用）"的技术逻辑与研究路径剖析高端海归人才引进后成效评价机制的构建问题。

首先通过文献研究法、政策分析法等方法，在相关理论和已有研究的基础上，探讨了高端海归人才的概念、范畴及特点，并在梳理总结已有理论和文献的基础上论述了高端海归人才引进后成效的内涵和界定，厘清了本书的研究对象"是什么"。其次通过数据统计方法对海归人才引进的现状进行了基础分析，并运用阶段分析、政策工具分析方法对现有高端海归人才政策进行了深入剖析，从而把握高端海归人才政策性体系的发展状况与问题，奠定了本书开展的基础背景，回答了"为什么"。之后，采用扎根理论研究方法，利用高端海归人才案例库数据，对高端海归人才引进后成效的表现形式、评价重点等通过开放式编码、主轴编码和选择性编码层层归纳和提取，在形成评价指标库的基础上，同时对相关概念和范畴进行了结构和机理分析，明确了高端海归人才引进后成效评价的层次结构理论模型，奠定了本书的理论基础，回答了高端海归人才引进后成效"评什么"。再次在理论模型的指导下，基于指标库的整理和筛选，并运用专家咨询和问卷调查的方法，对评价指标进行分类和确定。并依据毕达哥拉斯模糊理论创新评价信息表达方式和评价方法，同时考虑评价主体的规模和异质性，构建评价信息聚类模型，实现对评价指标的科学赋权，以及对高端海归人才引进后成效评价实践的方法指导，为"怎么评"提供了主要思路和借鉴。接下来，结合理论模型和方法应用，依据系统理论和机制设计理论，通过对高端海归人才引进后成效评价机制构建的价值取向辨析、目标分析、构成要素及功能分析等，确立了该机制构建的思路与逻辑架构，为进一步具体机制设计的展开提供了依据和支持，明确了"怎么建"。最后围绕"怎么用"的问题，通过文献研究、政策分析、专家咨询及访谈等方法方式，探寻出聚焦于评价活动规则的规约机制、聚焦于评价运转的运行机制、聚焦于评价活动支持的保障机制的具体构建。期望可以为完善高端海归人才引进后成效评价的政策法规、体制机制提供决策方法和政策参考。本书技术路线如图 1 - 1 所示。

1.3.2 研究方法

高端海归人才引进后成效评价机制研究是一个复杂系统，需要综合运用多种研究方法开展理论探索、指标体系设计和机制构建等，所采用的具体方法如下。

（1）文献研究法。利用各数据库、图书资源及网络媒体等广泛收集相关的研究论文、书籍、新闻报道及舆论信息等，并分析整理国内外关于海归人才、海归人才引进后成效、人才评价的相关研究文献，归纳国内外关于高端海归人才引进后成效的相关理论；系统分析高端海归人才引进活动及结果，以及相关政策。

（2）扎根理论研究方法。收集高端海归人才引进典型案例，分析引进后成效的表现及构成，通过深度访谈及座谈会形式进一步充实研究资料与数据，通过开放性编码、主轴编码、选择性编码进行类属、概念和质性变量分析，并以因果脉络分析厘清变量间关系，剖析高端海归人才引进后成效产生的过程与机理。以此明确高端海归人才引进后成效的评价重点、关键维度与评价层次，探讨建立高端海归人才引进后成效评价的理论构架。

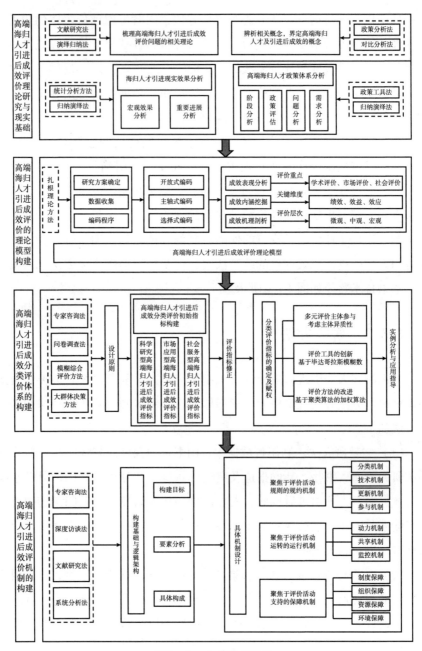

图 1-1　本书技术路线

（3）社会调查研究与统计方法。对海归人才引进状况进行数据收集与统计处理，用以分析近年来海归人才引进的直观结果；另外对参与主体进行调查，分别设计针对高端海归人才、引进单位、引进工作相关政府部门的结构化与非结构化调查问卷，就高端海归人才引进成效发挥情况及分类评价指标体系的设立进行调查研究。并对收集的问卷资料进行整理、编码、录入，并运用相关分析软件进行统计分析。

（4）专家咨询法。运用专家咨询法对高端海归人才引进后成效分类评价指标的选择等方面进行意见征询和判断，并进行记载、归纳、分析与处理，从而保证高端海归人才引进后成效评价体系构建的科学性和有效性。另外，面向相关研究领域的专家学者就高端海归人才引进后成效评价机制构建等方面的问题进行意见征询，记录整理，并进一步分析、归纳和总结，从而帮助形成有效对策建议。

（5）规范研究方法。本书采用规范研究方法，因高端海归人才引进后成效机制构建是一个制度研究领域的复杂系统问题，所以需以系统设立的目的、构成要素，系统的搭建、运转和维护为逻辑推演出高端海归人才引进后成效评价机制的构建框架，力图准确把握机制设计的功能性和现实可操作性。以高端海归人才引进后成效评价机制的要素及功能的分析演绎出具体评价机制的理论分析框架。

（6）模糊综合评价法。由于高端海归人才引进后成效评价问题的复杂性，本书利用毕达哥拉斯模糊集理论的思想，创新性构建能同时全面反映隶属度和非隶属度的评价信息载体，提出评价信息相似度的距离测算公式，生成具有客观赋权功能的评价方法。同时基于评价主体的规模和多元性的考虑，构建异质主体参与下的大群体聚类模型，进一步优化评价指标赋权及高端海归人才引进后成效评价的方法体系，以实现评价信息集成的科学性和有效性。

1.3.3 研究内容

本书首先以高端海归人才引进后成效为研究对象，通过深入的理论分析探寻高端海归人才引进后成效的概念和内涵，以此为本书的出发点，明确研究范畴和基本思路；同时基于数据统计分析和政策工具分析分别对我国海归人才引进状况和政策体系情况进行剖析，以把握本书的现实背景和政策基础。其次依据质性研究的范式，基于高端海归人才案例库，采用扎根理论方法，严格遵照开放式编码、主轴式编码和选择式编码的程序，层层归纳提炼概念和范畴，并形成高端海归人才引进后成效评价的层次结构理论模型，进一步明确了海归人才引进后成效的内涵、内容及结构，为后续研究奠定了理论框架。再次创新应用模糊综合评价方法和大群体聚类算法对高端海归人才引进后成效设计分类评价体系。最后结合理论模型与评价方法的应用及指标体系的建立，全面解析了高端海归人才引进后成效评价机制构建的逻辑架构，并以此为基础将本书具体落实到构建聚焦于评价活动规则的规约机制、聚焦于评价活动运转的运行机制、聚焦于评价活动支持的保障机制，期望形成系统全面、有效可操作的高端海归人才引进后成效评价机制体系，为高端海归人才工作实践和推进建立相关政策提供些许参考。

本书的研究内容共有9章，具体如下。

第1章为绪论。本章首先深刻剖析了高端海归人才引进后成效评价机制研究开展的现实背景和理论背景，并在此基础上阐释本书的理论意义和实践意义；其次介绍了本书展开的内容，思路与框架、运用的研究方法以及形成的主要创新之处。

第2章为相关概念、理论与文献回顾。本章首先基于概念比较和辨析，尝试对高端海归人才及引进后成效进行界定；其次对高端海归人才引进后成效评价机制研究的相关及主要的理论背景进行阐述，包括系统科学理论、机制设计理论、人力资本理论、烙印理论、模糊决策理论、扎根理论以及人才测评及绩效评价理论的核心内容，形成本书的重要理论依据；最后综合了人才学、管理学、经济学和公共管理学等不同领域和视角下对海归人才研究的理论成果，并对高端海归人才和成效评价的相关研究进行了归纳和评述。

第 3 章为高端海归人才引进效果及政策分析。本章作为该研究的现实问题的逻辑起点，首先通过数据统计方法对海归人才引进的现状进行了基础分析，以此反映高端海归人才作为其高精尖子群体引进的一般规律和基本特点；其次对我国高端海归人才工作进展进行分析和总结，并运用政策工具分析方法对现有关于高端海归人才政策进行了深入剖析，从而把握高端海归人才政策性体系的发展状况与问题；最后进一步对高端海归人才相关评价制度及现实需求进行分析，从而基于现状效果、工作实践与政策发展、不足与需求等方面全方位分析，充分掌握本书开展的现实基础和政策基础。

第 4 章为基于扎根理论的高端海归人才引进后成效评价理论模型构建。本章研究重点是基于高端海归人才数据库的相关资料，质性分析高端海归人才引进后成效的表现、内涵及外延、评价内容与重点，并基于评价层次与关键维度，构建高端海归人才引进后成效评价的理论模型，并以此明确高端海归人才引进后成效评价的总体框架、掌握其微观情景、职业属性、角色定位，以及明确成效评价的指标来源。主要内容是应用扎根理论方法对高端海归人才数据库资料进行编码分析，深入挖掘提炼相关文本数据，通过开放式编码、主轴编码和选择式编码，逐步明晰高端海归人才引进后成效评价的外显与本质，最终形成了"产业升级、学科发展、平台建设、攻克基础研究难题、开拓研究领域、技术应用与推广、成果转化、技术自主研发、产品创新、关键技术国产化、企业家精神、创业引领与支持、人才培养"等 39 个相对独立的初始概念；"挑战前沿、智力引育、制度优化、创新攻坚、资源对接、社会服务、国际交流合作、对接需求、精神引领、国际影响力"10 个范畴，以及"核心突破、边界拓展、溢出增效、国际提升"四大主范畴，并构建了可以指导高端海归人才引进后成效评价的层次结构理论模型。

第 5 章为高端海归人才引进后成效分类评价指标体系构建。首先，本章在人才引进后成效评价层次结构理论模型的指导下，基于高端海归人才引进后成效评价的指标库，通过文献研究、问卷调查及专家咨询等方式方法，通过筛选和修正，综合考虑政策指导、高端海归人才专业领域与职业属性特征以及初始概念聚类分析，将高端海归人才分为科学研究型、市场应用型、社会服务型，并就不同类别的高端海归人才设置针对性评价指标集。其次，利用毕达哥拉斯模糊集理论的评价思想，创新性构建兼顾隶属度和非隶属度的评价指标客观赋权方法；并基于评价信息相似度，提出可以测度相似程度的距离公式，进而建构聚类模型对评价信息集成，解决由于异质性评价主体规模带来的大群体评价问题，从而实现对评价指标的科学赋权，得到完备的高端海归人才引进后成效分类评价指标体系。最后，利用该方法体系进一步开展了成效评价实例展示，完善了可以自主加权的动态分类成效评价指标系统，为高端海归人才引进后成效评价的具体实践提供借鉴和参考。

第6章为高端海归人才引进后成效评价机制的构建基础与逻辑架构。首先，基于工具理性与价值理性的辨析，明晰了"服务国家发展需要，遵循成效发挥的规律性和合理性，兼顾效率及可行性"的机制构建价值取向。其次，根据价值导向的指引明确了高端海归人才引进后成效评价机制构建的总目标及具体目标。再次，对高端海归人才引进后成效评价机制的构成要素及作用关系予以剖析，从"谁来评""评什么""怎么评"的评价活动实现条件的角度解析了评价主体、评价客体、评价要求三方面构成要素及其作用关系。最后，依据机制设计的相关理论，进一步对高端海归人才引进后成效评价机制进行可操作、程序化及功能实现的基本单位的拆解，形成了聚焦于评价活动规则的规约机制、聚焦于评价活动运转的运行机制、聚焦于评价活动支持的保障机制三大具体机制，并最终构建了逻辑架构，明确了高端海归人才引进后成效评价机制构建的本质内涵和总体思路，为后续三大具体机制体系的构建奠定理论基础，搭建了明晰的逻辑框架。

第7章为聚焦于评价活动规则的规约机制构建。本章依据上述机制构建的逻辑架构，着力对规约机制进行设计。主要基于现有政策基础与现实需求、根据机制设计的功能实现和子系统支持协作的要求进行了设计：一是分类机制，包含了高端海归人才引进后成效评价分类标准的选择、分类指标体系的设立、分类的动态调整机制；二是针对高端海归人才引进后成效的评价设计具体的、有组织的技术方法或程序的技术机制，包括：评价方式的选择和运用、评价方法及技术的选择和改进、评价程序、评价时点和频次设定、智能技术的应用等；三是出于高端海归人才引进后成效评价体系的适用性要求，设计了包含合规性更新、评价内容更新、评价方法更新及系统性更新的更新机制；四是考虑到高端海归人才引进后成效评价利益主体的多元性和现代评价与决策机制的科学性要求，设计了基于多元主体的参与方式与协作方式、专家库的建设、评价机构和第三方的引入，以及相应的培训支持等参与机制。本章希望通过四个方面的机制剖析与设计，明确高端海归人才引进后成效评价的主要约定和基本规范，推进高端海归人才引进后成效评价理论与方法的现实转化。

第8章为聚焦于评价活动运转的运行机制构建。本章主要是依据系统理论和机制设计理论，为服务评价活动的规约机制和评价系统的有效运行，首先从高端海归人才引进后成效评价机制系统的动力源和作用机制分析，着重剖析了内部驱动机制、外部激励机制及弹性机制；其次基于确保资源得到更有效利用的考虑，构建了包含信息数据共享、共享平台建设、信息安全与保护的共享机制；最后为确保高端海归人才引进后成效评价活动或过程达到预定的标准和目标，构建了包括基于全过程的监控机制、监控主体的选择、申诉和反馈机制，以及修正机制。拟通过运行机制的全方位构建，顺利实现高端海归人才引进后成效评价活动的有效展开。

第9章为聚焦于评价活动支持的保障机制构建。通过全面协调组织各种高端海归人才引进后成效评价的外在因素，从制度保障、组织保障、资源保障、环境保障四个方面着手构建系统性的保障机制，具体提出了一系列办法和保障措施，如加强顶层设计使成效评价工作制度化规范化，完善高端海归人才成效评价的统筹协调机制，协同与试点以推进评价工作落地，加强党对高端海归人才引进后成效评价工作的全面领导、提供充足的成效评价工作经费、组建高水平的成效评审专家队伍、建设专业的评价信息系统平台、加强成效评价主客体道德诚信建设、完善围绕知识产权的系列工作、营造成效评价积极工作氛围等，为高端海归人才引进后成效评价活动的开展提供全面的资源支撑。

1.3.4 主要创新点

当前，理论界和人才工作实践非常关注人才发展体制机制的改革和优化，但是对于海归人才的研究多是探讨其引进影响因素和相应政策建议。本书对高端海归人才引进后成效评价问题进行研究，系统地分析了高端海归人才引进后成效的理论模型、开展了评价方法创新及指标体系的设计、评价机制的具体构建等系列问题的研究。因此本书在研究对象的选取上具有一定的创新性。在此基础上，本书的具体创新还有如下四个方面。

第一，首次尝试性明确了高端海归人才及其引进后成效的概念。通过文献梳理、政策解读和规范研究进行理论推演，界定了高端海归人才的概念和范围，并在此基础上通过相关概念的比较和辨析，明确了高端海归人才引进后成效的概念和内涵，拓展了人才评价研究领域的主题和范畴，补充了关于海归人才研究的视角。

第二，创新构建了高端海归人才引进后成效评价的结构层次理论模型。基于高端海归人才数据库的相关资料，采用扎根理论研究方法分析高端海归人才引进后成效的直接表现与评价重点，并基于评价层次与关键维度，构建高端海归人才引进后成效的理论模型，并以此明确高端海归人才引进后成效评价的总体框架、掌握其微观情景、职业属性、角色定位及成效表现。力求首次较为全面地阐释高端海归人才引进后成效评价的结构层次模型，形成了包含核心突破、边界拓展、溢出增效、国际提升四个主要范畴的概念体系，具有一定的理论创新。

第三，采用科学规范的方法设计高端海归人才引进后成效分类评价体系。本书在高端海归人才引进后成效评价层次结构理论模型的指导下，结合当前人才分类政策的指导思想、高端海归人才的专业领域、职业属性等特点，以及指标的聚类分析，基于对高端海归人才引进后成效指标库的选择和修正，分类设计了科学研究型、市场应用型、社会服务型三类高端海归引进后成效评价的指标体系。并引入毕达哥拉斯模糊集理论，改进评价信息表达工具，以获得隶属度层面和非隶属度层面的完备评价信息；进一步提出测算评价结果之间相似度的距离公式，构建异质大群体参与评价下的聚类方法，以得到兼具灵活性和科学性的评价模型，实现了评价指标的客观赋权，以及对高端海归人才引进后成效评价实践的指导，是本书评价方法上的创新。

第四，依据机制理论和系统理论，本书重点剖析了高端海归人才引进后成效评价机制的构建逻辑，深刻剖析了高端海归人才引进后成效评价机制的价值取向、目标、构成要素及作用关系等系列问题，并最终基于功能实现的要求和安排，具体构建了聚焦于评价活动规则的规约机制、聚焦于评价活动运转的运行机制、聚焦于评价活动支持的保障机制三大机制子系统，争取弥补现有研究与实践的空白，形成观点创新。

第2章 相关概念、理论
与文献回顾

明确研究对象是研究开展的基础前提，因此本章首先分别对高端海归人才、高端海归人才引进后成效的概念进行内涵辨析与界定，为后续章节的研究内容设计与思路展开进行铺垫。其次全面梳理了系统科学理论、机制设计理论、人力资本理论、烙印理论、模糊决策理论、扎根理论以及人才评价及绩效评价理论的核心内容，为本书奠定理论基础。最后系统梳理总结了国内外与海归人才及评价研究相关的文献，并进行分析与评述，为本书研究的开展提供参考和借鉴。

2.1 相关概念界定

关于高端海归人才及其引进后成效的概念界定是本书需要明确的重点之一，准确界定高端海归人才及其引进后成效是保证本书研究顺利进行的关键环节。鉴于此，本书将通过对相关概念的梳理以及重要文献的总结对上述两个概念予以明确。

2.1.1 高端海归人才

通常，人们所理解的高端海归人才是相对于本土人才以及海归一般人才而言的，其基本特征是：具有海外工作经验或者海外学习经历的高水平人才。但是，严格意义上的高端海归人才概念在学术界还未达成共识，并且这一概念与"高层次人才""国际化人才""海归""海外高层次人才"等其他相关概念存在交叉和联系，因此需要剖析并辨别这一系列概念，从而明确本书中对高端海归人才的界定[1]。

2.1.1.1 高层次人才

自 20 世纪 70 年代创立人才学以来，人才概念的界定作为人才学理论研究的基础，其定义不断发生变化，从最初的"百家争鸣"到相对统一，而后再到概念外延的规范研究，人才的概念内涵逐步明晰。《国家中长期人才发展规划纲要（2010—2020）》中以人才具备的专业知识或技能作为主要特征对其进行了定义，并明确提出"人才是我国经济社会发展的第一资源"。而对于高层次人才的内涵，目前的理论研究和实践工作中尚未给出公认的定义。虽然"人才"本身是一个边界较为模糊的概念，难以简洁表述，但是仍有少数学者基于对人才定义的不同理解与考察，提出了对高层次人才概念的不同认识。遍观早期研究，高筱梅[2]从三方面对高层次人才进行界定：首先，就自身而言，高层次人才具有深厚的知识储备，且掌握了相应的核心知识与核心技术，能够很好地利用自身知识来应对遇到的困难与挑战；此外，高层次人才通常具有较强的成就动机，同时学习能力十分突出，这也使他们能够在面对困难和挑战时坚持不懈、寻求根源并解决问题；同时，高层次人才善于调动身边的资源，以便更好地带动团队积极性并激发成员的进取心。其次，从社会贡献角度分析，高层次人才在突破关键技术、促进高新产业发展、带动新兴学科等方面发挥关键作用。高层次人才的新科学发现和技术研发会将人类的知识水平提升到一个新的高度上，能使实际应用中的问题得到有效解决，从而带动学科发展；而高层次人才在技术方面所完成的突破可能会改变产业的发展命运，继而带动整个产业的发展。最后，从社会认知角度考虑，高层次人才引领整个经济社会的发展方向，他们可以是治理国家的领军人物、高瞻远瞩的优秀企业家、拥有世界领先科研水平的学者、高水准的哲学和社会科学专家等。总体来看，他们都在自己的专业领域发挥了创造性或统领性作用，或在自己的研究领域取得突破性进展，是人才当中的佼佼者，为社会发展作出过突出贡献。倪海东等[3]研究发现，高层次性与创造性是高层次人才本质特征的两个主要体现，一方面从能力与素质上看，高层次人才具备很强的创新思维和创新能力，其居于人才生态链的顶端，具有标杆作用；另一方面从高端人才的隐性特征来看，部分人才群体已在某些高端技术领域具备了一定的发展基础，虽未得到普遍或权威认可，但具备创造性的发展潜力和后发优势，这对于高层次人才梯队结构的合理构建具有重要意义。董新宇等[4]认为，高层次人才位于人才金字塔顶端，对人才群体的培育和成长起到激励和引领作用；另外，高层次人才具备的较高能力和素质会对地区经济和社会的发展起到重要的推动作用。徐刚[5]在其研究中也表明，高端智力资源的高层次人才，是引领人力资本水平提升以实现经济赶超的关键因素。总的来说，学者们更倾向于把人才当中的出类拔萃者定义为高层次人才，他们具备高学历、强能力，在自身专业领域内发挥创造性和统领作用，或在某一领域内取得突破性成就、为社会发展作出过某种突出贡献。作为人才队伍里的核心人物，高层次人才是社会经济发展的中流砥柱。

2.1.1.2　国际化人才

国际化人才这一说法最早起源于西方，1966 年美国颁布的《国际教育法》中明确指出采用创新且个性化的方法确保每个学生达到全球知识标准。此后，世界各国相继推出了各种类型的国际教育，以达到培养国际化人才的目的。随着我国经济的不断发展，国家对于人才队伍建设越来越重视，《2002—2005 年全国人才队伍建设规划纲要》明确指出要以职业化、现代化和国际化为导向和目标，培养造就一批出色的企业家，以及能够挑战世界前沿的科研队伍。地方政府也不断加强对于人才国际化的重视，江苏省 2000 年度重大经济社会研究课题"江苏新世纪人才高地及其实现途径"第一个对策就是"人才国际化"，在此基础上，还提出了要突出抓好三个方面的工作：第一，注重人才的国际化；第二，引进更多的外籍人才；第三，加快培养一大批国际人才。2001 年，"上海构筑国际人才资源高地"专项研究对国际化人才提出了以下认识:"指具有较高学历(本科及本科以上)、熟知国际通行规则、熟悉现代管理理念,同时具有丰富的专业知识和较强的创新能力及跨文化沟通能力的人才。"

作为一个社会学术语,"国际化人才"虽然没有确切的定义,但是也有不少学者给出了自己的见解。其中,被引用最多的就是张华英在其论文中给出的定义:国际化人才是指"具有国际化意识和胸怀以及国际一流的知识结构,视野和能力达到国际化水准,在全球化竞争中善于把握机遇和争取主动的高层次人才。"[6]另外,国际化人才一般应具备以下七种素质:(1)宽广的国际化视野和强烈的创新意识;(2)熟悉掌握本专业的国际化知识;(3)熟悉掌握国际惯例;(4)具有较强的跨文化沟通能力;(5)有独立的国际活动能力;(6)较强的运用和处理信息的能力;(7)具备较高的政治思想素质和健康的心理素质,能经受多元文化的冲击,在做"国际人"的同时不会丧失中华民族的"人格"和"国格"。

2.1.1.3　"海归"

"海归"的说法源于 20 世纪 90 年代末期,是指具有国外留学经历或工作经历的归国人员。由于我国经济的快速发展,大量在外留学人员出现了"归国热",加之"海归"一词与"海龟"同音,因此"海归"一词逐渐取代了归国人员的说法,在互联网和现实社会中广泛流传[1]。

根据国家的有关政策规定,留学人员是指公派、自费出国留学在国外正规大学获得学士及学士以上学位的人员;在国内已获得中级和中级以上专业技术职称任职资格,并在国外高等院校、科研机构进修一年以上并取得一定成果的合作研究人员、访问学者、进修人员;经有关部门认定的国外高级管理人员和具有国外高级专业技术的人员;留学学成在国外工作并已加入外国国籍或已获得长期永久居留权及留学国再入境资格的人员。同时,回国后由中国驻所在国的大使馆或教育部等相关认定部门出具认定证书。具备这两个条件后就可以享受国家出台的给予相关优惠政策。

但在不同区域的人才工作实践中，也存在对海归界定的差异。如在2004年，深圳出台了《深圳市引进海外留学人才条例》，"海归"被定义为：第一，在国外获得博士学位的海外留学人员；第二，在国内已取得硕士以上学位或者副高以上专业技术职务任职资格并到国外高等院校、科研机构工作或学习两年以上，取得一定成果的访问学者和进修人员；第三，在国内已取得硕士以上学位或者副高以上专业技术职务任职资格，到国外知名跨国公司、企业从事专业技术或者管理工作三年以上的海外留学人员；第四，其他有突出贡献，经市人民政府确认的高层次海外留学人员。在上海市2016年印发修订的《鼓励留学人员来上海工作和创业的若干规定》的通知中，对留学人员规定为：第一，公派或自费出国（境）学习，并获国（境）外学士（含）以上学位的人员；第二，在国内获得大学本科（含）以上学历或中级以上专业技术职务任职资格，并到国（境）外高等院校、科研机构进修一年（含）以上取得一定成果的访问学者或进修人员。另外也包括入外籍以及从中国港澳台地区出国的留学人员。由此看来，尽管各地对"海归"的定义各不相同，但是总的来说，"海归"均是相对于完成学习经历、工作经历的地理位置仅限于我国境内的本土人才而言的，其典型特征就是具有国外学习或工作经验的留学归国人员。

2.1.1.4 海外高层次人才

在我国引才工作的实践中，极具里程碑意义的是2008年中央人才工作领导小组提出的《关于实施海外高层次人才引进计划的意见》，其中对拟申报该计划的海外高层次人才提出的要求与标准为：一般应在海外取得博士学位，原则上不超过55岁，引进后每年在国内工作一般不少于6个月，并符合下列条件之一：在国外著名高校、科研院所担任相当于教授职务的专家学者；在国际知名企业和金融机构担任高级职务的专业技术人才和经营管理人才；拥有自主知识产权或掌握核心技术，具有海外自主创业经验，熟悉相关产业领域和国际规则的创业人才；国家急需紧缺的其他高层次创新创业人才。这一政策主要设定了海外高层次人才有关学历、年龄、在华工作期、职称职务、创新创业成果、专业特长、需求程度等方面的具体条件，它的提出为海外高层次人才界定指引了方向。

在为数不多的有关海外高层次人才概念的学术探讨中，王靖华[7]定义了海外高层次人才的特征：一是海外背景，也就是在海外工作或生活过的人；二是高层次人才，即对经济社会发展作出杰出贡献的人。因此，广义上的海外高层次人才是指那些具有海外经历，或现身居国外但不一定具有外国国籍的、具有特殊造诣的高层次人才。包括在境外留学或工作的中国公民、具有境外身份或居留权的华人华侨，以及本来意义上的外国人。倪海东、杨晓波[3]认为，海外高层次人才是具有在海外学习、工作背景的高层次人才。通过张奕涵[8]的研究，我们了解到海外高层次人才是指掌握所在领域内的尖端知识和技能，能正确实施技术指导，胜任本职工作，能够带动新兴学科，并能进行技术创新，发展高新产业，能够从事我国发展急需的、国内又紧缺的专业技术人才，从国外或中国香港、澳门、台湾地区引进的人才。葛蕾蕾[9]认为，海外高层次人才应包括高层次留学人才和海外教授学者、科技专家、专业技术和经营管理人才以及各类创新创业人才，且无国籍限制。

根据上述讨论，海外高层次人才其实是指那些拥有海外（不含中国港澳台地区）工作经验或留学经历，具备尖端知识与核心技术，能够带动我国基础研究发展，促进学科建设与技术突破的科学家、专家及学者；熟悉国际市场规则，具有全球化视野与跨文化经营能力，能够提升我国企业参与国际合作与竞争能力的高级管理与经营人才；具有强烈创新意识与创业精神，并拥有自主知识产权或发明专利，能够填补国内行业、产业空白的科技创新创业人才；满足我国新兴产业和新兴业态的发展需要，能够促进经济结构调整和产业转型升级的高技能人才；在教育、科技、文化、卫生及生态环境建设领域有一定造诣，能够满足我国社会发展需要的紧缺型人才。具体包括海外高层次归国留学人员、拥有海外执业经历的高层次经营管理者、外国专家、华裔外籍专家等[1]。

2.1.1.5　高端海归人才

"高端"在现代汉语释义中一般是指在同类事物中，等级和档次较高者。因此，本书中的"高端海归人才"一般是指海归人才中学历较高、能力出众者。虽然，学术界目前对于高端海归的概念还未形成统一意见，但我们仍可以结合相关概念以及政策文件对其进行探索。

2021年5月末，习近平总书记在中国科学院第二十次院士大会上强调："要激发各类人才创新活力，建设全球人才高地"，并指出："世界科技强国必须能够在全球范围内吸引人才、留住人才、用好人才。"习近平总书记的讲话强调了人才的重要作用，而高端海归人才作为海归中的佼佼者必然位列其中，他们是能够为我国建设科技强国贡献力量的中流砥柱。2005年，人事部、教育部、科技部和财政部共同制定下发了《关于在留学人才引进工作中界定海外高层次留学人才的指导意见》，首次将以下八类人员定义为高层次留学人才：（1）在国际学术技术界享有一定声望，是某一领域的开拓人、奠基人或对某一领域的发展有过重大贡献的著名科学家；（2）在国外著名高校、科研院所担任相当于副教授、副研究员及以上职务的专家、学者；（3）在世界五百强企业担任高级管理职务的经营管理专家或在著名跨国公司、金融机构担任高级技术职务、在知名律师（会计、审计等）事务所担任高级技术职务，熟悉相关领域业务的国际规则、有较丰富实践经验的管理人员或技术人员；（4）在国外政府机构、政府间国际组织、著名非政府机构中担任中、高层次职务的专家、学者；（5）学术造诣深，对某一专业领域的发展有过重大贡献，在国际著名学术刊物发表过有影响的学术论文，或获得过有国际影响的学术奖励，其成果处于本行业或本领域学术前沿，为业内普遍认可的专家、学者；（6）主持过国际大型科研或工程项目，有较丰富的科研、工程技术经验的专家、学者、技术人员；（7）拥有重大技术发明、专利等自主知识产权或专有技术的专业技术人员；（8）具有特殊专长并为国内急需的特殊人才。

根据以上对高层次人才、国际化人才、海归、海外高层次人才等概念的剖析并结合我国海归人才引进的现实需求，本书对高端海归人才的定义如下：首先，本书中的高端海归人才是指在海归人才队伍的各个领域中等级和层次均比较高的优秀人才，他们或处于专业前沿，或在国内外相关领域具有较高的影响力；其次，高端海归人才一般由我国公派或者自费出国留学且最终获得博士学位（在专业领域内具有突出贡献的可不限制学历）并具有突出的能力及素质，他们通常是极具核心竞争力的学科带头人、科技领军人才或战略科学家等；再次，针对我国社会经济的长远发展和实施《国家中长期科学技术发展规划纲要》的重点领域，高端海归人才也特指极少数为国家发展所亟须的、处于国际科技前沿的战略科学家、技术专家等世界级顶尖人才；最后，高端海归人才也可指曾在海外（不含中国港澳台地区）从事科研、教学、工程技术、金融、管理等工作并取得显著成绩、掌握核心技术、具有自主创新能力的人才，或者是懂经营、善管理且为国内急需的高级管理人才、高级专业技术人才、学术或技术带头人，以及拥有较好产业化发展前景的专利、发明或专有技术的紧缺急需人才。

2.1.2　高端海归人才引进后成效的界定

"成"是完成、成功的意思，"效"为效果、功用之意，在古代汉语中，"成效"一词最早的释义是指收到效果，《论衡·非韩》曾记载道："夫道无成效于人，成效者须道而成……故事或无益而益者须之，无效而效者待之。"在《现代汉语词典》中"成效"一词的解释是由某种力量、做法或因素产生的积极的结果。从这一概念解释出发，"人才引进后成效"即引进人才所产生的结果。本书中所述的高端海归人才引进后成效，不能仅仅用"成效"这个词语来解释、定义，而必须对相关概念作更深层次的辨析。

2.1.2.1　人才效能

人才效能直观上一般指人才发挥作用的程度，学术界也对其进行了诸多的讨论。潘晨光等[10]首次提出了人才效能这一概念，并将其界定为人才利用效率，即反映投入—产出之间的相关关系。李群、陈鹏[11]则用人才作用的发挥程度衡量人才效能，认为人才效能是指达到一定的经济产量所需的人力资源数量。陈安明[12]进一步拓展了人才效能的概念，认为人才效能是指在某一经济领域内，某种特定人才所起到作用的大小。学者王选华等[13]认为，人才效能是指达到一定的经济产量所需人力资本的平均受教育时间。但是，也有学者认为尽管不同种类的人才在表现形式上的具体产出是不同的，但最终都促进了经济的发展，所以其效能的高低最终还是要由经济层面的成果来体现[14]。人才效能本质上是人才资源创造价值的结果反映，一般来说关注的是人才对于国家、社会、区域发展的贡献程度[15]。

2.1.2.2 人力资源效能

国内外学者对于人力资源效能概念的研究可分为两个阶段：第一阶段为20世纪20~80年代，该阶段的人力资源效能主要体现为人力资源管理活动的目标完成程度；第二阶段是在1989年以后由乌尔里奇（Ulrich）等提出，他们认为人力资源效能是指人力资源管理职能人员对其职能或部门的感知程度，具体可体现为人力资源管理的实践效果和支持组织战略实施、帮助其取得竞争优势的程度[16]。总的来说，国内外学者对人力资源效能的界定主要从两个层面展开。

第一个层面是从人力资源管理过程的有效性出发，认为人力资源效能是人力资源管理活动过程中对目标的完成程度，体现在人力资源管理者的专业性、人力资源政策制定的科学性和人力资源部门实施活动的有效性。通过员工对人力资源部门及其管理活动进行感知[17]。例如，对人力资源管理活动或人力部门有效性的感知，组织内对人力资源管理活动的满意度等。可以看出，这里所说的效能是一个狭义的概念，即人力资源管理活动本身所产生的效能。

更多的学者则从人力资源管理的具体结果出发，认为人力资源管理效能是人力资源管理活动带来的具体产出。休斯里德和杰克逊等（Huselid and Jackson et al. ）[18]将人力资源效能定义为技术性和战略性人力资源管理活动的交付，并将其成果分为技术性和战略性两种类型。周文成和赵曙明[20]认为，企业的人力资源管理效能就是其人力资源管理活动的产出。也有学者认为提高企业的人力资源配置和使用效率能够在一定程度上发挥人力资源效能的重要作用，同时也可以提升企业的人力资本回报率、增强其核心竞争力并实现良好效益，并基于此提出了如何有效处理人力资源的系统配置以及提高人力资源系统运转水平这两个核心问题[20]。李志华[21]则认为，人力资源量与质的累积并非真正意义上的效能，而是要从效率和效益角度来度量，才能真正反映出人力资源个体与整体的活跃程度。也有学者认为，人力资源效能应包含两方面内容：一是人力资源效率；二是人力资源的价值创造能力。人力资源效率是指要提高人均劳动生产率，即提高人力资本的单位产出量；人力资源的价值创造就是指要提升人力资本的回报与贡献率[22]。我们可以看出，该层面的研究普遍认为人力资源效能是人力资源管理活动中运用一系列管理制度、方法与手段，合理配置人力资源、发挥人员积极主动性而给组织带来有益产出[1]。

还有部分学者从微观可衡量、可操作的角度定义人力资源效能。张正堂[23]从人才引进、人才素质以及工作能动性三个方面对人力资源管理效能进行了分析。也有学者通过其研究，将员工留任意愿、组织吸引能力、工作可接受度和组织认同四个维度作为人力资源效能的衡量指标，从而在一定程度上反映他们对于人力资源效能的理解[24]。而岳意定[25]的研究表明，人力资源效能主要由人力资本和员工行为心理两方面构成，以人力资源管理政策和活动作为其主要表现形式，是达到组织绩效的一个中间过程。吴继红等[26]则认为，人力资源效能的评价方法包含有组织健康报告法、人员能力成熟度模型等，而金南顺和王亚则[27]从评价角度出发，将各种评价方法分成三种类型：会计计量、组织行为科学以及组织绩效。孙少博[28]将战略人力资源管理划分为协作式、创新式、控制式、绩效式以及其测量体系，从而为人力资源效能评价工作的深入开展打下了坚实基础。另外，还有一些学者如高宏[29]在包容性人力资源管理效能评价体系的基础上，全面考量了外部因素对人力资源效能的影响，构建了一种新型物元模型，拓展了人力资源效能的衡量内涵。

基于上述分析，我们发现对于人力资源效能的研究尚不够丰富，还未形成清晰的定义，但也在不同程度上肯定了人力资源效能是人力资源管理和人力资本运营的宝贵结果[1]。也就是说，人力资源效能即人力资源管理的结果变量。同时，这对形成本书的核心概念也具有重要的启示和参考价值。

2.1.2.3　高端海归人才引进后成效

与"人才效能"和"人力资源效能"相比，高端海归人才引进后成效在学术界属于全新的范畴，但其内涵仍可由相关概念的研究予以解释。一方面，从人力资源管理活动对人力资源效果产生影响这一角度出发，引入高端海归人才属于人力资源管理活动的一项重要内容，因此高端海归人才引进后成效可以被看作人才引进行为所产生的直接与间接结果，从该观点出发，我们可以考虑高端海归人才引进后的效率、效应、绩效，以及引进后的学术评价、市场评价、社会评价等方面。另一方面，也可从宏观和微观层面出发，考察高端海归人才引进后成效：首先，从宏观层面来看，高端海归人才的引进状况是其引进后成效最直接的表现，从该角度出发我们可以对高端海归人才的海外背景、职业属性和角色定位等进行归类分析，为微观层面的成效衡量奠定基础；从微观层面来看，高端海归人才引进后成效也可以理解为其引进后发挥作用的程度，即人才作为社会核心竞争力所带来的实际效用，包括其攻克的基础难题、开拓的研究领域、推广的技术应用、转化的研究成果等具体内容，反映了他们对其所在行业、地区甚至国家的贡献和价值回报。

综上所述，本书结合人才效能、人力资源效能等相关概念的剖析，将高端海归人才引进后成效作如下定义：本书所指的高端海归人才引进后成效是其直接成效与间接成效的综合。其中，直接引进成效也可解释为效用加贡献，它不仅表现为高端海归人才引进过程中对于目标的完成程度，也反映着人才引进活动带来的具体产出，涵盖了效率、效应、绩效等指标，具体可以体现为：高端海归人才引进后所参与的科技创新工作、推广的技术应用、转化的研究成果、学科建设、人才培养及人才引智等。间接成效指的是在高端海归人才引进后，其作为人力资本要素投入，为企业或组织、地区、国家甚至整个社会带来的独特竞争优势和附加价值，并间接地通过学术评价、市场评价以及社会评价予以反映。间接效用涵盖了精神层面的考察以及影响力等方面的非直接产出，如高端海归人才在创造直接成效的过程中所展现的精神面貌、国际影响力等，这一层面主要通过定性衡量标准予以阐释。

2.2　理 论 基 础

本节对本书所涉及的相关基础理论进行分析与梳理，详细介绍了系统科学理论、机制设计理论、人力资本理论、烙印理论、模糊决策理论、扎根理论与人才测评及其绩效评价理论的发展演变与具体内容，为后续研究奠定了坚实的理论基础。

2.2.1　系统科学理论

信息论、控制论与系统论共同构成了系统科学理论，而系统是构成该理论不可或缺的因素，三种理论也都与系统要素息息相关。信息论利用数学统计理论研究系统信息的获取、加工与传输规律，信息的变化反映系统的状态；控制论通过调整系统与外部环境间的信息交流以及内部元素之间的交际传递对系统实施控制；系统论指出生物界的任何有机体都是基于各个相互关联、相互制约的部分通过有序地排列而形成的具有特质功能的整体[30]。三个理论的共同思想是从系统的整体性、结构及功能角度对复杂事物进行研究，以此来探求事物在系统、控制、信息三者之间的规律并达到有效控制系统的目的[31]。系统科学理论作为目前开展科学研究的主要方式，它所蕴含的思想和理念为人们将复杂事物视为完整系统并进行多角度、多层面的研究提供了有利的手段，它强调了整体和部分、部分和部分以及系统本身和外部环境之间相互依存、相互制约和相互影响的重要关系。系统科学理论一方面通过总结系统的独有规律与特点，进一步反映系统的层次性、结构化与功能化；另一方面要求根据环境与研究对象不断调整系统的整体结构，协调各组成部分之间的关系，最终使系统得到优化，系统功能得到提高[32]。

生物学家贝塔朗菲在1937年提出了一般系统论原理，该原理奠定了系统科学理论的基础，之于1986年发表代表作《一般系统理论》被公认为系统论的创始人。系统科学思想指出，系统总体或子系统的模式、原则和规律对系统的类型、组成部分的性质以及二者的关系起决定性作用，然而，当时尚缺乏严格的理论证明和定量结果支持这一观点[33]。此后，以拉兹洛为代表的学者们对系统科学理论进行了补充和完善，并将其与复杂性科学联系起来，在他们看来，系统科学理论研究不会只局限于某一领域，而是会涉及一般系统论、控制论、信息论、耗散结构理论、协同学、突变论、博弈论以及一般进化论等多个领域[34]，这种观点为以后更具体深入地研究系统科学理论奠定了良好的基础。国内最具代表性的系统科学理论研究者是钱学森，1979年底他首倡在国内研究并创建系统科学的体系，他认为系统科学理论的核心思想在于以系统为着眼点从局部与整体、局部与系统角度去研究复杂事物，钱学森先生对系统科学基础理论观点和思想的创建和发展对于我们国内深入开展系统科学学科建设非常有指导意义。后来，李曙华等基于钱学森的研究通过收集整理有关文献提出系统科学作为新兴科学群，其发展演变可分为三个阶段：一是由控制论、信息论、系统论的系统理论；二是耗散结构、协同学和突变论的自组织理论；三是以混沌、分形和孤立波为主干的非线性科学，系统科学是对这三个阶段的统称，他们认为"系统科学主要以群体研究为基础，揭示系统作为整体的进化律"，国内外学者的不断探索与创新形成了现在较为成熟的系统科学理论，为后人继续深入挖掘该理论奠定了一定的基础[35]。

系统科学论的特征主要包括整体性、动态性、稳定性与综合性等。许多具有特定功能的子系统形成集合体从而构成了复杂的系统，整体系统的功能远大于各个部分功能之和，从整体中分离的部分生物体难以生存，其功能难以发挥，系统的目标是创造整体效益，发挥系统效能，要确保整体效益的顺利实现，需使系统保持完整性和系统性[36]。系统总是保持相对静止和绝对运动状态，其与周围环境源源不断地进行着物质与能量交换，进而推动系统从量变向质变延伸，系统的动态性体现在系统是开放的，物质与能量交换自由，系统可以根据环境的变化进行自我调整，不断优化与完善，最终实现功能最大化。系统内部各元素或子系统交织有序，内部层次分明，等级划分严格，子系统构成的层级数量代表系统规模大小，元素构成等级代表系统复杂程度，层级越多，规模越大，等级越高，系统越复杂，越高级，层级性和等级性确保了系统结构的稳定性，减少了系统遭受破坏的可能[37]。综合性与多样性是系统科学理论重要的原则，系统科学理论要求将综合性和多样性结合起来去研究问题，采用辩证与多样化思维处理问题，并做到统筹兼顾[38]。

2.2.2 机制设计理论

20 世纪 60 年代，赫维茨发表了《资源配置中的最优化与信息效率》并首次提出了机制设计理论。文中指出，经济机制主要作为信息传递系统而存在，系统中的各个经济人主要进行连续的信息传递及反馈活动，而充足的信息储备与不断的信息沟通是机制中的资源得以有效配置的保障[39]。20 世纪 70 年代，为了解决机制设计中的激励问题，赫维茨提出了激励相容理念并指出经济人的个人目标要与设计者的期望目标相一致[40]。继赫维茨之后，迈尔森（Myerson）与马斯金（Maskin）极大丰富并发展了机制设计理论，迈尔森提出显示性偏好原理并指出当把机制分成各个阶段且每一个阶段都能进行有效信息沟通时，显示性原理能使代理人的私有信息和败德行为及时展露出来，但该原理不能解决机制面临的多均衡问题，由此，马斯金提出"实施原理"以解决这一困扰，该原理进一步缩小了选择范围，使机制所产生的所有结果都有助于预定目标的实现，为我们寻找可行的规则设立了标准。"显示原理"与"实施理论"的提出和深入发展使机制设计理论逐渐走向成熟。由经济学家赫维茨提出，迈尔森和马斯金等进行完善与推进的机制设计理论主要通过资源有效配置、信息有效利用及激励相容三个标准衡量所设计机制的优劣，这极大提高了所设计机制的有用性，进而推动了资源的配置和利用效率[41]。

由于信息不对称、选择高度自由化和决策分散化问题影响了良好经济机制的合理设计，为此，机制设计理论指出需要及时解决信息问题与激励问题使所有参与者发挥积极性的同时与机制设计者目标保持一致并尽可能使双方目标达到最大化[42]。信息效率问题源于信息不对称性和不共享性导致机制设计者难以得到准确而全面的信息，收集、整合和处理信息的过程影响了决策的效率与正确性[43]，机制执行时最优机制的探索耗费大量时间和精力导致计算呈现复杂性，执行所需的信息量加大了信息复杂性，最终使机制因呈现高昂的执行和交易成本而处于低效或失效状态。因此，优秀的机制设计要求信息传递过程最小化，减少信息依赖性，降低信息交流与执行成本。激励问题源于机制设计者想要个人目标与其期望目标相一致，而在信息不完全、个人选择自由的情况下，个人倾向于隐藏信息来最大化私有利益。基于道德约束，机制设计要保证拥有信息优势的一方按照契约另一方的意愿行动，从而使双方都能趋向于效用最大化，通过设置奖励机制鼓励参与者展示真实信息，在个人利益满足的同时确保组织整体目标的实现，最终达到个人理性与集体理性相互兼容的状态[42]。

机制设计过程是一个设计、分析和评价机制的过程。首先是通过调查研究收集与处理数据得到影响目标形成的主要因素，综合考虑各个主要因素的情况并运用抽象思维确立清晰简单的机制目标，明确的目标是机制设计的前提。其次是在考虑决定机制性能优劣的信息问题、激励相容问题、显示原理与实施理论的基础上对机制进行优化设计，设计是整个过程的核心环节。再次是对机制运行的可行性进行分析，机制得以顺利运行才能说明设计是合理与有效的，可行性分析是判断机制是否能够一贯执行下去的关键步骤。接着是对机制整体性能的分析评价，通过分析机制所包含的短期的、长期的、无形的、有形的各种情况评价机制的优劣，无论是不利的影响还是有利的影响都是评价机制不可或缺的部分，要采取全面评价、客观公正的态度进行合理准确的评价。最后是对机制目标的进一步校对，经过综合评价，如果认为机制设计的成本和副作用过大，则应调整原有目标，以达到机制的最佳成本效益。这是一个不断循环的动态系统，也是一个需要不断更新的系统，从长远来看，随着外部因素的变化，机制通过不断微调，以达到最优效果。

2.2.3　人力资本理论

现代人力资本理论是由经济学家舒尔茨和贝克尔正式创立的，该理论认为资本不只局限于传统的物质资本，人力资本也是资本的重要组成部分。生产者在接受教育、培训与实践后获得知识与技能从而为所有者带来收益与回报并形成特定的人力资本，人力资本是与物质资本相对的、产生于劳动者自身的资本，通过对劳动者不断地投资进而带来一定的价值，该价值以知识、技能等体现在劳动者体内，主要是指经过人力资本投资后形成的、最终体现在劳动者身上并为其使用者带来的具有持续性收入来源的劳动能力[44]。人力资本的投入目的是通过减少当前消费实现未来生产能力的增加，进而获得更多的经济收益，由于人所特有的能动性，生产者拥有的劳动潜力总是大于其他物质资本，所以其带来的收益一般要远大于投资于物质资本的收益水平，人力资本理论拓宽了对于生产能力研究的新视角[45]。

亚当·斯密《国富论》中对人力资本的初步思考是人力资本理论的萌芽，斯密一方面认为资本包括能够提高劳动生产效率的才能与可以在以后赚取利润的资本投入；另一方面指出低下的素质阻碍了经济的发展，教育对于社会发展与进步至关重要，分工在提高劳动熟练度的同时牺牲了劳动者全面发展的能力。国家应该摒弃刻板的教育制度，通过合理的素质教育提高劳动者的全面发展。斯密的观点一方面完善了人力资本的内容；另一方面也为后续深入研究人力资本理论打下了坚实的基础。法国的伊萨在斯密的理论基础上进一步强调了拥有特殊才能人才的重要性，人才因为具备独特的品质与技能，能够更好地将劳动、资本与自然力进行配合与协调，他们对经济的发展起到推动作用。20世纪中期成为人力资本理论高速产出的阶段，各个观点的输出使人力资本理论更趋成熟。舒尔茨在其发表的《人力资本投资》报告中详尽地阐述了基于投资视角的人力资本理论，拓宽了人力资本理论的研究视角。阿罗提出人力资本中蕴含的增长理论进一步完善了人力资本理论，丹尔森引入劳动力质量对舒尔茨的理论进行了补充，贝克尔凭借其著作《人力资本：特别是关于教育的理论与经济分析》成为人力资本理论基本构造的建造者。正是学者们不断地深入研究才使比较完善的人力资本理论得以形成[44]。20世纪80年代之后，斯宾塞解决了工人与雇主之间的信息不对称问题，罗默将"知识"作为"资本"和"劳动"之外的第三要素，建立了"内生增长模型"，斯科特建立了由"物质资本投入"和"质量调整劳动力投入"组成的简单的人力资本模型。卢卡斯在《经济增长机制》一文中分析了人力资本在整个经济中的形成、积累和产出贡献，并提出了完善的人力资本模型。明赛尔从收入分配的角度解释了人力资本投资的内容及其在经济增长中的重要作用。他们的研究促进了人力资本的快速发展，形成了以人力资本为核心的经济增长模式。

从人力资本理论的萌芽、发展、成熟过程可以看出，人力资本在社会经济发展中起到了至关重要的作用，而做好人才引进工作，既能让全世界人才流动起来，发挥人才所具有的更大价值，又能通过引进高端人才，为社会发展注入生机和活力，因此，人才引进是提升社会人力资本价值的最直接有效的手段。

2.2.4 扎根理论

扎根理论出现以前，研究主要集中于对经验现象的描述和纯粹的理论研究，而对两者的综合性分析少之又少，导致理论研究与经验研究存在严重脱节，基于此，扎根理论应运而生。扎根理论指出，理论的建立应以经验资料为基础，研究者应该去现场进行实地考察，收集与研究内容相关的资料，将资料进行分类整理分析，提升资料的利用效果，在此基础上思考研究对象的真实情况，进而抽象出理论、提升理论。扎根理论的出现弥补了实证研究在手段、方法等方面存在的缺点和不足，打破了时间和空间的限制，一经出现，便被广泛应用于教育学、心理学和社会学等领域。

扎根理论流传至今主要包括三种流派，最初的原始扎根理论源于格拉泽（Glaser）和施特劳斯（Strauss）对医生处理临终患者的实地观察。该阶段的编码部分分为实质性编码和理论性编码，二者之间的相互关系是自然发生的，共同构成完整理论。为了便于分析概念间的相互联系，施特劳斯和科宾提出了"因果条件—现象—脉络—中介条件—行动/互动策略—结果"模型，这一阶段的程序化扎根理论较原始扎根理论更便捷，公式化和概念化的过程大幅缩减了运行的时间，提高了使用效率，但缺点在于对研究者有较多的限制。建构型扎根理论的出现将建构思想与扎根理论结合起来，其特点是分析编码阶段完全依靠研究者的资料掌握以及提问能力[46]，这使扎根理论发展得更完整、细腻并具有反思性。

扎根理论作为一种较新的以质性研究为方法的定性分析理论研究法，其基本研究流程涉及前期准备工作，包括对调查样本来源的设计以及抽样方式的选择；大量数据收集处理阶段；编码过程。其中，编码过程是关键环节，该阶段需与数据收集同时展开，将上一阶段收集的数据进行整理反馈，指导下一阶段的数据收集，为其提供理论基础。其主要程序包括开放式编码，在对已检索的资料进行整理的基础上标注出重点内容作为初步编码，再对研究对象进行概念化，并通过分析概念间的关系形成范畴，最终得到研究相关的特性与理论范畴[47]；主轴编码主要是挖掘初始范畴之间的联系，通过将类属于同一类别的范畴合并从而得到核心范畴，选择性编码基于选取原则提取核心范畴，并进一步挖掘范畴之间的联系，促进理论的形成[48]。在整个编码期间，需要严格遵循理论饱和原则，研究样本中的信息不再生成新概念与类别之时，扎根理论在理论层面被认为已经处于饱和状态，此时可以作进一步理论归纳总结[49]。

2.2.5　烙印理论

"烙印"是从生物学中延伸出来的词汇，最开始是由洛伦茨提出的，他在实验室中发现刚出生的母雁会学习第一眼看到的可移动生物的行为并将该行为刻在脑海中，该现象起初被定义为"烙印"，随后其他生物学者对该现象进行了深入研究并进一步发展出"烙印理论"。该理论认为，处于胚胎发育期的生物会受到环境的影响并将该影响延续下去产生持久的印记，最终影响生物体的后续发展。烙印理论的不断发展和完善使其被应用于组织管理和社会科学等各个研究领域，并逐渐成为影响力极大的研究工具。烙印理论中最为关键的特征包括：烙印在敏感时期更容易形成，大量研究将成立阶段作为组织的敏感时期，这一时期，组织和个人由于想要适应环境管理不确定的新事物，所以更容易受到外界环境的影响。在敏感时期，环境的特殊形态会给个体造成重大影响，而这些影响具有长期持久性与稳定性。

早期烙印理论在管理学中的应用主要集中在组织和行业内，后来学者们开始对个体早期的经历对以后行为带来的影响进行研究。就组织研究领域而言，烙印可分为能力烙印和认知烙印，能力印记代表组织中的相关个体在接受教育、工作等经历后所获得的技能，这些技能包括专业知识、实践经验和解决问题的能力等，通过持续学习和实践，个体可以逐渐积累并提升自身的能力印记以更好地应对各种挑战和任务。而认知印记指的是在特定时期受到环境氛围影响而形成的组织内部个体的思维方式和决策偏好。这种认知印记可能源自组织文化、领导风格以及工作环境等。举例来说，在一个注重创新和开放性沟通的组织中，个体往往会形成积极主动、勇于尝试新事物的认知印记，而在一个保守且强劲的组织中，则可能形成谨慎、避免冒险行为的认知印记。这两种印记会同时对个体产生影响，并产生相互交互作用。当个体具备了一定程度上扎实且多样化的能力背景时，他们更有可能运用所掌握的技能解决问题，并根据独特视角进行思考和决策。当他们被特定环境氛围塑造出共同或类似模式时，他们也更会倾向于采取符合该模式下普遍接受的标准或惯例行事。但是，在不同阶段中，由于外界条件变化以及个人发展需求迁移等原因，这两种印记也会随之改变。例如，在面临新兴科技革命带来全球竞争加剧情景下，组织需要培养具备创新意识和适应快速变化环境要求的人才，此时，既需要关注并提高员工整体素质水平（即增强其能力），也需要营造鼓励创新思考与灵活应对态度的企业文化（即引导其形成积极开放型认知印记），只有将认知烙印与能力烙印结合起来，才能更好地促进组织和个人双方的发展[50]。

2.2.6　模糊决策理论

决策是一个复杂的过程，它涉及在众多的选择方案中权衡利弊，以期达到设定的目标，这个过程需要依据不同的思考维度进行分类，如系统化决策、数字决策、多属性决策和不确定决策等，每种决策方式都有其适用的场景和独特的决策方法。系统化决策是一种有计划、有步骤的决策方式，适用于那些目标明确、信息完整、可预测性强的决策场景，数字决策依据相关数据与数学模型进行量化分析以达到辅助决策的目的，多属性决策则是在多个属性之间进行权衡，寻找最优解的过程，而不确定决策主要是在信息不完整、预测不确定、风险较高的环境下进行的[51]。在 20 世纪60 年代，随着管理科学中决策分析方法的迅速发展，研究者们开始意识到存在着一系列不确定问题、随机问题和模糊问题，针对这些问题，他们相继提出了贝叶斯决策理论、模糊决策理论以及风险偏好理论与效用理论等。这些理论为决策提供了有力的理论支撑。模糊决策理论作为重点研究领域之一，主要研究在信息不完全、不确定、模糊的情况下进行决策的方法，模糊决策基本方法与管理科学的决策分析理论相结合，形成了一套基于模糊集合量化操作处理的决策方法[52]，这种方法通过引入模糊状态度，增强了模型的表现力和适应能力，为解决生活中复杂的多目标情景下无法准确定义参数、概念和事件的问题提供了有效的工具[53]。

模糊集合理论的一个主要特点是灵活性，在现实生活中我们常常面临各种决策问题，而这些问题通常具有不同程度的模糊性，传统的精确思维可能无法完全适应这种情况，因此需要一种更加灵活的方法处理含有模糊性问题。模糊集合理论提供了一种相对柔性的数据结构和选择方式，能够增强决策模型的表达能力和适应性。通过将那些无法被准确定义的参数、概念和事件等处理成适当形式的模糊集合，在多目标决策中可以更好地考虑到各个因素之间的关系和权衡比例。模糊集合理论认为，精确性与复杂性是互相排斥的，在信息化社会中，我们经常面临大量复杂而具有不确定性的数据和信息，如果仅追求精确度，则可能会忽略其中蕴含的重要意义或价值观念。取大取小原则也是模糊集合理论所倡导的一个重要原则，根据具体情况来看，选择取大或者取小应当灵活变通，这意味着在进行决策时，并非只有单一最优解才是可行方案，而是需要根据实际情况作出权衡折中。自1965年以来，随着科学技术发展以及人们对于信息处理需求日益增长，在各个领域广泛运用了模糊集理论，使评价中能够更好地处理包含不确定因素、复杂关系以及多目标权衡的问题，提高我们对于现实世界复杂事物进行分析评估与判断的能力。

2.2.7　人才测评及其绩效评价理论

人才测评和人才绩效评价为本书研究高端海归人才引进后的成效评价奠定了基础。人才测评理论是一个涵盖个体差异论、职位差异论和素质可测性等多个层面的综合测评理论[54]。首先，个体差异理论是人才测评的基础，该理论指出，人力资源基本素质可以采用定性和定量分析法来进行评估。人的心理素质、身体素质以及知识掌握程度等方面的差异会导致不同个体在工作中的表现各不相同。因此，人力资源管理应当充分理解和尊重个体的差异性，采取因材施教、因材施治的原则，最大限度地挖掘每个人的潜能提高整体的工作效率。其次，职位差异理论为人才测评提供了前提条件。岗位的设置以组织机构与战略目标为依据，各个不同功能的岗位构成了独特的组织机构，岗位间存在一定的联系但又不存在互相干扰的情况，这使我们在进行人才测评的过程中，要因岗设人，针对岗位特点及需求，选择匹配的员工。最后，素质可测性为人才测评增加了可靠性。在科技与社会进步的推动下，我们从研究对象到研究工具都具备了科学性和操作性，所以可以更好地量化个体的素质水平。总的来说，人才测评作为我国人才管理的重要工具，其科学性和高效性为我国的人才引进后成效评价提供了坚实的基础。

人才绩效评价是一种全面、系统地对人才进行评价的方法。现有绩效评价的研究主要包括以贝雷曼（Berrman）为代表的过程流派和以贝尔纳丁（Bernardin）为代表的结果流派。由于过程和结果具有高度相关性，结果的形成需要依靠过程的组合实现，过程的实现价值需要在结果中进行具体化的体现，所以应该将过程与结果相结合进行科学评价。已有研究在进行人才绩效评价时，更加关注人才在各个工作环节中的表现以及他们所取得的成果，这些都是评价人才绩效的重要指标。人才绩效评价的过程需要关注以下内容：人才绩效评价应从多维度、多角度、多层次进行。人才的工作过程涉及各个层面，包括战略规划、组织协调、执行控制等，因此，我们需要从这些不同的层面去评价人才的工作表现。人才的工作成果也是评价其绩效的重要依据，这些成果可能包括产品或服务质量、工作效率、团队合作能力等，这些都是人才绩效评价的重要内容。同时，人才绩效评价是一个持续优化的过程。由于人才的工作环境和任务需求都在不断变化，因此，我们需要定期对人才绩效评价进行优化以保证评价的准确性和有效性。这包括对评价指标的优化、评价过程的优化以及对评价结果的应用和反馈等。在设计人才绩效评价的指标体系时，我们需要根据战略目标和工作职责设定评价标准。这些标准应该具有可度量性、可比较性和实用性，以便于我们对人才的工作绩效进行客观、公正的评价。近年来，流行的人才绩效评价方法主要包括数据包络分析法、层次分析法和综合评价法。数据包络分析法是一种基于数学模型的评估方法，它主要基于管理学与经济学的相关理论，运用线性规划方法，重点对投入与产出指标进行量化分析。层次分析法则是一种自上而下进行目标逐层分解的评价方法。通过按照一定逻辑和层次对各种要素进行组合和架构，并通过比较各因素的重要性进行赋权，从而影响最终的评价结果。综合评价法是一种全面评价的方法，它使用多个指标对单一或多个对象进行全面评价。这些方法各有优点，可以根据具体情况和需求选择合适的方法进行人才绩效评价。

2.3 文献综述

近年来我国海外人才引进配套政策逐渐成熟，海归人才回国人数不断增加，随着越来越多的海归人才进入我国经济社会发展的各个领域，对海归人才的研究也成为学术界关注的新焦点。通过使用中国知网检索期刊论文数据库，以"海归人才"为检索主题进行查找，2007 年至 2023 年 9 月共计有文献 2328 篇（包括新闻通讯形式的文献），已经形成一个新兴的研究领域。具体来看，现有关于海归人才的研究主要集中在国际人力资本流动、海归人才引进政策、海归人才回流与效应等方面。

2.3.1 关于国际人力资本流动的研究

国际人力资本的研究是建立在人力资本理论的基础上展开的。人力资本的概念最早由费希尔（Fisher，1906）提出，他在著作 *The Nature of Capital and Income* 中将人力资本作为一种资产，认为它能够为个体带来收入。人力资本理论强调，人力资本是劳动者拥有的技能和技巧的总和，通过投资和培养可以不断增值，因此成为促进国民经济增长的主要因素之一[55]。为了充分实现人力资本的社会和自我价值，人力资本在不同产业和地区之间不断流动和变迁。由于世界经济显著一体化趋势，国际人力资本的流动也更加频繁，形成了跨国流动的人力资本，这也成为国际人力资本研究的重要领域。当前学者关于国际人力资本流动的研究，从影响国际人力资本流动的因素及国际人力资本流动产生的影响两个方面展开，这些研究有助于更有效地利用和管理跨国流动的人力资本，以及更好地理解全球化背景下人力资本的重要性和影响。

一是影响国际人力资本流动因素的研究。其聚焦于个体及社会两个关键视角，强调了个体决策与整体社会影响的重要性。首先，个体层面的研究关注个人特征与组织匹配[56]、预期收益、个人素质等因素对国际人力资本流动的影响[57]。其次，从系统角度出发，部分研究揭示了整体环境对国际人力资本流动的系统性影响，分为两种主要观点。一种观点以"拉力"和"推力"为切入点认为，个体决策受到"拉力"和"推力"的双重影响[58]。其中，"拉力"主要包括吸引性因素，如优越的生活条件、现代化的科研条件、充足的科研经费以及宽松的工作环境等；而"推力"则主要指推动因素，如生活待遇低于国外水平、科研开展难度大以及个人价值无法得到充分体现等。另一种观点认为，国际人力资本流动是全球资源配置的必然产物，包括军事基地的建立、资本投入、文化影响的传播[59]、国家间贸易联系的强弱[60]、各国经济发展的不平衡、人力资源构成的差异[61]、经济全球化、各国经济增长速度的差异、知识经济的兴盛、跨国经营的扩展、人力资本、自身等[62]，以及声誉和劳动力市场条件的影响[63]。这些综合性研究为我们更全面地理解国际人力资本流动的动因和影响因素提供了重要视角，有助于深化对全球化背景下人力资本流动的认识，同时也为政策制定提供了有益的理论基础。

二是国际人力资本流动的影响研究，分为正面效应和负面效应两个方面。正面效应主要表现为资源的有效配置。研究已经从人力资本流入国和流出国的角度进行了分析。首先，它对流入国带来宏观福利增进效应[64][65][66]，从技能投资、教育激励、减少失业等方面对流出国的社会经济福利起到促进作用[67][68]。此外，国际人力资本流动通过信息传导机制，使企业能够更快获取市场需求信息，产生网络效应[69]，还可能引发流入国当地知识网络的变化[70]，通过增强创新和吸收能力的方式促进增长，为流入国带来知识溢出效应[71]。然而，国际人力资本流动也带来了负面效应，尤其在发展中国家方面，因为人力资本大多流向发达国家，使发展中国家面临损失[72]。在中国情境下，学者们强调了国际人力资本流动给中国带来的负面影响，包括紧缺的专业化人力资本流失、由于拥有技术的人力资本流失而导致的"技术损失"以及沉没成本的损失[72]。实证研究结果还表明，人力资本的外流可能导致中国国内生产总值（GDP）下降，高级人才的流失可能妨碍经济发展前景和产业升级[68]。这些研究综合考虑了国际人力资本流动的复杂性，既强调了其积极作用，也警示了潜在的不利影响，为政策制定和国际资源配置提供了深刻的洞见。

综合以上对国际人力资本流动的研究分析，我们可以得出结论，这一领域的研究已经相对成熟。尽管学者们的研究角度和观点各异，但可以明显看出，国际人力资本流动是不可避免的全球一体化发展趋势。这一趋势总体上有助于加速全球经济的发展，增加整体社会福利，以及增强人力资本的价值。此外，从局部角度来看，国际人力资本的聚集区域通常具有更强的竞争优势。对于中国而言，积极吸引高端海归人才，将有助于我国更好地利用国际人力资本的潜力，推动科技创新、经济增长，提升国家竞争力。

2.3.2　关于海外人才政策的研究

海外人才政策是为满足引进、培养、利用和留住海外人才需求而发布的，涵盖了与海外人才密切相关的各种政策形式。积极出台海外人才政策作为加强人才队伍建设、转变发展方式、提升区域竞争能力等重要举措，对经济发展发挥着关键作用，由此可见，持续优化的国内引才政策环境是吸引海外人才不可或缺的。由于实践发展的需求，学术界对海外人才政策的研究较为关注，多集中于海外人才引进的政策分析、问题剖析及完善的建议与措施。

对于海外人才引进政策的研究，主要集中在海外引才政策的对比研究、海外引才政策问题及优化研究等方面。关于海外引才政策对比研究，学者们分别对不同国家、我国不同时期以及不同地区间海外引才政策进行对比分析。一是通过对比其他国家如美国、德国、日本、法国的海外人才政策，发现这些国家海外引才政策存在一些共性，包括制定专门的移民政策、改善留学生政策、设立奖项和基金、加强国际研究合作以及高薪吸引人才回流等[73]。而韩国则是将所需人才分类为"研究教育型""企业活动型"和"未来潜力型"，并通过基础保障、持续发展和全面评估留住人才[74]。并且基于不同国家间海外引才政策的分析和借鉴，学者们纷纷提出了适用于我国的关于海外人才引进的法律建设、制度完善、环境改善、创新体制、机制改革以及保障机制等方面的建议[75]。二是我国不同时期海外引才政策的对比研究。葛蕾蕾梳理了 20 年（2001～2020 年）来我国海外人才引进政策的演进历程，将我国人才引进政策阶段划分为奠基、发展及均衡阶段[9]，并且发现其中需求型政策使用频率最高，政府政策发力点主要在于国内外人才市场，在国内创造合适的岗位并从国外吸引相应的人才，实现人才和岗位的匹配。随着各地方纷纷加入如火如荼的人才争夺战，相应政策也陆续出台。朱军文通过对上海市、北京市、广东省等 24 个地区的海外引才政策进行省际对比分析，发现我国海外人才引进在力度、标准和待遇方面存在的明显区域差异，呼吁国家在引进高层次人才时加强对欠发达地区的支持，同时倡导宏观政策的适度和平衡[76][77]。张丽霞通过对各省（区、市）人才政策中的资金补助水平进行分析，提出对于人才的培养，政府的形式不能仅限于资金支持，要建设更好的人才招聘及融资平台，同时要创造公平的竞争环境，海外人才与本土人才合作共生，共同培养与激励[78]。

尽管近年来我国海外人才引进在规模、质量和效果方面取得了一定的进展，但仍然存在一些问题：引才渠道单一、引才目标重叠，人才结构不均衡[79]；程序缺乏监督，评估体系不够科学，地方引才政策缺乏区域特色[80]；保障机制相对薄弱，缺少人才激励措施[81]，这些问题涉及政策协调性、政策设计深度、政策执行以及环境水平等多个方面[3]，凸显了海外人才引进政策在提高协调性、深化设计、加强执行和改善环境等方面存在改进空间。因此，学者们在对海外引才政策进行分析的基础上，针对当前海外引才政策存在的问题，提出了一系列关于构建全景式海外人才引进政策体系的建议。首先是从政策制定角度，如王延涛[82]立足我国人才强国战略，研究我国海外人才引进体系，并提出完善各层次人才政策体系、加强"柔性引才"、打造"引才平台"以加强我国海外引才体系建设。程华[83]构建了"政策工具—创新创业过程"二维框架，提出要加大海外人才培养、资金投入力度和人才信息支持，加大需求导向型政策工具的运用力度，从而优化海外引才政策。其次是从政策效果分析角度，如卢琳[84]运用系统动力学模型进行海外引才政策效果仿真分析，从人才型、资本型、服务型和保障型四个方面分析引进政策，特别强调了从保障型政策资本、政策执行力及成果激励方面完善海外引才政策；苏佳琳[85]还通过引才政策直接效果及间接效果两个层面，构建四维政策评价指标体系，采用因子分析法测算政策效果得分，从创新人才政策、强化软实力、科学配置资源以及完善评价体系四个方面提出了优化海外引才政策的建议。周学馨[86]提出对于海外人才管理需要政府、市场、用人单位及社会组织多方参与，注重人才长远发展，通过相应的激励机制，激发人才活力，同时要立足于海外人才个性化服务诉求，通过保障服务留才用才。这些多角度的研究为制定更科学、更灵活、更具操作性的海外高层次人才引进政策提供了有益的思路和方法。

还有部分研究关注海外人才创新创业服务机制与政策体系的建设。徐丽梅[87]区域对比提出"政府的主导＋市场机制"的创业服务模式，同时提供资金支持及良好的生活环境是吸引海外人才创业的关键因素；贺翔[88]基于主成分分析法对浙江 11 个地级市的海外人才创业环境进行评价，提出了要注重海外人才创业的知识产权保护政策及提升中介机构的服务能力，大力发展城市经济；王尧骏[81]采用词频分析法，对海外人才创业政策进行研究，发现其中保障型和资本型政策的运用较少，提出应关注海外人才的需求及期望，进行人才激励。

综上所述，目前我国学者普遍关注到国家和地方政府的海外人才引进政策、海外人才创新创业服务机制等方面的现实需求和意义。然而，针对高端海归人才引进政策，仍然缺乏更为具体、更加系统性的研究和建议。这意味着在未来的研究中，需要更加深入地探讨如何进一步优化和改进高端海归人才政策体系，特别是对于引进后的管理及评价制度研究和建设应加以推进，以更好地应对我国人才引进的挑战和需求，吸引和留住更多的高端海归人才，推动国家创新和发展的进程。

2.3.3 关于我国海归人才回流与效应的研究

随着国际竞争力的稳步提升，中国正加快构建具有全球竞争力的人才制度体系，海外高层次人才引进配套政策逐渐成熟，留学归国人数逐年增加，海归人才回流趋势明显。普遍认为，回流即为人口流动，指移民他地的人返回原居地定居。海归人才回流是指在海外留学、工作、居住的科学或技术人员从国外回到国内的一个迁移过程，是国际人力资本流动的一种现实体现[89][90]，这种人才回流现象被人力资本理论的学者称为"Brain Gain"[91][92]。不同于国外学者多认为回流的主要动机是将技术引进国内而取得丰厚的报酬[93]，或实现自我的目标[94]。我国学者认为我国的人才回流模式主要有货币资本资金主导模式、情感主导模式、人力资本主导模式与混合模式等[95]，更有学者明确指出，海归人才回流与我国的经济、科技、文化、医疗及政策法规等因素紧密相关[96]，并通过实证发现中国经济规模、对外开放程度以及研发投入强度是影响中国海归人才回流的主要因素[97]，除此之外，影响我国海归人才回流的因素还包括个人发展、家庭和人际关系[98]、文化差异等重要因素[99]。

同时，随着越来越多的海归人才涌入我国经济社会的各个领域，部分学者开始关注这一高端人力资源在我国不同领域发挥的作用，有关海归人才回流效应的讨论开始展开。很多学者从知识溢出的研究角度分析海归人才回流效应，取得了一系列研究成果。彭中文[100]认为，人力资本跨国流动是技术与知识跨区域交流与转移的载体，也是技术知识发挥外部效应的途径。大多数海归在发达国家接受了高质量的教育，在双重网络优势下积累了丰富的知识，是知识、经验与技能在市场间的转移者[101]，海归人才具有知识资本优势，海归回流作为一种人力资本流动形式，在回流过程中形成的知识溢出效应，推动了知识扩散，使企业克服了创新活动中知识转移的阻碍[102]，且回流促进了知识、技术转移，产生技术外溢效应，增强了该国学习外国技术的能力[103][104]。同时，伴随着人力资本和知识技术的积累与扩散得到加强，城市创新能力得到大幅提高，进而促进了区域经济发展[105][106]。而海归人才回流不仅促进了国际技术转移、资本流动，为我国创新发展提供了重要能量[107]，也是更多海外人才来华的重要带动力量[108]。除此之外，海归回流也会对我国的就业市场产生压力，会挤出本土人才而获得工作岗位。因此也会进一步促进本土人才追求高学历，以及专业化的快速提升[109][110]。

由以上关于我国海归人才回流的相关文献梳理发现，这一领域的研究已相对成熟，虽然众多学者的研究角度和观点不尽相同，但随着我国经济社会的快速发展和政策的持续吸引，海归归国趋势明显，并产生了诸多效果和效应，是我国不可或缺的力量，我国强力吸引高端海归人才归国发展是必要战略[1]。

2.3.4　关于人才评价及人才绩效评价的研究

科学完善的人才评价体系不仅有利于人才的培养和使用，更对人才的成长具有导向作用。当前人才评价作为人力资源管理领域的核心议题，学者们从评价指标体系构建及评价方法的选择上进行了深入研究，以更好地改善人才选拔、培养和激励的工作实践。

一方面，学术界关注构建科学的评价指标体系，以便更全面地评估个体的能力、素质和潜力。为了解决人才评价标准缺乏科学分类，对不同类别人才"一把尺子量到底"等人才评价的问题，针对不同领域和职业提出了不同评价标准，例如，高校科研人才评价结合人才成长规律，根据科研人才所需的能力进行综合性评价，如从基本职业素养、教育教学能力、教研科研能力、技术研发能力、专业实践能力等构建指标体系[111]；医学人才从基本素质、医疗技术水平、教学能力、科研能力进行综合分析[112]；创新创业人才从创新知识、创新技能、创新动力、管理能力进行人才评价等[113]；科技人才评价则从不同维度进行构建，如从心理行为、知识技能、工作特征分析人才共性及个性特点[114]，以及从内生激励和外生激励两个角度构建人才发展指标和绩效评价指标[115]。另一方面，现有研究也探讨了多种评价方法，既包括定性分析方法如德尔菲法[116]、层次分析法（AHP）[117]和模糊评价法[118]，如基于层次分析法，从科研成果产出、科研工作参与、人才培养、个人成长四个角度对青年人才进行评价[119]；同时也包括定量分析方法，如结构方程法[120]、因子分析法等[121]，以建立科学可行的评价体系。综合而言，人才评价的研究为有效的人力资源管理提供了重要基础，有助于更好地匹配人才与职位、提高个体和组织绩效，是人力资源领域不可或缺的一部分。

人才绩效评价研究则重点关注如何衡量个体在工作中的表现和贡献。这包括评估个体的工作绩效、创新能力、领导潜力等方面。研究者通过多种方法测定绩效，如依托心理契约理论建立科学合理的绩效考评体系[122]、心理测评实验法、逼近理想解排序法（TOPSIS 法）等[123]。目前，我国学者关于海外高层次人才评价的研究仍聚焦于品德、知识、能力、创新成就四大关键要素[124]，并提出了基于"团队建设—成果总量—社会经济价值"的三维度评价模型，旨在对海外高层次人才进行全面评价[84]，但尚未进一步突出海外人才的特性。

总体来看，人才评价体系的科学构建对于人才培养、管理和激励至关重要。目前，学者们从不同维度和方法进行了人才评价，采用多种方法测定了人才绩效评价，这些研究不仅有助于解决不同领域和职业的人才评价问题，还为有效的人力资源管理提供了基础。但目前对于高端海归人才评价的研究较为匮乏，没有形成层次清晰、操作化强、科学高效的评价方法体系。因此，对于高端海归的人才评价体系仍然需要持续深入探索，构建满足实践工作需求的高端海归人才评价方法体系具有重要意义。

2.3.5 关于成效评价的研究

"成效"一词同"绩效"均有收获、效果之意，学者对绩效和成效进行了区分，认为"成效"作动词时表示收到效果，作名词时可表示功效、效果；而绩效一般只作名词，表示在特定范围内对工作过程和产出结果的记录。相较之下，成效应用更为广泛，表示取得预期效果或功效。对于成效的研究有助于过程的行为改善以及源头的政策或决策制定。现有关于成效的研究根据特定场景有不同的阐述，如从教学水平、教师队伍、育人效果和学科建设方面对高等教育学科建设完成效果进行评价[125]；从乡村产业振兴、人才振兴、生态振兴及美丽乡村建设、社会关系及空间协同等方面对乡村振兴战略实施效果进行研究[126]；从受惠企业出发对减税降费政策的实施现状及目前已取得的成果进行研究[127]；从经济、社会、生态环境三大系统着手，对资源型城市转型效果进行评价[128]；从一流人才培养和一流科研成果的结果出发对"双一流"建设质量进行评价[129]。

科学合理的成效考评体系和制度是检验政策是否科学完善、执行是否适当、措施是否有效的根据，也是对后续进行重要决策的依据。成效评价作为结果的重要体现，得到了学术界的广泛关注，已有研究涉及多个方面，且学者从不同角度对其进行了深入探讨。一方面聚焦成效评价体系构建，针对不同策略的成效评价，采用不同的评价模型和评价体系[3]，例如，"双一流"建设成效评价针对一流人才培养和一流科研成果，构建涵盖人才培养、创新能力、服务贡献、国际交流与合作四个方面的综合成效评价体系[129]；学科建设成效评价针对学科建设任务完成与发展效果，构建以学术队伍、人才培养、科学研究和支撑条件为一级指标的学科可持续发展度评价指标体系[130]；绿色减贫成效评价针对地区绿色减贫水平，从经济增长绿化度、资源环境保护度、社会保障程度、减贫和脱贫成效四个维度构建绿色减贫成效指数，对各连片特困地区的绿色减贫成效进行评价[131]；企业数字化转型发展成效评价针对企业数字化转型发展质量，从战略层面、经营层面、技术层面、管理层面选取评价指标构建企业数字化转型发展评价体系[132]。另一方面则关注成效评价方法，当前学者采用的成效评价方法主要包括定性分析方法，如专家论证法、访谈法、问卷调查法、对比分析法等；定量分析方法，如主成分分析法、熵值法、因子分析法等，除此之外，还有定性与定量相结合的方法，如层次分析法等。由于研究对象、研究内容、研究角度等不同，学术界对成效评价采取的方法差别较大，但从本质来看，均是基于数理化统计模型建构得出的相对可行的评价标准体系。

　　针对人才相关的成效评价，当前主要从人才激励政策成效、人才政策体系建设及实施成效、人才队伍建设成效、人才优先发展战略成效[133]、人才引进成效等方面展开。但是，当前人才引进成效评价研究主要聚焦于人才引进的政策效果评估，为数不多的研究主要是从政策投入与产出角度出发，构建多维政策评价指标体系，采用因子分析法等测算政策效果得分并对人才引进政策直接效果和间接效果进行评价[85]，或将政策效应和政策效率纳入评价指标体系，进一步对政策体系的制定、运行和实施进行度量[134]；这些研究都是在构建评价人才政策的指标体系的基础上建立了人才政策实施成效评价体系[135]。仅有的涉及海归人才成效评价的研究也是如此，都是基于政策评估的视角，针对引进政策的实施效果，如从科研成果、人才培养、社会服务、学术综合角度出发选取评价指标[136]，或从"引得进、留得住、用得好"三个方面出发构建评价指标体系[137]，利用熵权法等评价方法对指标进行赋值[138]，进而对海外及海归人才引进政策效果进行评价。

　　综上所述，当前对于成效评价的研究虽然涉及多个领域，研究对象较为丰富，虽然多是针对完成效果、成果、质量等进行评价，但研究视角多还是停留在政策效果的评估层面，对成效的内涵和界定还未形成统一的认识；评价方法上虽然涉及定性、定量、定性与定量相结合的多种研究方法，但是对于模糊综合评价方法的应用没有较大程度的改进，或是针对评价对象特点的方法创新，特别是与人才相关的成效评价研究较为薄弱和单一，尚没有专门针对高端海归人才引进后成效评价的系统研究和机制设计。总之，已有研究为高端海归人才引进成效评价研究奠定了一定的理论基础，但对于高端海归人才引进后成效是什么、评什么、怎么评等现实问题的理论研究还未得到足够关注。因此，构建基于引进后全方位多层次高端海归人才引进成效评价体系及机制研究会进一步丰富成效评价的理论内涵、拓展成效评价的研究边界，并通过机制研究为我国的高端海归人才工作及政策制定提供一定的理论支持和实践参考。

2.3.6　文献评述

对已有的相关文献梳理发现，国内外学者对国际人力资本流动、海归人才引进政策、我国海归人才回流与效应以及相关人才和成效评价等相关领域均有不同程度的研究。但前期研究尚留有以下研究空间：目前关于海归人才政策的研究主要从海外人才引进、人才管理及人才服务进行深入分析，但对于政策存在问题仍然缺乏更为具体、系统和可操作性的优化和建议，并且对于高端海归人才引进后的评价及反馈仍缺乏针对性的政策研究；关于我国海归人才回流与效应的研究从不同角度展开，成果已相对丰富，虽然众多学者的研究角度和观点不尽相同，但可以肯定高端海归人才引进的战略价值，引进后成效的发挥必然会增加我国整体社会福利，提升国际竞争力；关于人才评价及人才绩效评价的研究从评价体系建立和评价方法选择进行了分析，但目前对于高端海归人才没有形成层次清晰、操作化强、科学高效的评价方法体系；关于成效评价的研究，已有研究涉及多个领域，主要针对完成效果、成果、质量等进行评价，而目前关于高端海归人才引进成效评价的相关研究较为匮乏，其成效评价指标选取、模型构建、量化研究仍然缺乏相关理论支持，且多侧重于引进政策效果评价的单一层面，未将海归人才引进后的成效评价作为一个有机系统进行全面综合研究。除此之外，已有成效评价方法较为局限，多以定性分析为主，量化性研究不够充分。

总体来看，学术界对高端海归人才的研究不够丰富，研究的内容、方法、形式均不够全面，尚未形成完整的研究体系[1]。因此，本书将高端海归人才引进及成效评价作为一个系统工程，在明确概念的基础上，从不同角度探讨高端海归人才引进后成效评价问题，以期形成以高端海归人才为研究对象的较为系统的研究，拟在一定程度上丰富现有的文献与成果。

2.4　本章小结

本章首先在对高层次人才、国际化人才、海归、海外高层次人才进行辨析的基础上，对高端海归人才进行了概念界定，明确了本书的研究对象，同时分辨了人才效能和人力资源效能，引出了本书的研究主题——高端海归人才引进后成效，并对其进行理论分析和概念界定。其次梳理了系统科学理论、机制设计理论、人力资本理论、烙印理论、模糊决策理论、扎根理论与人才测评及其绩效评价理论，为后面研究奠定了理论基础。最后从国际人力资本流动、海归人才引进政策、我国海归人才回流与效应以及人才评价和成效评价方面对已有研究进行了整理和总结。在梳理中发现，一是现有研究对高端海归人才的引进政策、引进成效及评价方法缺乏针对性研究，这也是本书研究以"高端海归人才引进后成效评价"作为研究对象的主要原因；二是当前对于成效评价相关研究侧重于政策效果评价的单一层面，尚未形成完整的研究体系。因此，本书聚焦于高端海归人才引进后成效评价问题，拟在相关理论和现有文献的基础上，进一步丰富该领域的研究成果。

第3章　高端海归人才引进
效果及政策分析

　　高端海归人才引进效果及政策分析是本书的现实逻辑起点。首先基于海归人才的相关权威数据，统计分析了近年来我国海归人才引进的整体效果，包括引进规模分析、引进流向分布分析、引进岗位分析等，以此反映高端海归人才作为其高精尖群体引进的一般规律和基本特点；其次对我国高端海归人才工作进展进行分析和总结，并运用政策工具分析方法对现有关于高端海归人才政策进行了深入剖析，从而把握高端海归人才政策性体系的发展状况与问题，并且进一步对高端海归人才相关评价制度及现实需求进行分析；最后基于现状效果、工作实践与政策发展、不足与需求等方面全方位分析，充分掌握本书开展的现实背景和政策基础。

3.1　我国海归人才引进宏观效果分析

　　人才资源是科学发展的第一资源。我国出台的各项海外人才引进政策是实施人才强国战略、建设创新型国家的一项重大战略决策。本章先对目前我国海归人才引进宏观效果进行基本描绘，主要从海归人才引进规模、引进结构、流向分布等方面进行分析：一是由于高端海归人才是海归群体当中的高层次人才，其一般规律和基本分布都可以通过整体分析获取；二是由于高端海归人才的特殊性，其数据统计涉

及安全性和敏感性，权威数据统计难以获得。因此本书利用相关机构
权威发布并公开的海归人才数据，如全球化智库（CCG）编制的《中
国海归就业创业调查报告》，以及教育部、人社部的相关统计年鉴，通
过基础性统计描述分析反映近年来我国高端海归人才引进的时代趋势
与基本状况。

首先，近年来，我国的海归人才引进工作成效凸显，海归人才引进规
模在 2016 ~ 2021 年呈明显上升态势，越来越多的各类海归人才选择回国创
新创业。2021 年我国海归人数首次突破百万，达到 104.9 万人次，对比
2020 年同比增长了 35%。截至 2021 年，已有累计 605.77 万海归人才学成
后选择回国发展（见图 3 – 1）。

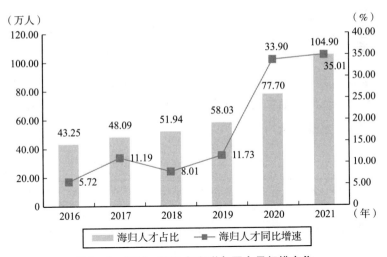

图 3 – 1　2016 ~ 2021 年留学归国人员规模变化

伴随着海归人才总规模的增长，海归人才归国求职人数的增长也较为
显著。若以 2018 年的海归总人数为基数 1，由图 3 – 2 可以看出，2018 ~
2022 年我国海外人才回国求职规模逐年增长，其中，求职规模在 2019 ~
2020 年伴随着海归人才引进规模的迅速扩大，出现大幅度增长，其规模指
数由 1.05 增长到 1.41，增幅远高于其他年度。

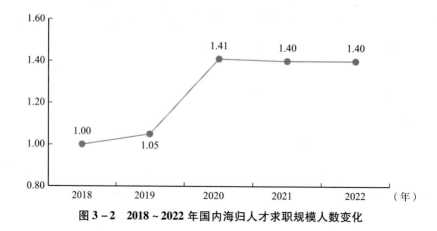

图 3 - 2 2018～2022 年国内海归人才求职规模人数变化

其次，基于 2018～2022 年的数据来看，我国海归人才的海外背景地分布（见表 3 - 1）的排序在近年来比较稳定。其中英国归来的海归人才占比最高，且以较高的增速显著增加，在 2022 年达到 41.4%；然后是澳大利亚和美国，近年来平均占比分别为 16.8% 和 11.52%；再然后是日本、韩国、加拿大三国稳定位列于三位至六位次。整体来看，英国、澳大利亚、美国、日本、韩国、加拿大六个国家除 2019 年以外，以该六国为海外背景地的海归人才累计占比均达到 70% 以上。

表 3 - 1   2018～2022 年海归人才背景地 Top10 分布   单位：%

2018 年	占比	2019 年	占比	2020 年	占比	2021 年	占比	2022 年	占比
英国	19.00	英国	23.67	英国	40.10	英国	37.70	英国	41.40
美国	18.00	澳大利亚	11.68	澳大利亚	18.40	澳大利亚	23.50	澳大利亚	20.30
澳大利亚	10.00	美国	6.80	美国	12.70	美国	11.10	美国	9.00
日本	10.00	日本	3.32	日本	5.10	韩国	5.30	日本	6.40
韩国	8.00	韩国	3.53	韩国	5.00	日本	4.50	韩国	5.70
加拿大	5.00	加拿大	1.79	加拿大	3.30	加拿大	3.80	加拿大	3.00
法国	4.00	俄罗斯	1.05	俄罗斯	1.70	新加坡	2.10	新加坡	2.70
德国	3.00	西班牙	1.00	西班牙	1.70	俄罗斯	1.90	俄罗斯	2.30
俄罗斯	3.00	—	—	德国	1.50	德国	1.70	马来西亚	1.60
新西兰	2.00	—	—	新西兰	1.20	西班牙	1.60	德国	1.40
总计占比	82.00	—	52.84	—	90.70	—	93.20	—	93.80

从同比增速来看,马来西亚、日本和新加坡留学经历的海归人才人数大幅上升,增速分别为 66.1%、50.9% 和 37.7%。同时,由于俄罗斯留学成本较低,中俄两国关系较好,俄罗斯留学生人数同比增长 26.5%。此外,有澳大利亚、美国、加拿大、德国留学经历的海归人才人数同比下降。总体上来看,发达国家拥有良好的教育资源和成熟的市场体系,有着更大的吸引力,成为我国海归人才最主要的海外背景区域(见图 3 - 3)。

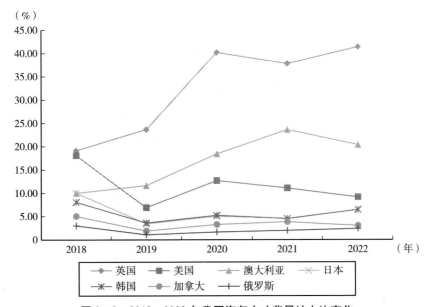

图 3 - 3　2018～2022 年我国海归人才背景地占比变化

同时,近年来,海归人才引进单位类型占比发生较大的转变。在 2017～2018 年海归人才在私营企业就职的人数占比明显高于其他类型的引进单位,甚至在 2018 年占比达到 53%,然后依次是外商企业、国有企业、合资企业、机关事业单位和其他。但随着全球经济的低迷和我国经济转型发展的深入,不同类型海归人才引进单位的占比发生了较大变化。按照 2021～2022 年的统计数据,引进单位的权重从高到低依次是国企、外企、国家机关/事业单位、合资企业和民企。就职于国企的海归人才占比最高,在 2022 年达到了 38.8%,比 2021 年同比增长 9 个百分点,更比 2017～2018 年增加显著;私营企业引进人才的力度显著下滑,从绝对优势下滑到

2022 年的 4.7%；相对而言，进入外企和国家机关/事业单位的海归人才占比明显增加，分散了相当部分的私营企业的海归人才引进优势。整体来看，通过近年来海归人才引进工作的全面持续开展，各种类型及性质的组织和单位都在积极吸纳海归人才贡献力量。

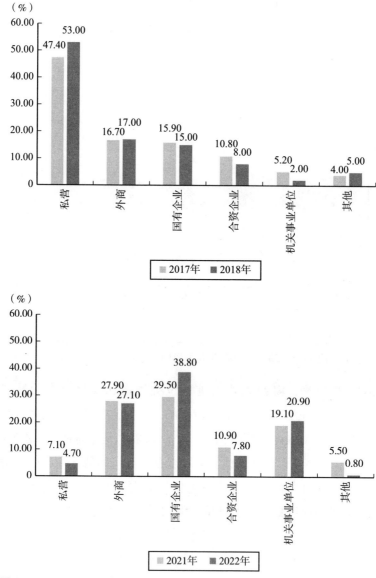

图 3 - 4 2017 ~ 2018 年及 2021 ~ 2022 年海归人才引进单位类型占比及比较

再次，从各海归人才引进的行业分布来看，2022 年占比最高的是互联网/电子商务行业和专业服务/咨询行业，分别为 5.8%、5.6%，排名与 2021 年保持一致，说明信息技术（IT）和专业服务行业对海归人才的吸附就业能力依然很强。同时，新能源/电气/电力行业的投递占比增幅最大，从 2021 年的 2% 提高到 2.5%。汽车/摩托车和大型设备/机电设备/重工业行业的投递占比也分别从 2021 年的 2.1%、2.4% 提高到 2022 年的 2.4%、2.6%，这是国家的新能源战略与产业发展的直接影响，"碳达峰""碳中和"政策利好，新能源、汽车及装备制造等相关产业持续吸引海归人才加入。此外，从事学术科研的海归人才占比也有所增长，从 2021 年的 2.0% 提升到 2022 年的 2.3%。总的来看，互联网和专业咨询等行业的良好待遇及发展前景，吸引着更多的海归人才参与发展，新兴行业发展活力蓬勃，人才需求较为旺盛（见表 3-2）。

表 3-2　　　　　　　　　海归人才行业分布　　　　　　　　单位：%

序号	行业	2021 年占比	2022 年占比
1	互联网/电子商务	6.9	5.8
2	专业服务/咨询（财会/法律/人力资源等）	5.8	5.6
3	房地产/建筑/建材/工程	5.4	4.6
4	计算机软件	4.3	4.3
5	教育/培训/院校	4.5	3.5
6	基金/证券/期货/投资	4.0	3.5
7	IT 服务（系统/数据/维护）	3.1	3.0
8	快速消费品（食品/饮料/烟酒/日化）	3.1	3.0
9	电子技术/半导体/集成电路	2.8	3.0
10	零售/批发	3.0	2.9
11	医药/生物	2.8	2.9
12	工程贸易/进出口	2.5	2.7
13	银行	2.9	2.6
14	大型设备/机电设备/重工业	2.4	2.6
15	新能源/电气/电力	2.0	2.5

续表

序号	行业	2021 年占比	2022 年占比
16	汽车/摩托车	2.1	2.4
17	学术/科研	2.0	2.3
18	媒体/出版/影视/文化传播	2.3	2.3
19	通信/电信运营、增值服务	2.0	2.2
20	通信/电信/网络设备	1.9	2.1

最后，从海归人才的地域流向来看，《海归人才就业调查报告》的统计显示，由于我国一线城市具有较强的经济实力和开放包容的社会环境，同时也具备较为完善的引才引智政策体系，因此目前仍然是海归人才引进的聚集地。但是，相较于 2020 年，2022 年海归人才前往一线城市就业的意愿有所下降，前往新一线城市、二线城市、三线城市及以下城市的意愿连年均有所上升，到 2022 年分别达到 31%、15.7%、14.3%。这是在国家政策的政策指引下，我国各地各级政府纷纷出台海归人才引进政策，在人才落户、生活住房、资助补贴等方面形成各具特色的政策支持，凭借各自优势对海归人才的吸引力也大幅提升，因此越来越多的海归人才以实际行动"下沉"，我国海归人才引进的流向分布更加广泛，且趋于均衡（见图 3－5）。

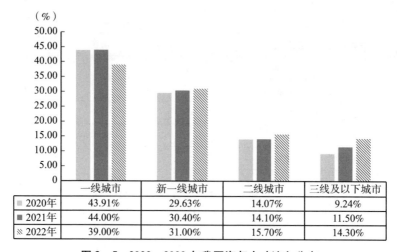

	一线城市	新一线城市	二线城市	三线及以下城市
2020年	43.91%	29.63%	14.07%	9.24%
2021年	44.00%	30.40%	14.10%	11.50%
2022年	39.00%	31.00%	15.70%	14.30%

图 3－5　2022～2022 年我国海归人才流向分布

通过对海归人才引进的宏观效果进行分析，可以看出近年来我国海归人才引进规模总体呈上升态势，引进工作成效凸显，越来越多的海归人才选择归国创新创业，寻求发展。这无疑也反映出新时期我国人才政策的积极走向和国际形势的变化与力量的对比。特别是新冠疫情以来，中国迎来海归人才引进新一轮的增长，我国海外人才回流趋势显著。具体而言，我国海归人才背景地分布主要集中在英国、澳大利亚、美国等发达国家，基于引进主体来看，国有企业、外资企业以及事业单位依次是引进海归人才最多的主体；互联网、服务资讯类高科技和新兴行业吸纳的海归人才占比较大，且在高科技行业领域和科学研究领域就业的海归人才占比有显著增加。同时，海归人才归国流向更倾向于一线及新一线城市，但是随着我国各地方海归人才引进工作的推进，二线城市和三线城市也具备了一定的海归人才吸引力，海归人才的流向分布更加均衡，我国海归人才引进工作全面发展和推进。

3.2　近年来我国高端海归人才引进工作的重要进展分析

党的十八大以来，习近平总书记高度重视引进海外人才和智力工作，多次发表重要讲话，并先后两次组织外国专家座谈会，就引进海外人才和智力工作开展了一系列重要讲话，全面、系统、深入地阐述了吸引外国人才和智力工作的意义、政策、工作方向等重大理论和现实问题，强调要"聚天下英才而用之"。"一个国家的对外开放，必须首先推进人的对外开放，特别是人才的对外开放"，"要以更加开放的视野引进和集聚人才，加快集聚一批站在行业科技前沿、具有国际视野的领军人才"。党的十九大报告也一再号召"把党内和党外、国内和国外各方面优秀人才集聚到党和人民的伟大奋斗中来"，引进用好外国人才是我国人才工作的重要组成部分，是党和国家长期坚持的重要战略方针。我国在实施更加开放的人才引进政策、提升人才工作开放度水平以及引进优秀海外高端人才方面取得了显著进展。不仅在数据的引进上取得了良好的成果，在工作内容上也有了一系列重大突破。

3.2.1　高端海归人才助力各领域实现大跨步发展

近年来，通过国家及各级地方的海外引才举措，已经吸引了一大批高端海归人才来华发展与贡献，他们在基础研究、应用研究与转化、创业及商业创新等各个领域取得了一系列夺目的成果。例如，中国科学技术大学教授潘建伟领导的团队在他回国后取得了重大突破，其"多自由度量子隐形传态"成果荣登《物理世界》2015 年度国际物理学十项重大突破榜首。另外，愈德超博士开发的"康柏西普"成为我国首个拥有全球知识产权的单克隆抗体药物，打破了国外公司的垄断局面，这些成就彰显了我国海归人才的创新能力和科技实力，并为推动我国相关领域的发展作出了积极贡献。西安交通大学相继成立 9 个"高等学校学科创新引智基地"，通过引进海外高端人才引领学科人才队伍向卓越化发展，近年来各基地在 *Nature*、*Science* 等国际顶尖期刊上发表一批有重要影响的研究成果，获得国家自然科学奖二等奖 8 项、国家技术发明奖 8 项、国家科技进步奖二等奖 3 项、中国科学十大进展奖等各类荣誉；在 2022 年福布斯中国·青年海归菁英100 人名单中，美团联合创始人王兴、小红书联合创始人毛文超、碧桂园创投孙梁浩等均榜上有名，他们皆拥有世界顶尖名校的教育经历或海外工作经验。

高端海归人才的引进还产生了集聚效应和产业效应。上海未来岛高新技术产业园是高端海归人才就业集聚地，于 2001 年 11 月成立后，总共累计上缴税收 150 多亿元。园区在 2021 年全市 107 个开发区的综合评价中表现出色，凭借其占地面积达 97 公顷的规模，在单位土地税收和营收两项排名上均获得第 9 名成绩，实现了经济上的巨大突破。此外，园区还先后被授予上海市文明单位、上海市著名商标、上海市知名品牌示范区等荣誉称号，这些荣誉是对园区不断发展壮大的肯定，也是鼓舞高端海归人才继续努力的动力。大量引入的高端海归人才成为上海未来岛高新技术产业园创新发展的中坚力量，在过去的 5 年中，园区企业贡献的年产税收总额多次突破 10 亿元，使绥德路这条短短的街道成为一个税收达到亿元级的繁荣之地。在 2021 年我国发布关于支持"专精特新"中小企业高质量发展的政策背景下，高端海归人才积极响应习近平新时代中国特色社会主义思想，着眼于创新创业，从事于机器人、高端装备制造、电子及智能仪器仪表、节能环保、新一代信息技术、生物医药等为主导的新兴技术产业。他们创立的企业多成为国家重点支持的 1000 余家国家级专精特新"小巨人"企业，发挥领跑示范作用，并带动其他中小企业高速高质量发展，如广州黄埔区生物医药产业集群、唐山高新区企业集群等；同时，随着海外高层次人才的不断引入，国家和各地方的工作理念也逐渐从单纯引入向引才、留才、用才的理念转变，海外高层次人才所带来的"雁阵效应"被很多城市广为接纳和积极实践，海外高端人才在创新创业方面发挥了重要作用，成为推动地方产业结构改革和经济发展方式转型的重要推动力之一。

3.2.2　高端海归人才的配套政策体系逐渐成熟

随着高端海归人才的持续引进，如何有效留住人才成为新的工作重点之一，针对高端海归人才归国后所遇到的落户、融资、文化理念融合等现实问题，国家和各地方围绕高端海归人才的落户、住房、子女教育等诸多方面不断出台人才引进配套措施，配套政策体系逐渐成熟。人社部于 2011 年下发《关于加强留学人员回国服务体系建设的意见》，提出要构建"回国工作、回国创业、为国服务"三位一体的留学人员回国服务工作政策体系，并着力在户籍管理、社会保险、子女入学、职业资格、经费资助、知识产权保护等方面进行政策完善。并于同年下发了《关于支持留学人员回国创业意见》，提出对创新能力强、市场前景好的留学人员创业企业予以重点支持。2015 年，在支持归国创业方面，人社部下发了《关于做好留学回国人员自主创业工作有关问题的通知》，明确规定在国外接受高等教育的本科以上学历的留学回国人员可享受与国内高校毕业生相同的自主创业优惠政策。2016 年，财政部与国家税务总局联合出台了关于股权激励和技术入股递延缴纳所得税优惠的政策，以减轻海外高层次人才在创新创业过程中面临的税负问题。这些政策的出台为留学回国人员提供了更加优惠的创业环境，鼓励他们积极投身于创新创业事业，同时也促进了我国创新创业生态的建设和发展。2017 年，中共中央组织部印发《国家海外高层次人才引进计划管理办法》《国家高层次人才特殊支持计划管理办法》的通知，指出要分层次组织实施海外高层次人才引进计划。围绕国家发展战略目标，引进并有重点地支持海外高层次人才回国（来华）创新创业。2020 年，教育部办公厅发布《教育部关于取消〈留学回国人员证明〉的公告》，减轻了留学生的负担，加快留学生回国就业，同时提升了海外留学生回国创业的机会。同年，科技部火炬中心发布了《关于深入推进创新型产业集群高质量发展的意见》的通知，强调培养集聚人才，深化人才战略，并鼓励集群企业及研发机构搭建专为各类高层次人才服务的工作平台，倡导人才柔性工作支持政策，支持在园区内建立归国留学生实习基地，鼓励海外留学人员回国加入创新型产业集群建设中。

此外，各地方根据海外高层次人才来华后的实际问题，也在入户、生活服务、创业扶持等方面拿出了切实的解决方案。如上海声明海归申请落户不再"现场排队抢号"，为留学人员申办企业"一门式、一条龙"服务；北京海归人才可申请按照价格优惠租住提供的短期周转性住房，也可由用人单位以合约形式提供住房，创业人才可获得 10 万元企业开办费；广州声明留学人员的项目向科委申报，一次性可给予 10 万元的启动资金补助等。各省份纷纷创建留创园，成为高端海归人才回国创业的主要聚集地，逐步形成人才和产业集聚效应。

3.2.3　各具特色的地方高端海归人才引进政策格局逐渐形成

在国家高端海归人才引进政策的引导下，各地方除了积极落实中央政策外，也结合本地区发展实际，积极出台了各具特色的高端海归人才引进、管理等政策，如上海的"人才高峰"工程、北京的"海聚工程"、天津的"海河英才计划"、深圳的"孔雀计划"、广东的"珠江学者"计划等，各地方海外高端人才政策与国家政策上下联动，逐步形成了多层次、多渠道、错落有致的引才和用才格局。

自 2015 年起，上海市先后颁布了《关于深化人才工作体制机制改革促进人才创新创业的实施意见》和《关于深化人才发展体制机制改革的意见》，旨在探索建立永久居留转化衔接机制。这些政策将年收入高于 60 万元且纳税额大于 12 万元作为人才引进标准，并取消了高端人才 60 周岁的年龄限制。此外，硕士及以上海归人才也被允许直接办理就业手续和工作居留。这些举措共同为吸引高层次海外人才提供了便利。2018 年，上海对外公布人才高峰工程行动方案，提出要在"人才高地"基础上筑起"人才高峰"，探索建立国际通行的遴选机制、具有国际竞争力的事业发展平台和国际通行的工作体制。据统计，在上海工作的海外人才一直位居全国首位。为了进一步促进人才引进工作，上海市于 2020 年修订完善了《上海市浦江人才计划管理办法》（"浦江计划"），该计划分为 A、B、C、D 四个类别，资助回国来沪工作和创业的海外留学人员及团队。同时，自 2011 年起，北京中关村出台了资金奖励及财政扶持、股权激励、居留与出入境、落户等一系列特殊政策，开展实施了海外引进领军人才职称评审"直通车"试点。2018 年，北京又更新印发了《北京市引进人才管理办法（试行）》，从编制管理、资金扶持、签证和留居服务等多个方面，加大对高端海归人才的引进使用力度。到 2018 年，北京市已完成了 12 批海外高层次人才评审认定工作。916 人入选北京"海聚工程"，北京也成为海外高层次人才主要聚集地之一。2016 年，广州颁布了《广州人才绿卡制度》，为海内外人才在购房、购车、子女入学等方面享受与广州居民一样的"人才绿卡"，并为其在入境、停留等方面提供方便。2018 年，广州又公布"红棉计划"对海归创业予以资助，入选"红棉计划"的项目除资金资助外，还将享受创业融资、创业孵化、税收等政策支持。到 2018 年，在广州创业或工作的留学回国人员已近 8 万人。除以上地区外，其他省市也不断创新引才工作模式，如深圳市先后出台了《深圳市新引进人才租房和生活补贴工作实施办法》《深圳经济特区人才工作条例》《关于促进人才优先发展的若干措施》、"孔雀计划"奖励补贴、留学人员创业前期费用补贴等一系列人才政策；武汉成立了武汉市招才局，把招才引智列为该市"一把手工程"，量身定制高端海归人才引进项目；杭州于 2020 年出台了"全球引才 521 计划"为海外归国的精英人才提供了安家补助和专项住房；厦门市出台了《厦门市留学人员创业扶持办法》，为鼓励创业、促进科技成果转化，对留学人员企业提供一次性的专项补助资金，各地针对高端海归人才的引进、管理政策措施日趋完善，体系逐渐成熟。

3.3　高端海归人才政策体系分析

高端海归人才是建设高水平人才高地的重要组成部分，是重要的人才资源，为吸纳引进各类海外人才，我国政府部门相应制定了涵盖不同主题的人才政策，为更加切实有效地解决实际问题提供决策依据。高端海归人才引进的宏观效果提升离不开宏观制度环境的优化与改善[1]，因此为了解决我国高端海归人才引进后成效评价问题，本书对我国现有高端海归人才政策实施现状展开梳理，了解其历史演进、力度及强度，从中找寻政策缺失与不足，以期通过高端海归人才引进后成效评价机制的构建，进一步完善高端海归人才工作体系和制度环境。

3.3.1　高端海归人才政策的阶段特征分析

所谓高端海归人才政策，就是政府部门为指导高端海归人才相关工作制定的行动准则。其内容往往涉及高端海归人才的引进、待遇、保障、激励等多个方面，是有关部门进行工作的行动指引和重要依据。海归人才政策的发展反映了国家在不同时期的人才发展战略及人才环境。回顾海归人才政策发展历程，厘清其发展脉络，有助于把握各阶段政策的特点，并进一步完善现有政策体系。我国海归人才政策是随着国家步步发展与复兴而逐步发展起来的。改革开放以前，我国主要靠政治外交方式吸引海归人才，还没有建立真正具有吸引力的相关政策。改革开放之后，我国海归人才工作开始重启并逐渐步入正轨。我国对于海归人才的政策制定与完善大致分为三个阶段：1978～1982 年的初步探索与渐进发展阶段；1983～2011 年的全面规划与快速发展阶段，2012 年至今的突破创新与层次提升阶段[1]。

3.3.1.1　初步探索与逐渐恢复阶段

1978～1982 年，停滞发展的高端海归人才工作开始逐步恢复。教育部、外交部等多个部门制定并不断完善出国留学政策，出国留学人员规模不断扩大。1983 年 7 月 8 日，邓小平同志在"利用外国智力和扩大对外开放"重要谈话上明确提出外国智力的概念和利用外国智力加速推进我国现代化建设事业的重要思想，这成为我国海归人才政策演变过程中一个重要的转折点。自此，我国的高端海归人才政策战略方针及行动路线基本确立，工作局面逐渐打开。但这一阶段，高端海归人才政策更多地是通过民族感情及丰厚的工作待遇、生活福利吸引海归人才。由于受到主观和客观因素的制约，引进海归人才工作处于散点分布、各自探索的状态，政策主体尚不明确。又考虑到引进经营管理和文化教育领域的高端海归人才可能涉及意识形态建设等敏感问题，因此人才引进则更加偏重自然科学和工业工程领域的专家学者。与此同时，各单位引进高端海归人才工作所需经费也基本要求由各单位自行承担，高端海归人才政策体系尚未形成合力，引智引才工作进展迟缓且只能小规模开展。

3.3.1.2　全面规划与快速发展阶段

在得到初步探索之后，经过积累和实践，我国海归人才政策开始逐步走向全面规划与快速发展的阶段，并取得了一定的成果。1983 年 8 月 24 日，中共中央、国务院发布《中共中央　国务院关于引进国外智力以利四化建设的决定》；9 月 7 日，中央决定成立中央引进国外智力以利四化建设工作领导小组（后改为中央引进国外智力领导小组），统筹领导全国引进外国智力工作。同年 9 月 26 日，国务院颁布《国务院关于引进国外人才工作的暂行规定》。2000 年，中央经济工作会议首次提出："要制定和实施人才战略。"2003 年，国务院办公厅与人事部等 12 个部门联合发布《留学人员回国服务工作部际联席会议制度》，旨在增强各部门的协作配合。12 月，第一次全国人才工作会议召开，通过了《中共中央　国务院关于进一步加强人才工作的决定》，对实施人才强国战略建设高素质人才队伍作出了全面部署，标志着我国大力实施人才强国战略跃升到一个新起点，也标志着我国人才工作进入一个全面展开、整体推进的新阶段。2005 年 3 月，人事部等五个部门联合发布《关于在留学人才引进工作中界定海外高层次留学人才的指导意见》，首次对"高层次人才"范围作出了明确界定。2006 年 1 月 26 日，中共中央、国务院通过了《中共中央　国务院关于实施科技规划纲要增强自主创新能力的决定》，并开始组织实施《国家中长期科学和技术发展规划纲要（2006—2020 年）》。2007 年，人事部等 16 个部门联合实施《关于建立海外高层次留学人才回国工作绿色通道的意见》，旨在给海外高层次留学人才回国创造良好条件。2008 年 12 月，中央组织部联合国家发展和改革委员会、教育部等部门印发《关于为海外高层次引进人才提供相应工作条件的若干规定》的通知，我国海外高层次人才政策进入全新阶段，重点关注高精尖的海外人才领域。在此阶段，高端海归人才政策得到了进一步的发展与完善，目标更加明确，并且针对性地制定了差异化的专项方案。与此同时，政策的内容也更加丰富，在对使用政策、引进政策、激励政策、保障政策进行进一步完善的基础上，先后添加了涉及流动政策、安全政策、评价政策、培养政策等相关内容，基本上涵盖了吸引人才的各个主要方面，使高端海归人才政策在横向上不断拓展引进人才的工作局面，在纵向上不断深化人才引进的工作力度。此外，对高端海归人才的管理与服务更加注重以人为本、以用为本[1]，致力于解决引进人才回国或来华的后顾之忧。另外，引智引才的形式方面更加灵活，相关政策开始鼓励构建自有渠道吸引人才，将人才引进的部分工作下放给具体用人单位。

3.3.1.3　突破创新与层次提升阶段

2012 年以来，我国引进高端海归人才工作全面铺开，中央和地方整体推进，高端海归人才工作的系列政策规划取得了很大的成效。但从发展的需要来看，我国高端海归人才工作存在政策工具结构不够均衡、政策主体职能划分不清、政策之间缺乏一致性、政策可操作性不强等问题。与此同时，国内高端海归人才信息数据平台的建设相对落后，一些高端海归人才政策的决策模式仍停留在经验式的管理阶段，缺乏全面细致、科学有效的政策制定体系的数据支撑。在此阶段，国家对人才的需求从有限的几个学科转向了全方位地引进各类人才，高端海归人才政策数量大幅增长，其所涵盖的领域也更加广阔，政策体系发展逐步细化，高端海归人才政策进入了新的政策均衡阶段。

3.3.2　政策工具视角下我国高端海归人才政策体系评估

高端海归人才政策评估通过在国务院、党中央及其下属各部委的官方网站中检索关键词，选取了文件名称中包含"高端海归""海外高层次""海外高端""出国留学人员"关键词的国家级人才政策，以及与高端海归人才管理工作直接相关的法规、意见、办法、通知、规划、措施等国家层面的政策文件[1]。本书以 2021 年为文件收集时点，对现行高端海归人才政策（共计 63 件）进行汇总、整理、剔除，并按照颁布时间进行排序、编号（见附录1），形成后面政策工具分析的对象集合。

3.3.2.1 高端海归人才政策的协同性分析

政策的协同性就是政府职能部门在解决跨界领域问题时，为实现高端海归人才工作的预期目标，促进各个职能部门的集体合作与协同，使各个部门的工作步调趋于某种一致的程度[1]。因此，通过分析现行的海归人才政策制定机构和部门的数量，可以从各部门合作程度上体现出高端海归人才政策的一致性。

高端海归人才工作是一项涉及公安、教育、海关、卫生等多个部门参与合作的系统性工作。目前现行的 63 件政策文件中，共 38 个部门参与制定，覆盖面十分广泛。其中，有 42 项政策文件由单一主体制定。参与部门最多的政策为 2007 年人事部等部门印发的《关于建立海外高层次留学人才回国工作绿色通道的意见》，其数量达到 16 个（见表 3 - 3）。

表 3 - 3　　　　　　　　　　　政策及制定主体个数

参与制定政策的部门数	政策文件编号
1	2、3、4、5、6、7、10、12、13、15、16、17、19、20、21、23、24、25、26、28、29、30、33、34、37、41、44、45、49、50、51、52、53、54、55、56、57、58、60、61、62、63
2	1、18、32、36、38、39、40、42、48
3	8、9、35、47、59
4	11、22
5	14、43、46
5 个以上	27、31

由各部门独立制定的政策文件共有 42 项，占比高达 66.67%，2~10

个部门共同制定的政策共有 19 件，约占总体的 30.16%，而只有 2 项政策由 10 个以上部门联合制定，占比为 3.17%（见图 3－6）。由此可见，虽然高端海归人才工作涉及众多职能部门，但是部门缺乏协同机制，联合会商机制建设尚不足。

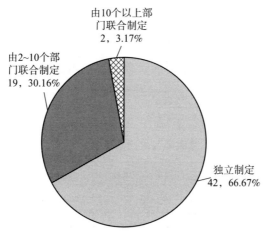

图 3－6　高端海归人才政策制定主体数量及占比

3.3.2.2　高端海归人才政策的系统性分析

高端海归人才政策系统是为满足人才工作目标而制定的彼此之间存在关联性的政策文件的集合，政策的系统性分析是通过分析政策文件的主体结构、效力层次评价政策系统是否全面与均衡。本章研究基于政策工具分析方法的思路，构建了高端海归人才政策系统性分析 XY 二维框架：以政策文件主题，即引进、培养、评价、激励等为标准的 X 维度；以政策文件效力层次为 Y 维度，通过分析政策文件的主题结构以及效力层次两个维度能够多方位地了解高端海归人才政策系统的全面性和均衡性[1]。

（1）对高端海归人才政策的 X 维度分析。高端海归人才政策主题即政策内容所反映的政策目的和主旨[1]。本书将政策主题作为政策系统性分析的 X 维度，结合高端海归人才管理工作涉及的不同环节及特点，将政策文件主题划分为综合类、教育培训、评价激励、基金经费管理、安全保障、出入流转、工资待遇、管理服务、平台中介和吸收引进 10 个大类[1]。通过对政策的主题分析（见表 3 - 4），可以看出，吸收引进类政策文件占比最高，为 34.9%，其余文件均在 30% 以下，其中综合类、管理服务和出入流转文件占比在 10% ~ 30%，基金经费管理、评价激励政策文件占比在 10% 以下，而平台中介、安全保障、教育培训政策文件则明显缺失。因此，从政策主题的分布及结构来看，我国的人才工作将更多重点放在人才的吸收引进，然后为出入流转、管理服务等方面，当前政策文件并不能够全面覆盖海归人才引进工作的各个方面，政策系统内部组成单元之间存在结构失衡的问题。

表 3 - 4　　　　高端海归人才政策 X 维度政策主题分布情况一览

政策主题	政策文件编号	数量	比重（%）
吸收引进	3、7、8、9、11、19、20、21、22、23、27、30、31、39、45、48、53、55、56、59、61、63	22	34.9
综合类	1、2、10、12、14、15、17、18、26、28、29、37、40、51、52、54、60	17	27.0
管理服务	4、16、33、38、41、42、49、50、57、62	10	15.9
出入流转	5、6、24、25、35、43、44、46、47	9	14.3
基金经费管理	13、36	2	3.2
评价激励	33、34、58	3	4.8
工资待遇	N	0	0
平台中介	N	0	0
安全保障	N	0	0
教育培训	N	0	0

（2）对海外高层次人才政策 Y 维度分析。单一的研究视角无法全面地反映我国高端海归人才的政策特点。因此本书加入效力层次作为系统二维分析的 Y 维度，旨在研究现行高端海归人才政策体系中的各政策单元在实际工作中的权威性和法律效力，并综合评估政策的效力配置的协调性。根

据法律效力对高端海归人才政策文件进行分类，包括法律、行政法规及一般性政策文件[1]。在本书中，高端海归人才的相关法律规定是指与其直接有关、经全国人民代表大会审议、具有最高效力和执行力的政策。在现行政策中满足这一界定条件的仅有 1 部，为 2012 年第十一届全国人民代表大会常务委员会通过的《中华人民共和国出境入境管理法》；行政法规是指国务院依照《中华人民共和国宪法》和相关法律，为培养和管理高端海归人才而制定的一项专门的政策。现行高端海归人才政策没有行政法规；其他 62 个政策文件，都属于由国务院直接管理的部门和机构出台的关于高端海归人才的指导意见、规定、办法等一般性的政策，所占比例达到 98%。

　　本书将高端海归人才政策主题作为 X 维度，将政策效力层次作为 Y 维度，形成了对于"高端海归人才政策"的系统性二维分析结果（见图 3 - 7）。二维分布图可以直观地反映出我国高端海归人才政策分布失衡，在大部分工作环节中缺少有效法律、行政法规的约束和指引，与有关高端海归人才的评价激励、平台中介、安全保障、教育培训方面的政策支持力度相对不足，高端海归人才政策体系存在不足，系统性有待提高。

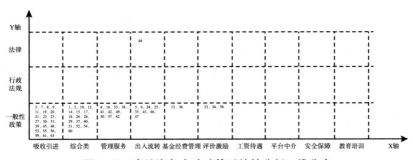

图 3 - 7　高端海归人才政策系统性分析二维分布

3.3.3　高端海归人才政策体系问题分析

经过对高端海归人才引进宏观效果与政策体系的阶段特征、协同性以及系统性分析，可以发现当前我国高端海归人才政策体系在制定和实施过程中尚且存在一定的问题。具体表现如下。

3.3.3.1 政策体系不够完善

海外高端人才的政策体系主要是指使海外高端人才引进工作能够正常运行并发挥预期功能的规范、稳定、配套的政策体系。该政策体系包含人才引进、管理、培训、评价、退出等方面的内容[139]。目前，高端海归人才体系不够完善。其一，人才政策体系不全面。大多是吸收引进以及综合类的政策文件，而评价激励、工资待遇、教育保障以及人才退出方面的政策十分缺乏。其二，政策体系的结构不平衡。已出台的高端海归人才的纲领性文件和可操作性文件之间严重脱节，政策文件中大多是以指导为主的综合性、纲领性文件，而缺乏可操作性的具体执行文件，政策制定与实际工作严重不匹配，实际管理缺乏投入、政策实施困难。

3.3.3.2 顶层引领作用有待强化

高端海归人才工作缺乏顶层设计。一方面，长期以来，政府主导的资源分配模式制约着市场主体引进高端海归人才的主动性；另一方面，如果仅仅依赖于市场的调节，将会使更多的高端海归人才资源流向较发达的区域。当前高端海归人才政策体系的整体规划不够完善，制度不够健全，无法有效发挥在人才工作中的引领作用。在高端海归人才体系的系统整合方面，缺少统一的管理体制以及相关的统筹协调，没有清晰界定各部门和各地区在高端海归人才工作中的职责和地位。

3.3.3.3 缺乏立法支撑，政策条块化

目前，我国有关高层次海归人才的政策法规共有63部，"通知""意见""办法""规定"等有62个，仅有一部是法律性文件，而且是出入境管理方面的，没有一项专门为高端海归人才制定的基本法。可见，现有高端海归人才政策体系法律效力层级较低，说明我国高端海归人才的制度建

设仍处于尝试和摸索的阶段，政策体系尚未健全，政策的权威性与指导性有待加强。各地政府在执行贯彻中央指示时，缺乏指导与监督，易出现执行不力的情况。并且由于"政出多门"，使不同来源的政策之间存在政策冲突、缺少衔接、不配套、不正当竞争等问题。

3.3.3.4　各部门协同性不足，缺乏特设机构

政府职能设置体系中高端海归人才管理缺乏统筹牵头部门。人才管理工作涉及组织、人力资源和社会保障、外事、公安、教育等众多部门，但各部门之间的协同性却明显不足，在 62 部关于高端海归人才的政策文件中由单一主体独立制定的政策文件数量为 42 件，占比达到 67%，反映出各部门大多站在本职工作立场，根据自身需要制定各种形式的规划、计划以及政策制度，而忽视人才管理工作的系统性与有效性和协调性；另外，部分单位内部职能交叉、权限不清，责任不明。为此，有必要建立一个针对性高、权威性强、便于统筹管理、便于服务的高端海归人才特设机构。

3.3.3.5　人才评价与激励机制薄弱

在 63 部关于高端海归人才政策文件中，高端海归人才引进政策、综合类和管理服务类政策共 49 项，占比接近 80%。相比之下，仅有 3 部文件涉及关于高端海归人才的评价与激励，占比不足 5%。表明目前的高端海归人才相关政策将重点放在人才引进方面，而忽视了对人才引进后的评价、激励及培养。结合高端人才工作实际来看，目前我国尚未建立关于海归人才相关的评价制度。其一，缺乏针对海归人才这一特殊人才群体的评价机制，缺乏针对性的人才评价标准；其二，关于高端海归人才引进后的评价制度尚未建立，对高端海归人才引进后的成效评价关注不足，没有形成有效的反馈。因此，亟须在现有人才管理制度的基础上，不断进行政策供给和创新，对引入高端海归人才持续关注并给予支持，建立科学高效的评价和激励机制，才能真正发挥出高端海归人才资源优势。

3.4 高端海归人才相关评价
制度的发展与需求分析

3.4.1 我国高端海归人才相关评价制度的发展与现状

人才评价是人才发展体制机制的重要组成部分，是人才资源开发管理和使用的前提[140]。人才评价是通过建立和运用一套科学合理的工具与方法，对人才发挥贡献的系列要素认定和评判，其作为选拔人才的手段和人才培养的导向是我国人才工作的重要方面[141]。目前，我国尚未出台关于高端海归人才的评价政策，对高端海归人才引进后的成效评价缺乏，没有形成有效的反馈。因此，遵循政策体系的发展要求和衔接及延续，本书以人才评价政策为基础，对人才评价政策进行梳理，分析其阶段特点以及发展规律，并结合高端海归这一特殊群体评价现状及特点，为建立健全高端海归人才及引进后成效评价体系提供依据和启示。

同样，我国人才评价政策也经历了多个阶段的发展。1992～2000年属于人才评价制度建设的探索时期[142]，在此期间我国没有出台专门针对人才评价的政策，只是在选拔培养人才的文件中，强调同时要做好人才评价工作。到2001年，中央经济工作会议首次提出人才战略，2002年中央发布了《2002－2005年全国人才队伍建设规划纲要》，首次提出了"实施人才强国战略"，并于2003年召开第一次全国人才工作会议，全面部署了新形势下人才评价工作[142]。至此，我国人才评价制度建设的工作开始展开。2003年，时任主席胡锦涛在第一次全国人才工作会议上强调，"要建立以业绩为重点，由品德、知识、能力等要素构成的各类人才评价指标体系，建立健全科学的社会化的人才评价机制"，以促进我国人才评价机制更加科学化、社会化[143]。随后国家颁布实施关于人才工作的系列决定，重点对人才评价的目的、导向、机制建设等方面进行了规划部署[144]。此阶段，我国政策出台呈现出制度化、规范化的特点，重点在于建立规范科学的人才评价体系，分类对人才进行评价。在评价标准建设方面，对公职人员制定了多维化的评价标准，但在其他职业领域，人才的评价还主要聚焦于工作能力的评价和业绩的考核。同时，随着国家发展的需求日益增强，人才的地位也不断提升，国家对人才评价重视程度不断提升。

经历了人才评价制度的探索建设，2006~2015 年我国人才评价工作进入了传承与突破阶段。此时，人才评价制度建设深入推进，专业分类评价需求更加迫切，国家对于人才评价的重视程度进一步凸显。在这一阶段，我国出台各项政策，完善了人才评价标准，人才评价体系更加全面，强调分层次、分领域进行人才评价，创新人才评价体系，优化人才队伍。例如，针对公务员及党政干部的评价工作，我国于 2006 年正式实施《中华人民共和国公务员法》及 2013 年修订并实施的《党政领导干部选拔任用工作条例》等。相应政策的出台和落实完善了对公务员以及党政干部的评价标准和选拔方法。在对人才的评价方面，对人才品德的要求不断提高，对人才的职业道德约束和廉洁性建设方面取得了显著成果。在用人标准的设定上，强调工作能力是基础条件，但品德良好和政治过硬是必要条件。同时，党的十八届三中全会将"完善人才评价机制"列为重点改革任务之一，此后人才评价的分类化、科学化和规范化得到快速发展。整体来看，这一阶段使人才制度持续完善，并展开了积极的改革和创新。同时，伴随着创新型国家的建设，此时更关注人才的创新能力评价，社会化的人才中介及专业人才评价机构得到发展，人才评价实践日益社会化和多元化[144]。

经过创新发展，我国人才评价政策在内容上较为完备，但仍存在分类评价不足、评价标准单一、重点问题突出等问题，难以适应新时代发展的需要。因此，现阶段我国需要进一步深化改革人才评价制度，完善人才评价体系，解决人才评价中的突出问题。2016 年国家《关于深化职称制度改革的意见》中明确指出要合理设置职称评审中的论文和科研成果条件，

"打破或淡化论文作为限制性条件的硬性要求","推行代表作制度,淡化论文数量要求"。其本质是强调评价专业水平人才要靠业绩水平和实际贡献,为客观科学公正评价专业技术人才提供制度保障。同年,中共中央出台《关于深化人才发展体制机制改革的意见》,指出要从评价标准、评价方式、评价主体、职称制度方面推进人才评价机制创新,再次强调了评价机制的创新。党的十九大后,中共中央办公厅、国务院办公厅印发《关于分类推进人才评价机制改革的指导意见》,提出以职业属性和岗位要求为基础,实行分类评价、突出品德评价以及注重能力、业绩和贡献三个方面的人才评价标准。人才评价的相关政策更加积极有效,并相继出台《关于深化项目评审、人才评价、机构评估改革的意见》《关于开展清理"唯论文、唯职称、唯学历、唯奖项"专项行动的通知》《关于破除科技评价中"唯论文"不良导向的若干措施(试行)》《关于规范高等学校 SCI 论文相关指标使用树立正确评价导向的若干意见》《关于正确认识和规范使用高校人才称号的若干意见》等,这些系列政策措施破除了严重影响我国科技创新事业健康发展的"四唯"问题。科技人才评价机制改革在党的十八大之后取得重大突破和机制完善,建立起比较完整的科技人才评价制度体系。总体而言,这一阶段我国人才评价的重点在于分类推进人才评价,深化人才评价体制改革,人才评价制度呈现多元化、科学化的特点,将人才品德作为人才的首要标准,同时更加重视关于高技能等重点领域人才的评价工作。

3.4.2 我国高端海归人才评价机制设立的现实问题与需求

目前,我国正在积极推进人才体制机制改革,探索建立各类人才的分类评价政策,但是对于高端海归人才的评价关注不足。在高端海归人才引进之后,更重要的是对其人才资本的持续开发和充分利用。其一,高端海归人才在国外接受了先进的专业教育或职业训练,具有较强的创新能力和国际竞争力。相较其他的人才类型,其具备国际视野,多元文化的高精尖战略人才资源,具有显著的群体特性和特殊的人才属性。但高端海归人才引进后可能会面临各种适应性问题，如可能存在归国后对职业发展的期待和要求与国内的科研体制、人才评价、资源配置等方面的匹配差异[145]，也可能在语言、沟通、协作、管理等方面存在障碍，增加了快速融入工作的难度。因此，并不能简单地将高端海归人才及引进后成效纳入现有的人才类型进行评价，以免造成对高端海归人才引进后成效的认识不足，严重影响评价的客观性和结果的有效性。其二，相关高端海归人才政策更多地关注于政策的出台，而不落实或落实不到位的情况往往会让高端海归人才对相关政策产生信任危机[146]。高端海归人才作为国家战略资源的重点引进对象，各界对其引进的条件及引进前的评价非常关注，但其引进后能否得到充分利用才是让人才引进工作变得更有价值的根本[147]。现实情况却是高端海归人才引进后的产出与贡献难以评估判断，没有明确的标准和指标衡量高端海归人才的水平和贡献，更是缺乏对高端海归人才的引进后成效的有效评价和监测，不利于优化引才政策和服务体系。综上所述，必须加强高端海归人才引进后的成效评价研究，尽快推进高端海归人才引进成效机制的建设，以准确地获取高端海归人才的适应、发展等需要，也可以了解相关政策落实的程度、引进后的高端海归人才的利用程度，并在问题的不断发掘与解决的过程中完善高端海归人才的制度建设[148]。

3.5　本章小结

本章首先基于海归人才的相关权威数据，统计分析了近年来我国海归人才引进的整体效果，以反映高端海归人才作为其高精尖群体引进的一般规律和基本状况。综合我国海归人才规模、引进流向、引进主体及行业等方面的分析，总体来看，近年来我国海归人才引进工作成效显著，引进规模总体上明显呈上升态势；海归人才背景地分布主要集中在英国、澳大利亚、美国等发达国家；国有企业、外资企业以及事业单位依次是引进海归人才较多的主体；互联网、服务资讯类高科技和新兴行业吸纳的海归人才占比较大，且在高科技行业领域和科学研究领域就业的海归人才占比有显著增加；海归人才归国流向更倾向于一线及新一线城市，但是随着各地方引进政策的吸引，海归人才的流向分布更加均衡，我国海归人才引进工作全面发展和推进。其次通过对高端海归人才引进宏观效果与政策体系的阶段特征分析、协同性分析及系统性分析，我们发现目前我国高端海归人才政策体系及操作落实过程中尚存在一定的问题：政策体系不够完善，部门协同性不足，对人才的评价激励机制不足等。最后基于我国现实人才评价政策体系的发展和分析，并结合高端海归人才工作的现实需求剖析发现：一方面缺乏针对海归人才这一特殊人才群体的评价机制。缺乏针对性的人才评价标准，盲目地将海归人才纳入其他人才类别给予基础性评价会致使结果不科学、不实用，更会造成高端海归人才资源的严重错估和浪费。因此，亟须建立一套完善的高端海归人才及其引进后成效评价体系，对其引进后的绩效、效益、效应等进行全面多层次的，满足多需求的客观评价机制。另一方面关于高端海归人才引进后的评价制度尚未建立。对高端海归人才引进后的成效评价不足，没有形成有效的反馈。人才引进后的效果如何，人才的工作绩效以及对于引进工作的成效反馈，都需要一套客观科学、针对性强的评价体系和机制。因此，有必要加快推进高端海归人才引进后成效评价政策的制定和实施，推进高端海归人才引进成效机制的建设。同时，也要加强高端海归人才引进后的成效评价研究，切实关注高端海归人才工作的现实发展和需求，这也是本书的现实基础和政策开发依据，拟为后续章节的研究开展提供较为全面的政策和实践背景分析。

第4章 基于扎根理论的高端海归人才引进后成效评价理论模型构建

本章研究重点是基于高端海归人才数据库的相关资料，通过质性分析，构建高端海归人才引进后成效的理论模型，并以此明确高端海归人才引进后成效评价的总体框架、掌握其微观情景、职业属性、角色定位及成效表现。本章主要由三个部分构成：首先，制定研究方案，论述扎根理论在本章研究中的适用性及应用步骤；其次，对样本选取与数据收集进行描述，通过二手资料收集及访谈数据获得建立高端海归人才数据库；最后，应用扎根理论对高端海归人才数据库资料进行编码分析，深入挖掘提炼相关文本数据，通过开放式编码、主轴编码和选择式编码，逐步明晰高端海归人才引进后成效的直观表现、评价重点、关键维度与评价层次等，最终形成可以指导高端海归人才引进后成效评价的理论模型。

4.1 高端海归人才引进后成效理论分析研究方案

本章的研究目的是分析和获取高端海归人才引进后成效的直观表现，挖掘其评价重点、关键维度及评价层次等，从而进一步明确其内涵及产生机理，为高端海归人才引进后成效评价指标体系的构建奠定基础。由于目前相关研究多集中于科技人才、高级技能人才以及各类岗位人才的评价，对高端海归人才这一特殊人力资源针对性评价的研究寥寥无几，对其引进后的成效评价也尚无成熟的理论予以指导。此外，鉴于理论模型构建的重要性，其可为高端海归人才引进后成效研究提供一个系统和科学的框架，并指导整个研究过程中的思考和行动，从而增加研究的可靠性和有效性。因此，本书拟突破的关键问题便是构建高端海归人才引进后成效评价的理论模型。本章选取了发展概念和理论常用的扎根理论方法及案例研究方法，以发展出扎根在社会实际现象与现实情境下脉络下的高端海归引进后成效评价理论。

在基于数据的研究中发展本土化的理论线索是扎根理论方法的宗旨。因此扎根理论方法要求基于翔实的数据资料，运用逻辑、归纳、演绎、对比、分析等方式自下而上螺旋式地抽象概念并构建逻辑关系，并不断提升层次最终发展成相应理论[149]。为了遵循扎根理论的归纳式的研究特征，本书并不提前设置任何理论假设，而是直接基于相关数据资料逐步进行概括，抽象出新的概念、范畴，进而发展出高端海归人才引进后成效评价的重点要素和不同范畴，并进一步构建相应理论模型。在这个获得解释性理解的过程中尤其注重与研究对象的和互动和意义的建立[150]，其方法主要以对研究资料的编码和备忘录等方式不断地对数据资料予以标记、记载、对比和分析而得到领悟和理论升华。

在扎根理论的发展过程中由于对不同的学科传统的融合，逐渐分为格拉泽和施特劳斯（Glaser and Strauss）的经典扎根理论、施特劳斯和科宾（Strauss and Corbin）的程序化扎根理论、卡麦兹（Charmaz）的建构性扎根理论三大流派。其中经典扎根理论和程序化扎根理论的区别主要在于编码过程的不同。前者将编码过程分为实质性编码和理论性编码，而后者则设置了开放式编码、主轴式编码和选择性编码三个步骤[151]。由于程序化扎根理论的广泛传播和认可，我国多数扎根理论方法的应用采用了其设置的三个步骤，因此本书也通过开放式编码（open coding）、主轴式编码（axial coding）和选择性编码（selective coding）三个步骤深入挖掘范畴并提出高端海归人才引进后成效评价的理论模型。开放性编码旨在找出在高端海归引进后成效评价这一情境中相关的、重要的、重复出现的社会现象，并完成概念界定和范畴发现；主轴编码的目的则是在初始范畴之间建立联结。由于本书旨在探索高端海归人才引进后的成效是什么，并在此基础上构建指标体系和评价机制。因此我们在主轴编码过程中更关注初始范畴之间的同功能及类别关系；选择性编码则需要对已发掘的概念类属进行系统分析，明确高端海归人才引进后成效的故事线，描述主要范畴及次要范畴的属性及维度，并进一步确定核心范畴及其与其他范畴之间的关系。

综上所述，在扎根理论运用的过程中，对数据资料的逐级编码是最基本且最重要的工作。本书首先对所有可能的、由数据阅读所指出的理论方向都保持一种开放的状态进行编码；其次通过主轴式编码在数据中发现和形成最突出的类属，并区分出不同层次的范畴；最后选取核心范畴，将其与亚类属建立联系，完成选择性编码。

在研究工具的选取方面，随着网络信息技术的产生与发展，计算机辅助数据分析软件在社会科学领域得到了逐步推广，例如 NVivo、MaxQDA、ROST – CM6 等。而 NVivo 作为一款能够协助研究者完成文字、语音、图片等资料的量化、整理与分析工作的软件，既提升了研究效率，又增强了研究的严谨性。因此，对于数据和信息的整理与分析，本书选取 NVivo 12.0 作为扎根理论分析的计算机软件工具。

4.2　数据收集与数据库建立

注重样本信息的丰富性而非样本的多寡是扎根理论方法数据收集的原则，因此本书的样本数据收集系统同时关注样本数据的可靠性与多样性，并基于此进行深度收集和跟踪收集，主要的数据来源包括：（1）以有关海归人才专业期刊及网站《神州学人》发表的关于对高端海归人才个体的事迹报道、人物采访、相关评论等文献作为质性分析的主要资料，并形成案例数据库；（2）通过研究组进行调研和半结构化深度访谈记录形成的一手访谈数据，两种数据来源共同构成了本书的数据资源。

4.2.1 案例数据的收集与处理

《神州学人》是由教育部主管，中国教育报刊社主办的综合性刊物，其办刊宗旨围绕着"加强对广大在外留学人员进行爱国主义教育，鼓励他们回国工作或以适当方式为国服务，为我国改革开放和社会主义现代化建设事业做贡献"，因此成为留学人员了解祖国、海归人才成绩展示以及海归人才引进等各项海归人才工作的窗口和平台。其中不少资料涉及高端海归人才引进后的工作、成绩、效果及效应等方面的问题，符合本书目的需要，同时为研究海归高层次人才引进成效提供了高质量、真实可信且丰富的数据资料。并且随着互联网技术的发展和应用，《神州学人》网站成为中国首家网络新闻媒体，设有新闻、讨论区、社团主页、学人主页、直播·访谈、文苑·摄影、招聘、创业、政策、读书、人物和视频 12 个频道，同时拥有人才储备、需求信息库、政策数据库、网络视频招聘和直播访谈等平台，这也为本书数据的可获得性、数据获取的便利提供了保障，为高端海归人才数据库的建立奠定了基础。

因此本书以《神州学人》及网站为主要数据来源之一，重点筛选 2019 年 1 月 1 日至 2021 年 12 月 31 日这 3 年期内"人才"栏目下的有关高端海归人才的相关报道、访谈、纪实、评论等材料，初步选取关于高端海归人才引进后成效的资料来源 369 篇。为了进一步保证数据收集的相关性、真实性和有效性，剔除初步收集的资料中内容重复的文章，并合并同一案例主体的文章共计 22 篇；同时邀请研究组三个成员对资料的主题进行比较判别，经多次共同沟通商议，再次剔除与本书主题关联度较弱及相似度较高的资料 9 篇。最终形成 338 篇资料并形成相应 Word 文档记录格式，按照人物进行了初步整理和编号，建立了高端海归人才案例数据库作为构建模型的重要基础之一。

4.2.2　案例数据的基本情况与样本分布

对数据库中披露海外背景地的 334 个样本进行统计分析，高端海归海外背景地涉及 27 个国家/地区，其中有 63 个样本曾在多个国家或地区留学，有 101 个样本曾在欧洲留学，127 个样本在美洲留学，33 个样本在亚洲留学，10 个样本在大洋洲留学。具体来看，背景地为美国的高端海归人才最多，达到 120 人，其次为英国（39 人）、日本（21 人）、德国（16 人）、法国（14 人）等。总体而言，一方面数据库样本中的高端海归人才的海外背景地主要为欧美等发达国家，这符合海归群体海外留学或学习目的地选择的现实偏好；另一方面数据库样本中的留学国别多元化显著，样本结构合理（见图 4 - 1）。

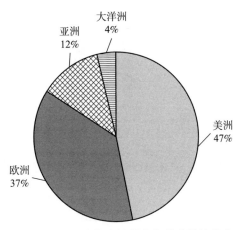

图 4 - 1　高端海归人才样本海外背景地分布

我们对数据库样本中所涉及的 338 位高端海归人才引进单位进行分析，其中引进单位为高校 93 人，占比为 27.5%；科研院所 74 人，占比为 21.9%；样本中有 71 人归国后选择创业，占比为 21.0%；样本中 40 人在企业工作，占比为 11.8%；政府及事业单位引进 29 人，占比为 8.6%；社会组织及其他机构共31人，占比为9.2%。可以看出，首先，样本中高端海归人才引进单位类别多样，基本涵盖了高端人才主要从事的科研科技创新等工作类型，样本具有一定的代表性。其次，引进单位中高等院校、科研院所占比将近一半，一方面说明随着近年来引进政策的不断加强，高校及科研院所对高端海归的引进工作卓有成效；另一方面也说明高校、科研院所的工作性质及岗位特征更加契合高端海归人才学术及技术背景，相当比例高端海归人才引进后主要基于高校及科研院所等载体从事科学研究、教育教学等工作。最后，按照占比高低排序，高校、科研院所、创业及企业中的高端海归人才累计占比为82.2%，因此从样本分布可以看出这四个类别是高端海归人才引进单位的主体，关于高端海归人才的分类也应重点考察这四类引进单位（见图4-2）。

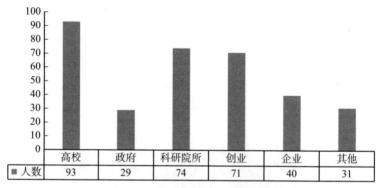

图4-2　样本高端海归人才引进单位分布

对数据库中高端海归人才性别进行分析，其中男性270人，女性68人。高端海归人才男性占比约为80%，女性高端海归人才占全部样本的比例约为20%，女性高端海归人才在我国海外高层次人才队伍中占有一席之地，成为我国人才建设和发展不可忽视的力量，但该占比远低于男性（见图4-3）。

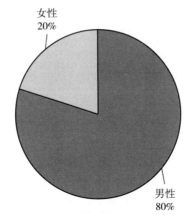

图 4 - 3　高端海归人才样本性别统计

　　从披露相关信息的 334 个样本来看，高端海归人才引进区域包括安徽省（14 人）、北京市（100 人）、福建省（2 人）、甘肃省（4 人）、广东省（21 人）、广西壮族自治区（3 人）、海南省（4 人）、河北省（3 人）、河南省（5 人）、黑龙江省（3 人）、湖北省（19 人）、湖南省（15 人）、吉林省（3 人）、江苏省（11 人）、江西省（2 人）、辽宁省（6 人）、内蒙古自治区（2 人）、青海省（2 人）、山东省（13 人）、山西省（3 人）、陕西省（17 人）、上海市（36 人）、深圳市（1 人）、四川省（8 人）、天津市（7 人）、香港特别行政区（2 人）、新疆维吾尔自治区（1 人）、云南省（4 人）、浙江省（17 人）、重庆市（6 人）。可见，本高端海归人才数据库中的样本地域均衡，一定程度上能够代表我国高端海归人才引进整体状况及特征。此外，数据库中有 100 个样本引进区域为北京，占总样本比例为 29.94%；然后是上海和广东，分别为 36 人和 21 人，所占比例分别是 10.78% 和 6.29%。我国高端海归人才引进的区域分布也可见一斑。经济发展水平高的地区普遍具备更好的引才条件，包括职业发展、收入待遇和公共服务等方面，从而提升了对高层次人才的吸引力（见表 4 - 1）。

表4-1 高端海归人才样本引进区域分布统计

省份	人数	百分比（%）	省份	人数	百分比（%）
安徽	14	4.19	辽宁	6	1.80
北京	100	29.94	内蒙古	2	0.60
福建	2	0.60	重庆	6	1.80
甘肃	4	1.20	青海	2	0.60
广东	21	6.29	山东	13	3.89
广西	3	0.90	山西	3	0.90
海南	4	1.20	陕西	17	5.09
河北	3	0.90	上海	36	10.78
河南	5	1.50	深圳	1	0.30
黑龙江	3	0.90	四川	8	2.40
湖北	19	5.69	天津	7	2.10
湖南	15	4.49	香港	2	0.60
吉林	3	0.90	新疆	1	0.30
江苏	11	3.29	云南	4	1.20
江西	2	0.60	浙江	17	5.09

对数据库样本中的高端海归人才留学经历进行分析，可知有49人具有海外工作经历，占比为14.2%；160人留学目的主要为海外求学深造，占比为47.5%；有129人兼具海外学习和海外工作经历，占比为38.3%（见图4-4）。

从学历结构来看，数据库样本中披露相关信息的高端海归人才共328人，包括本科（23人）、硕士（57人）、博士（248人）。高端海归人才最高学历为博士研究生的占比为75.6%，最高学历为硕士研究生的占比为17.4%；最高学历为本科的占0.7%。可以看出，数据库中高端海归人才样本普遍具有较高的学历层次，硕士研究生及以上学历合计占比约为93%。结合引进单位来看，样本中高校及科研院所引进人数中90%以上为博士学位，这样的学历结构与分布也基本符合现实岗位的特征与要求，样本选择具有较高的代表性。

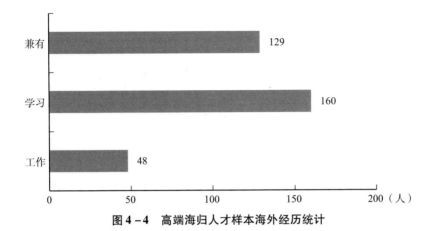

图 4 - 4　高端海归人才样本海外经历统计

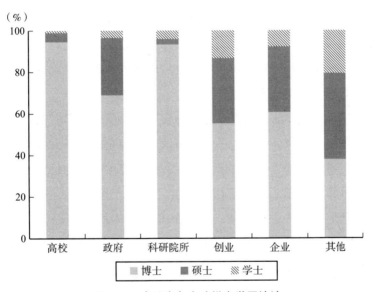

图 4 - 5　高端海归人才样本学历统计

　　通过前面主要对数据库样本中高端海归人才海外背景地、引进单位与地域流向、海外经历、性别、学历和职业岗位等方面的特征进行分析。结果显示，338 位高端海归人才样本中，约 1/3 海归样本曾在美国留学，1/3 海归样本引进后在高校任职，高端海归人才引进数量最多的城市是北京，大部分海归具有海外学习经历，兼具学习与工作经历的海归样本也占样本总数的38%；高端海归人才男女比例为4∶1，高端海归人才的学历大部分是博士研究生学历。总体来看，数据库样本一定程度上反映了我国高端海归人才引进的总体特征，因此基于该样本进行高端海归人才引进后成效评价理论模型的构建是有效和可信的。

4.2.3　访谈数据的收集与处理

除了收集二手资料，形成高端海归人才数据库之外，为了遵循"三角验证"原则，通过收集多种来源的资料数据以保证研究的构念效度以及避免共同方法偏差[152]。本书针对高端海归人才引进后成效及相关问题进行了系列调研活动及访谈工作。通过多种渠道和各方努力与部分高端海归人才建立联系与沟通，通过开放式访谈的方式与这些人才进行交流，以获取被访者基本信息以及高端海归人才引进后成效的表现、内涵及评价等问题的看法与观点，其中有34位高端海归人才同意参与研究。

在开展访谈工作前，为提高研究的信度和效度，先要对被访者建立初步认知。具体工作为：首先，尽量为访谈工作做充足准备。收集关于被访者的相关资料，了解其基本信息并分析其可能提供材料的价值度，并进一步与被访者建立联系，建立信任。其次，对半结构化访谈进行思路设计，完善访谈计划。但需注意的是，一方面访谈要围绕研究需要的议题展开，不要偏题，不要忽略了谈话的有效性；另一方面要严格遵循扎根理论研究方法的规则，不对被访者作概念解释、不对其进行研究理念及思路上的引导和提示。最后，进行半结构化访谈。围绕研究问题对每个受访者开展30~60分钟的访谈活动，并在征得被访对象同意的情况下进行全过程的录音或记录，避免关键信息的错录和遗漏。

最终本书以"高端海归人才引进后成效评价机制构建"为核心议题，主要围绕高端海归人才引进后成效的内涵、表现、形成机理与影响因素等方面进行访谈，深入了解信息。根据被访对象的职业与特点对问题进行初步探索，访谈中所提问题尽量简单明了，同时斟酌并随时调整具体提问方式与用词。

对于高端海归人才的主要访谈问题包括：（1）您归国后的任职岗位和主要从事的工作是什么？（2）您归国后在工作方面取得了什么样的成绩？其中您认为最重要的成绩是哪些方面？（3）您认为作为高端海归人才，您在归国后产生了哪些直接或间接的影响及效应？这些影响或效应是如何产生的？（4）您对于高端海归人才引进后的成效有什么样的认识和理解？（5）您认为有哪些因素影响了您归国后的工作及成效？（6）您认为现行的人才评价政策以及所在单位相关评价激励制度是否有效激发了您以及高端海归人才的特殊作用？您有何意见和建议？（7）您对于高端海归人才引进后成效的评价工作与机制的构建有何想法与建议？

4.2.4　访谈数据的基本情况与样本分布

为尽可能全面充分掌握我国海归高端人才引进后成效的表现及内涵，本书基于我国行政区域的划分，从东部、中部、西部三个维度对该区域高端海归人才进行实地走访或电话访谈，以获得一手真实数据。

为获得全面信息，本书访谈了东部的北京、天津、河北、浙江、山东、上海、广东、福建 8 个省份；中部的山西、湖北、吉林①、河南 4 个省份；西部的云南、贵州、陕西、内蒙古、四川 5 个省份，共计 34 人，访谈范围已具备代表性。

访谈主要内容包括：引进后的成绩与贡献及相应的影响与效应、引进后成效的解构与理解、引进后成效的影响因素、对人才评价相关政策的满意度、对评价成效的政策期待、工作人员改进空间六个方面。受访者均为高端海归人才，职业岗位类别涵盖高校及科研院所、企业、政府及社会组织；年龄涵盖老年、中年、青年；引进方式包括长期引进和柔性引进，受访者（高端海归人才）基本情况如表 4 – 2 所示，其中，编码首位字母代表高端海归人才引进单位类别，CU 代表高校、SRI 代表科研院所、EN 代

---

① 考虑经济基础、对外开放程度、发展水平，吉林划分为中部地区。

表创业、FI 代表企业、GOGN 代表政府/事业及社会组织；末位数字代表被访者编号。

表 4 - 2　　　　　　　受访者（高端海归人才）基本情况一览

编号	性别	年龄	引进方式	访谈记录编码
1	男	50	长期引进	CU - 01
2	男	57	柔性引进	CU - 02
3	女	34	长期引进	CU - 03
4	男	29	长期引进	CU - 04
5	女	31	长期引进	CU - 05
6	男	61	长期引进	CU - 06
7	男	58	长期引进	CU - 07
8	男	31	长期引进	CU - 08
9	男	54	长期引进	CU - 09
10	男	38	长期引进	CU - 10
11	男	49	长期引进	CU - 11
12	女	60	柔性引进	CU - 12
13	男	58	长期引进	CU - 13
14	男	35	长期引进	SRI - 14
15	男	56	柔性引进	SRI - 15
16	男	35	长期引进	SRI - 16
17	男	35	长期引进	SRI - 17
18	男	33	长期引进	SRI - 18
19	女	45	长期引进	SRI - 19
20	女	56	长期引进	SRI - 20
21	男	45	柔性引进	SRI - 21
22	男	47	长期引进	SRI - 22
23	男	41	长期引进	FI - 23
24	男	45	长期引进	FI - 24
25	男	49	柔性引进	FI - 25

续表

编号	性别	年龄	引进方式	访谈记录编码
26	男	69	柔性引进	FI – 26
27	男	62	柔性引进	FI – 27
28	男	32	长期引进	EN – 28
29	男	57	柔性引进	EN – 29
30	男	51	柔性引进	EN – 30
31	男	30	长期引进	EN – 31
32	男	45	长期引进	EN – 32
33	女	46	长期引进	EN – 33
34	男	56	长期引进	GOGN – 34

4.2.5　数据分析

"理论类属饱和"是检验扎根理论样本收集程度的标准，其具体含义是新的理论见解和新的理论类属不会随着新数据资料收集而增加。本书首先基于数据库中的 338 个案例数据及 34 个访谈数据进行分析，以了解高端海归人才引进后的成效表现及影响因素等，随后补充了 2022 年 1 月 1 日至 2022 年 4 月 30 日《神州学人》的案例数据 14 个，以及增加了 15 场的访谈数据，在其中并未再出现新类属，达到理论类属饱和的要求，因此本书进一步在所有数据整理集成后重新对其进行梳理与编码。

在数据库补充和更新后，研究组成员将所有数据资料录入计算机，并导入 NVivo 12.0 软件对数据资料进行分析。在反复阅读每个数据资料后，对资料内容进行初步的文本整理，梳理其中的关键信息，再对文本进行编码。

对样本的反复分析和解读是扎根理论研究方法的操作要点。在本书的资料分析过程中，每个样本资料均经过仔细记录和反复阅读。此外，为使资料分析更为全面与精确，本书在收集与分析数据资料的同时，及时撰写分析备忘录（memos），其中记录资料信息中发现的关键节点，初步分析节点之间的联系，为编码和挖掘理论范畴打下基础。

为了解数据资料的主要焦点，本书利用 NVivo 的词频查询功能，对全部文本进行词频分析。由于资料来源全部为中文，因此做相应语言设置；同时根据中文表达特点，设置以最小长度 2 为词频长度，并选择"完全匹配"的筛选要求以避免同义词归类的偏差；对于长度超过 2 的词语，则进行人工筛选处理。

在编码过程中，NVivo 软件中虽然存在自动编码功能，但由于计算机软件进行的编码会将数据过度切割，从而造成资料的碎片化，不能体现研究主体的整体性，同时无法客观、准确地反映现象与问题。因此，本书借助 NVivo 软件中词语查询功能和可视化功能，采用人工编码的方式对数据进行处理。

同时，本书严格按照程序化扎根理论的要求，由两个研究成员同时开展资料分析与编码工作，分别对数据库资料进行全面整理、系统分析，并独立使用 NVivo 软件对资料进行编码，从而通过软件的"编码带"功能进行结果的对比、讨论、修正调整与统一。

4.3 高端海归人才引进后 成效理论模型的构建

4.3.1 开放式编码

开放式编码是扎根理论研究之初先要进行的数据处理程序，旨在对高端海归人才案例库资料中的表述和观点加以定义（提取概念），并依据关系进行归类（明确类属）[153]，进而将繁多的原始资料按照研究主题转换成相对明了的概念和范畴[154]。进行开放式编码首先需要研究者逐一仔细阅读和分析案例库原始资料文本，以充分理解其中包含的高端海归人才引进后成效评价的相关信息和现象；其次对文本进行整理和归类，并围绕资料中的观点、概念和主题进行首轮的人工编码和节点创建。此时一般以概念的形成来给一级子节点命名，并且编码较为简单粗糙，不用考虑各个概念间的层级关系。初级编码过程中为了更高效地整理资料内容，也可以充分借助软件中的词频查询功能和文本搜索查询功能等辅助工具将原始资料按照明显的主题差异进行整理和分类，利用高频率词汇如"社会贡献""创新绩效""国际化效果""引进效应""科研成果""经济效益"等作为初步编码中的宽泛主题。在此基础上再进一步锁定高频词汇出现的位置，联系上下文，找寻资料中的可能节点，进行更为详细和恰当的编码。例如将关于"引进效应"主题下的全部资料文本进行仔细阅读和比较，就发现其中还包括海内外的人才引致与聚集，资本、先进技术及产业资源的吸引，以及文化与理念的引入等，分析中都可将这几种处理创建为节点。

　　在初级编码之后，需要对于节点的处理和编码内容进行再次分析。研究者应针对增多的节点进行阅读和分析，并进一步进行归纳、删减整理。相似或相近的节点编码进行整合或合并，对节点名称也可能需要进行必要的修改。同时，研究者需要不断提出问题以确定节点所属的类别、范畴性质和维度。通过重新组织和命名概念，使之类属化，并确保概念到范畴的提炼符合科学规范。在后续案例的编码过程中，已形成的概念和类属可以作为编码模板指导操作。如果遇到难以归纳的新概念属性或存在新的范畴，研究者可以与已有的编码模板进行比较分析，从而修正概念和类属的编码，逐步整合相似的范畴。此外，为了避免研究者的主观偏见和学术定论，本书还进行了多次理论和实践探讨，并与相关领域专家学者进行了交流，以确保研究过程的客观性和准确性，并保障紧扣本书的主题。最后我们从初始概念中提炼出"挑战前沿、智力引育、资政强国、创新攻坚、资源对接、社会服务、国际交流合作、对接需求、精神引领、国际影响力"10 个范畴，"产业升级、学科发展、平台建设、攻克基础研究难题、开拓研究领域、技术应用与推广、成果转化、技术自主研发、产品创新、关键技术国产化、企业家精神、资政强国、创业引领与支持、人才培养"等 39

个相对独立的初始概念。开放式编码分析内容较多，部分示例如表 4-3 所示，全部开放式编码内容见附录 2。

表 4-3   开放式编码简表

范畴	初始概念	原始语句要素
挑战前沿	攻克基础研究难题	急国家所急，前瞻做好基础研究，是科研工作者义不容辞的责任（CU-05）；力争在基础研究领域创新突破（CU-104）；重视基础科学开始成为整个中国的潮流（CU-69）
	开拓研究领域	开创网络信息安全研究领域（CU-05）；我们这个研究属于领域开拓性的研究（CU-28）；开辟了一个新的领域（CU-101）；他开拓了不对称催化新领域（CU-104）；拓展新的领域（CU-113）；不断拓展新的研究方向，开展交叉学科研究（CU-05）
	创设世界一流	深部探测能力已达到国际一流水平，局部处于国际领先地位（CU-13）；这也是我国又一个全球首创（CU-23）；从"一穷二白"到"接轨世界"，再到"引领世界"（CU-31）
	技术应用推广	致力于发展更多的行业应用（EN-07）；不是单纯地做应用科学，而是能很好地把科学应用于工业和生活（EN-16）；推进质子陶瓷导体技术应用（EN-43）；使我研究的技术在应用上实现了"跨界"（EN-58）；开创了中国镁合金军工应用的先河（FI-14）
	产学研融合	与复旦大学合作（EN-25）；公司两年来与各大科研机构展开了深入合作（EN-28）；公司还与有关高校合作（EN-57）；这些成功的实例给光纤激光器产学研一体化提供了一个非常好的思路（FI-05）
	成果转化	她的诸多科研成果，也在与企业的一次次合作中创造了不菲的经济效益（CU-03）；发表了大量科研文章并在进行成果转化（CU-17）；推进了纳米级图形化蓝宝石衬底（nPSS）的量产化进程，目前已完成了小批量生产（EN-25）
创新攻坚	技术自主研发	我国自主设计、多项技术处于国际领先水平的大型光学望远镜 LAMOST（SRI-37）；我国首款自主设计研发、具有国际主流水准的国产大型客机（SRI-06）；技术创新是公司发展最强大的后劲（EN-39）
	关键技术国产化	这个"卡脖子"难题最终被"良方"——复合地基处理技术所攻克（CU-04）；如果大家都不做，就永远不会有中国自己的原始创新（CU-18）；能自主生产铁电存储器并能超越传统技术的国家，以此打破国外垄断，维护国家安全和利益（CU-20）；海归教授专攻"卡脖子"技术（CU-25）；"中国射频芯"，助力我国成为真正的手机制造强国（EN-69）；打破了国外封锁（FI-14）

续表

范畴	初始概念	原始语句要素
创新攻坚	产品创新与研发	开发出了两颗 TD - SCDMA 芯片套片，完成了小灵通手机终端芯片的量产，以及 FM 收音机芯片的研发（EN - 13）；团队已自主研发成功 7 款技术水平领先的国家级标志性智能机器人，"一旦投产，市场潜力巨大"（FI - 04）；首次将量子点技术成功应用在电视机上，并于 2015 年 3 月投入量产（FI - 20）
	商业模式创新	维时代主推虚拟现实（VR）的多感知性、浸入式交互体验（EN - 07）；为创新商业模式打下了基础（EN - 56）；形成了新的商业运营模式（EN - 65）
	工艺创新	他创造出 20 多项属国内首创或国际首创的新工艺，其中属于国际首创的代表性新工艺 9 项（FI - 14）
对接需求	产业升级	尽快实现柔性显示屏的大规模产业（EN - 05）；将国内的科技研发成果进行产业转化（EN - 07）；为全国带宽的升级提供支撑（EN - 24）；它将加快区域产业优化升级（EN - 39）；支撑了我国柑橘产业体系建设（SRI - 43）
	产品出口	这些标签为"中国"的技术和产品出口到海外（EN - 01）；产品出口涉及 40 多个"一带一路"共建国家（EN - 38）；产品销往 40 多个国家和地区（EN - 66）；出售给国际知名企业（EN - 39）
	学科发展	不仅建立了一门学科（SRI - 24）；组织编写教科书和推动学科建设（SRI - 24）；建立学科、开设细胞生物学课程，到建立博士点（CU - 106）；学科排名进入全球 ESI 前 1%（CU - 83）
	战略研究与推动	而是挨镇挨村走进农户家作深度调研，90% 的时间和精力都用来研究扶贫（CU - 71）；实地调研，进村帮扶，破解山羊养殖难题，带动当地农民通过养羊脱贫致富（CU - 76）；脱贫攻坚战中，许许多多青年倾力奉献，将最美青春融入脱贫事业，其中就有不少海归的身影（EN - 56）；海归扶贫，一直在进行。致富路上，海归身影越来越多（FI - 28）
	带动就业	也为村里的闲置劳动力带来了更多工作机会（EN - 49）；企业办得红火，给村民带来更多工作机会（EN - 65）；先后成立了 7 家子公司、2000 多名员工（EN - 67）
智力引育	人才培养	把着力点放在组建和培养一流人才团队上（CU - 01）；很多弟子都在科研领域里小有成就，成为各自科研机构的先锋力量（CU - 03）；为物理学和材料学创新人才培养工作作出了贡献（CU - 09）；做科研在某种意义上讲也是教育，是培养创新型人才（CU - 104）；他还在用一身学识为我国光学领域培养优秀人才（CU - 105）

范畴	初始概念	原始语句要素
智力引育	团队建设	科研队伍的建设、设计队伍的建设，都要重点围绕提升满足国际需求的能力（CU-102）；组建国际化科研团队（CU-46）；组成一个有特色、有活力、有创造的科研集体（CU-106）；对团队中的青年教师大力提携（CU-15）；是武汉纺大较大、较年轻的科研团队之一（CU-25）
	人才引致与聚集	她从国外找了几位有生物信息和群体遗传背景的博士后回来（CU-02）；"挖了不少人回来"（CU-109）；"回来吧，吉林大学要上天入海，母校需要你，祖国更需要你"（CU-13）；一流人才引进一流人才，看到比较欣赏的科研人员，就会劝他们回国（CU-33）
资源对接	创业支持	义务担任欧美同学会海归创业学院的创业导师（EN-68）；不少科创成长性企业视朱敏为业界导师（EN-51）；鼓励引导他们积极创新创业（EN-43）；发现、选拔和扶持优质创业项目，帮助海归人才对接政策、资本、市场等各类资源（EN-12）；为创业者服务（GOGN-05）；作为科技创新行业的领军人物，不遗余力地为推动创业创新发声（EN-20）
	海外市场开拓	将优秀的中国企业"带"到日本去（FI-03）；是中国高端轨道交通装备"走出去"的亮丽名片（FI-13）；帮助中国公司顺利"出海"，海归成为中企走向世界的重要推手（F-26）；帮助中国企业海外上市，参与其跨国经营与并购业务，间接推动了中企的海外发展（F-27）；帮助更多国内中小型制造型企业在海外树立口碑、打响品牌（F-45）
	先进技术引进	有关生物医药技术在国外已经得到广泛应用，可是在国内用得还很少，所以就想带回国内（CU-33）；将领先的再生医学技术引入中国（E-28）；把国外先进的生态农业理念和技术带回国（EN-65）
	商业模式引进	尝试不断引入新的商业模式（FI-26）；建立以销带产的电子商务平台（FI-25）；引进国外运营模式，实现农旅融合发展（GNGO-09）
	制度引进与借鉴	"我们需要在人才、资源和体制上发力，打造创新体系"（CU-08）；作为科技体制改革的"试验田"，北生所采取与国际接轨的管理和运行机制（SRI-11）；成为科技体制改革的先行者，为新时代中国科学院的改革创新发展奠定了基础（SRI-61）
精神引领	企业家精神	首先要有企业家精神，要有一定的信念，甚至要有投入毕生精力的勇气（EN-06）
	科学家精神	诠释了社会主义核心价值观的真谛，散发着积极向上的时代精神，是最好的说服，更是最好的引导（CU-13）；坚持去工程一线、科研一线，用热爱与奉献带领、鼓舞着一批批年轻的军事科学家、年轻的共产党员（CU-95）；越是艰难，越是需要不断凝聚起新时代科学家精神（SRI-21）；跟着这样的"科研疯子"，学生们自然也被"熏"成了"科研狂人"（CU-03）

续表

范畴	初始概念	原始语句要素
精神引领	爱国奉献精神	晓宏的脚步始终紧随祖国的需要，"我是在西迁精神影响下成长的一代，祖国的召唤就是我的方向"（CU－12）；回国效力，代表了南开"允公允能、日新月异"的爱国情怀（CU－18）；我就下定决心学成回来报效祖国（CU－32）；"在自己的祖国作出科研成果所得到的满足感，是在任何其他地方都无法比拟的！"（CU－34）；出国留学就是为了归国报效（SRI－18）
社会服务	科学普及	坚持用一些通俗语言进行科普（CU－06）；抽出时间给中学生作科普讲座（CU－13）；腾出时间为孩子们编写教材（CU－21）；不少量子科学家都积极为量子科学的普及而努力，不断提升公众的科学素养，让他们少受伪科学的困扰（CU－40）；我们也很愿意承担起科普、服务的责任（EN－31）
社会服务	社会公益	捐资 400 万元，设立"新生助学金"（CU－84）；向定点医院等抗疫第一线捐赠了价值 15 万元的抗疫物资（CU－89）；前脚刚获奖，后脚便把奖金捐了出去（CU－95）；以低价甚至赠送的形式给经济困难、受灾较重的种植户们供苗（EN－46）；他的身影频繁活跃在公益事业中（FI－28）
资政强国	政府任职	顺利当选为政协第七届清远市委员会常务委员，在更多公共事务上发出留学生声音（EN－10）；是做全国政协委员的第一年，他还要继续为我国空间科学"菜园子"的可持续发展谋出路（SIR－12）；任创业服务中心副主任（CU－09）；担任着中国科学院学部常委、教育部生物学教学指导委员会副主任、北京市学位委员会副主任（CU－106）
资政强国	政府决策支持	善于发现社会民生、经济发展问题，常于深夜伏案撰写提案、社情民意信息，多次向政协、统战部等部门上报自己的提案、意见建议（CU－09）；撰写并上交了一份建议，为有关部门决策提供咨询参考（CU－35）；对政策环境等方面的意见建议也会报送相关部门以供决策参考（EN－60）
资政强国	高端智库建设	不断提出有建设性的政策建议，以学者力量形成高端智库（CU－15）
国际化深入	国际平台搭建	已成为发展中国家学习交流的新平台（GNGO－03）；不仅要打造一个学术的平台，也要建立一个人文交流的平台（CU－01）；成立了 CAS—TWAS—WMO 国际气候论坛，已成为 CAS 与 TWAS 有关气候变化研究的品牌论坛（SRI－40）；能为更多本土师生搭建国际化的科研对话平台（CU－60）
国际化深入	国际人才交互	他先后将陈建国派送到世界上做细胞骨架最好的实验室之一；将张传茂派送到世界上最好的细胞核重建实验室之一（CU－106）；学生们有去韩国读博士的，有去香港理工大学的，有去澳大利亚迪肯大学的（CU－25）；帮助申请奖学金和出国合作交流的机会（CU－34）；还有来自美国、加拿大等国的"海归"人才做技术顾问（EN－01）

范畴	初始概念	原始语句要素
国际化深入	国际项目合作	三方将在人工智能、智能传感、脑科学与神经科学等领域展开全方位的合作与探索（CU-43）；因为同时有好几个其他国家，也都希望这个项目能够向他们开放（CU-06）；他带领团队与牛津大学贫困与人类发展研究中心展开深入合作（CU-15）；与德国人工智能研究中心签署合作多个跨国项目（EN-07）
	国际文化交流	到世界各地"讲好中国故事"（CU-109）；"像我们这样的海归，要做中外文化交流的桥梁，讲好中国故事"（CU-111）；促进世界各民族间的彼此交流（CU-22）；海归可以促进中外文化交流（F-26）
国际影响提升	国际荣誉奖项	他是第2位获此殊荣的亚洲景观设计师（CU-103）；被授予2018年度克利夫兰奖（CU-23）；国际无线电科学联盟授予其URSI青年科学家奖（CU-30）；荣获巴鲁克·布隆伯伯格奖（SRI-22）；成为首位获"英国皇家特许建筑师""英国皇家特许规划师"等专业称号的中国大陆建筑师（FI-01）
	国际影响力	具有广泛国际影响力的学者，并入选《自然》杂志评选的"十位中国科学之星"（CU-02）；是当今世界具有影响力的景观设计师之一（CU-103）；被全球40多个研究组借鉴（CU-104）；包括美国和欧洲的顶级团队都按照其方法证明了实验结果（CU-113）；其中多种新型分子筛被国际分子筛协会收录、命名（CU-14）；得到以美国波音公司为代表的国际工程技术界的广泛认同（F-14）
	海外机构任职	当选为欧洲科学院外籍院士（CU-19）；入选美国霍华德·休斯研究所国际研究学者（CU-21）；担任4种国际学术期刊副主编和编委（CU-09）；出任世界银行首席经济学家（CU-110）；担任国际水资源协会常务理事，还是多个权威英文期刊主编、编委（CU-48）

4.3.2 主轴式编码

开放式编码将原始资料分解并整合为多个范畴，这些范畴通常是相互独立的。然而，范畴之间的关系需要通过主轴式编码进行进一步分析，旨在以某个范畴作为主轴，重新组合排列这些范畴，以形成一个有逻辑联系的整体，并在范畴内部区分出不同的副范畴[155]。该过程需按照范式—结构—过程的框架，将开放式编码中提取的各个范畴相连接，以分析范畴之间的关系与脉络，探索和建立起范畴之间的有机关联。因此，本书对基于开放式编码获得的范畴进行了更进一步比较和归纳。我们挖掘出范畴之间存在的内在联系，并根据范畴的逻辑次序和内在联系对其进行进一步归类。最终形成了 4 个主要范畴，主范畴下又包含了 10 个副范畴，并保证副范畴与开放式编码中的相关范畴有所对应，如表 4 - 4 所示。

表 4 - 4　　　　　　　　　　　主轴式编码

主范畴	副范畴	关系的建立及内涵
核心突破	挑战前沿	高端海归人才通过对国际前沿科学与技术的把握和挑战，掌控最新科学成果和技术趋势，有力地推进了国内相关领域的研究和发展，这是"核心突破"的必要方面
	创新攻坚	高端海归人才在国内面临的科技难题和创新挑战，通过创新思维和技术手段寻求解决方案，推动相关领域的创新发展、技术进步和产业升级，这是提升国家科技水平和国际竞争力的关键，因此也是"核心突破"的重要表现
	对接需求	高端海归人才需要与国内战略需求、资源需求、发展需求等之间进行有效对接，促进高端海归人才和国内需求之间的有机融合和互动。这对于海归人才来说是一种实现自身价值的途径，也是推动国家发展，实现"核心突破"的重要方式
边界拓展	智力引育	通过培养、引进、聚集高端人才，不断优化和增强智力资本，这是引进和整合人力资源的有效途径。这一过程必然会伴随对组织内外部资源的利用和拓展
	资源对接	组织谋求发展还需要依据其内部需求找寻并对接所需的外部技术资源、市场资源等，而高端海归人才的引进会帮助其实现与这些资源的对接，从而也实现了资源边界的拓展
溢出增效	精神引领	高端海归人才在开展相应工作的过程中所展现的优秀品质和精神面貌，会激发和带动周边的人，形成正面积极的榜样及影响力，产生示范效应
	社会服务	高端海归人才通过开展履行社会责任和社会义务的各种活动，一方面可以增强公众对高端人才的认同和支持；另一方面也推动社会责任意识的普及与深化，产生溢出效应
	资政强国	高端海归人才积极参与公共管理及服务，为国内的政策制定和产业发展提供参考和启示，从而促进国家和政府的治理能力和决策水平的提升，这是高端海归人才除去本职工作，为社会发展作出的重要增量贡献

续表

主范畴	副范畴	关系的建立及内涵
国际提升	国际化深入	国际化深入代表着一个国家或组织在国际事务中深入参与和融合的程度。这包括在国际政治、经济、文化、科技等领域的积极参与，以及积极吸纳和融合外部的各种资源。国际化不断地深入可以实现更好的国际合作和竞争，是国际提升的重要途径
	国际影响提升	一个国家或组织的国际影响力和声誉对于其国际地位和国家形象有着重要的作用，同时也能够对于国际事务的走向和结果产生影响，也是国际提升的根本目标

4.3.3 选择性编码

在选择性编码中，核心范畴的识别和发展起着关键作用。核心范畴应该能够概括其他范畴的属性和性质维度，并代表问题的实质。它在所有范畴中处于中心位置，具有更高的抽象程度，能够最好地体现原始资料和概念的意义。为了确定核心范畴，首先需要识别范畴与范畴之间的联系，并分析不同维度下各范畴之间的关系和脉络是否可以对研究问题作出完整的解释，以检验核心范畴是否能够揭示本书问题的本质；其次进行组织开发，使用所有的资料及由此开发的范畴和关系描述全部现象。这个过程涉及将资料和范畴进行综合、总结和解释；最后则需要对所得的概念范畴进行系统分析，尝试整合、精练和建构理论。选择性编码的过程旨在进一步提炼和完善概念范畴，构建理论，使其更好地符合研究问题和目标。

总之，在选择性编码中，核心范畴起着重要的角色，它们能够更全面地代表其他范畴和资料的意义，并且与其他范畴有着密切的关联。这些核心范畴经过综合分析和理论构建，能够在研究中提供更深入和准确的理解。本书通过对各范畴的反复审读，对核心突破、边界拓展、溢出增效、国际提升四个主范畴与其相应副范畴深入分析总结，并结合原始资料记录进行比较，确认各个副范畴体现其包含的各范畴内容与相应的内容，且完整覆盖原始材料记录包含的相关内容。在此基础上，对主范畴与副范畴的关系再进行梳理和分析，本书认为核心突破和边界拓展是核心范畴，为高端海归人才引进后的成效提供了基础性的内容支撑，两者之间紧密联系、相互促进。核心突破突出高端海归人才通过创新、突破原有思维定式和创新模式，对相关领域的核心问题进行攻克，从而为所在领域的发展注入新的活力。边界拓展则是高端海归人才通过国际跨领域、跨界合作等方式，开发智力资源、技术资源、市场资源等，不断开拓边界利用资源，为相关领域的发展提供支持，为核心突破奠定一定基础；反之则相反，随着高端海归人才引进后在某个领域或某种技术上取得创新突破，必然会进一步实现原有资源和边际的拓展。围绕核心范畴，溢出增效侧重考察高端海归人才在其本职工作之外，通过开展科普、公益、社会服务、公共管理等活动，将其专业知识和技能应用到更广泛的领域，产生的额外的、具有扩散性的、更深远的效益和影响，带动相关领域及其他人才的成长和发展，促进社会整体效益的提高。国际提升是高端海归人才引进的典型贡献，也是引智引才的终极目标和结果。国际提升需要借助核心突破、边界拓展和溢出增效等方面的积极作用，不断提高国家实力和国际话语权，进而增强国家在国际上的影响力和竞争力，实现中华民族伟大复兴。综上所述，基于扎根理论方法的高端海归人才引进后成效的理论模型构建完成，如图 4-6 所示。

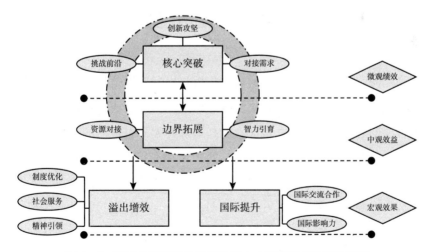

图 4-6　基于扎根理论的高端海归人才引进后成效理论模型

4.3.4　信度与效度检验

扎根理论方法的研究过程同样也要遵循科学研究中的信度和效度要求，具体分为构念效度、内部效度、外部效度和信度[156]。为保证研究效度，本书在以下方面进行了尽可能的控制和检验：在构念效度方面，即保障研究过程及操作的准确性，本书通过收集访谈以及多种形式的文献资料保证资料的多元性，并在此基础之上提升研究结果的一致性；还要保证研究的信度，即确保在利用相同案例资料库的情况下，研究的可重复性和可靠性。因此本书采取了多项措施：首先，在编码初期确定了编码纲要，并由一位主评判员和两位比较评判员共同进行编码。每个编码者都独立进行编码，如果他们的编码结果一致，那么编码结果就被确认。而对于意见不一致的条目，研究组成员会共同讨论并决定是否将其升级为概念或删除；其次，在编码过程中如果出现新的发现、新的领悟，或者认为之前的编码存在不清晰之处，研究组成员也会进行讨论，并对相关结论进行修正。这种背靠背式编码方式以多人多轮的形式进行，大幅增加了编码的准确性。

4.4　本 章 小 结

高端海归人才引进后成效的表现分析与内涵挖掘是构建其评价机制的前提基础和关键难点。为了解决高端海归人才引进后成效评价缺乏理论支撑的首要问题，本章基于扎根理论对高端海归人才引进后的成效进行了理论研究。研究首先基于《神州学人》选取形成高端海归人才数据库，并增加对高端海归人才个体进行访谈，形成一手访谈数据，共同构成了本章研究的数据来源，其次采用 NVivo 12.2 处理软件工具，通过开放式编码、主轴式编码和选择性编码三个步骤深入挖掘范畴。开放式编码分析从初始概念中提炼出挑战前沿、智力引育、制度优化、创新攻坚、资源对接、社会

服务、国际交流合作、对接需求、精神引领、国际影响力 10 个范畴，产业
升级、学科发展、平台建设、攻克基础研究难题、开拓研究领域、技术应
用与推广、成果转化、技术自主研发、产品创新、关键技术国产化、企业
家精神、资政强国、创业引领与支持、人才培养等 39 个相对独立的初始概
念。通过主轴式编码确定了核心突破、边界拓展、溢出增效、国际提升 4
个主范畴，以及各主范畴包含的 10 个副范畴及其对应的开放式编码范畴。
通过选择性编码根据原始资料与范畴分析确立研究主线：核心突破和边界
拓展作为核心范畴，为高端海归人才引进后的成效提供了基础性的支撑，
也是高端海归人才引进后成效最为集中和突出的贡献；除此之外，高端海
归人才还通过科学普及、社会服务等活动，产生的额外的、具有扩散性
的、更深远的效益和影响，带动相关领域及其他人才的成长和发展，形成
溢出增效的主范畴；国际提升是高端海归人才引进区别于其他人才特点的
典型贡献，也是引智引才的终极目标和结果。基于本章最终确立了高端海
归人才引进后成效评价的理论模型，明确了高端海归人才引进后成效评价
的评价重点、评价维度及评价层次，为高端海归人才引进后成效评价指标
体系的构建奠定了理论基础。

第 5 章　高端海归人才引进后成效分类评价指标体系构建

本章将针对高端海归人才引进后成效分类评价体系进行系统性建构，包括成效评价指标体系的设计原则、评价方法的选择和改进、不同类别高端海归人才引进后成效评价指标的选取和权重的测算，以及该分类评价体系的现实应用分析。其中，为了让评价主体更加精准地表达其意见与偏好，对评价信息做更为完善的挖掘和剖析，本书着重在高端海归人才引进后成效评价方法技术层面，诸如评价信息的表达工具、集成算子、聚类算法都进行了科学有效的改进和创新。

5.1　设　计　原　则

高端海归人才引进后成效评价指标体系是将一系列相互区别又存在关联的要素或指标按照一定的逻辑与层次进行系统组合[1]。构建科学合理的评价指标体系是高端海归人才引进后成效评价的关键，但需要在把握高端海归人才特点和引进成效评价需求的基础上，明确指标体系设计的原则。

5.1.1　能够科学地反映高端海归人才引进后成效水平

高端海归人才引进后成效评价是一个复杂的系统工程，必然需要遵守系统性原则。首先，应在充分认识和系统研究高端海归人才典型特征及引进后成效发挥规律的基础上建立评价指标体系，指标的设置应该能够体现出全面、准确、真实、充分的系统构建原则要求。其次，高端海归人才引进后成效评价指标的选取应具有代表性、典型性，评价指标之间边界清晰、概念清楚，不能存在内涵模糊、内容交叉的情况，形成有逻辑层次的评价系统。再次，指标权重的确定需要采用科学的方法，能够体现不同指标及其在不同分类评价中的重要程度；同时由于评价主体的异质性，以及经验、能力的不同，应采取合理方法区别评价者的权重。最后，评价方法和评价模型应具有科学依据，合乎现实逻辑[1]。

5.1.2 满足高端海归人才引进后成效评价的实践需求

高端海归人才引进后成效评价指标体系构建的目的在于能够真正可用于高端海归人才引进后成效评价的实践活动中。一方面要求成效评价指标体系必须繁简适当，既不能遗漏信息，又不能重复评价，并且保证指标所需数据较易获取或便于观察，易于操作分析；另一方面评价方法及模型兼具科学性与实用性，以实现思路清晰，逻辑严密，并可依据其制定详细的操作步骤，方便现实应用。

5.1.3 能够对提升高端海归人才引进后成效发挥具有导向作用

对高端海归人才引进后成效评价的最终目的，不仅是判别高端海归人才资源是否充分利用，更是要对高端海归人才进一步地引进、使用及成效的发挥起到良好的导向作用。使政府、引进单位及高端海归人才等利益相关者更加注重引进后的实效。因此对于高端海归人才引进后成效的评价体系的设计，应立足当下，面向未来，具有前瞻性和导向性的特点。

5.2 高端海归人才引进后
成效评价指标的选取

5.2.1 高端海归人才引进后成效分类评价指标的初选

5.2.1.1 评价指标选择的思路

对人才评价的实践与理论探讨由来已久，但由于社会制度差异、文化传统差异、科技水平差异及社会分工的存在，对不同人才评价的标准也不尽相同[1]。同时由于高端海归人才引进后成效评价是基于对高端海归人才主体评价的基础上，将评价内容进行了延伸和拓展，不仅是围绕高端海归人才的素质、能力、水平进行评判，更加注重的是引进的高端海归人才对组织、社会及国家的实际产出和影响。因此，高端海归人才引进后成效评价指标的选取不能仅依靠现有相关理论研究和关于人才评价的政策文件，还是需要回归到本书的理论模型中找寻解决方案。在高端海归人才引进后成效评价理论模型的构建中我们采用了扎根理论研究方法，从现实材料的节点找寻开始，自下而上逐层归纳提取概念，为成效评价体系的构建提供了理论指导。反观整个过程，节点即是高端海归人才引进后成效评价的现实表现，初始概念则是对现实表现的归集和整理，副范畴是对初始概念的分类和提炼，主范畴则是其进一步的抽象和理论化。因此按照此逻辑，我们以"高端海归人才引进后成效评价"作为评价内容，"核心突破、边界拓展、溢出增效、国际提升"4个主范畴作为一级指标；将"挑战前沿、智力引育、制度优化、创新攻坚、资源对接、社会服务、国际交流合作、对接需求、精神引领、国际影响力"10个副范畴作为二级指标，初始概念便可以形成高端海归人才引进后成效评价的指标库。三级评价指标的选取可以以指标库为来源，按照一定的逻辑和目标需求进行构建。

5.2.1.2 分类评价指标的初选

在理论模型构建的过程中，我们将高端海归人才按照引进单位和职业属性进行了编码分类，从而可以依据其统计特征成效表现的特点进行进一步分析。结果发现，高端海归人才的引进单位主要分布于高校、科研院所、企业或从事创业活动以及政府和社会组织及其他（见图 4 - 2）。进一步，我们将 39 个初始概念进行依次编号，并将其与人才案例来源的类型进行连接与归纳聚类，结果如图 5 - 1 所示。直观来看，引进后成效的表现也呈现出较为显著的职业岗位差异。

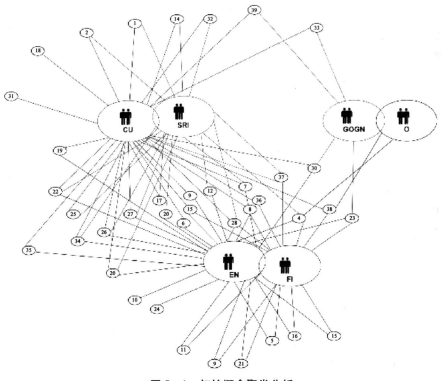

图 5 - 1 初始概念聚类分析

综合考虑，在高端海归人才引进后成效评价理论模型的框架下，本书结合高端海归人才案例库和指标库的数据呈现，借鉴现有人才分类政策的思路，经过本书课题组的反复讨论，并同 11 位人才领域的专家学者、人才管理部门的工作人员进行座谈和交流，最终将高校（CU）、科研院所（SRI）的高端海归人才定义为"科学研究型"；将就职于企业（FI）或进行创业（EN）的高端海归人才定义为"市场应用型"；将就职于政府/事业及社会组织（GOGN）和其他岗位（O）的高端海归人才定义为"社会服务型"。从而高端海归人才引进后成效评价指标库按照这三种类型进行了归集整理，形成了最初的分类成效评价指标集合（见表 5 - 1 ~ 表 5 - 3）。

表 5 - 1　　　　　科学研究型高端海归人才（高校、科研院所）
引进后成效评价初始指标

项目	一级指标	二级指标	三级指标
高端海归人才引进后成效	核心突破（C_1）	挑战前沿（C_{11}）	攻克基础难题（C_{111}）
			开拓研究领域（C_{112}）
			技术应用与推广（C_{113}）
			产学研融合（C_{114}）
			成果转化（C_{115}）
			创设世界一流（C_{116}）
		创新攻坚（C_{12}）	技术自主研发（C_{121}）
			关键技术国产化（C_{122}）
		对接需求（C_{13}）	学科发展（C_{131}）
			促进产业升级（C_{132}）
			战略研究与实践（C_{133}）
	边界拓展（C_2）	智力引育（C_{21}）	人才培养（C_{211}）
			团队建设（C_{212}）
			人才引致与聚集（C_{213}）
		资源对接（C_{22}）	先进技术设备引进（C_{221}）
			先进理念引进（C_{222}）
			制度引进与借鉴（C_{223}）

续表

项目	一级指标	二级指标	三级指标
高端海归人才引进后成效	溢出增效（C_3）	精神引领（C_{31}）	科学家精神（C_{311}）
			爱国奉献精神（C_{312}）
		社会服务（C_{32}）	科学普及（C_{321}）
			社会公益（C_{322}）
		资政强国（C_{33}）	政府任职（C_{331}）
			政府决策支持（C_{332}）
			高端智库建设（C_{333}）
	国际提升（C_4）	国际化深入（C_{41}）	国际平台搭建（C_{411}）
			国际人才交互（C_{412}）
			国际项目合作（C_{413}）
		国际影响提升（C_{42}）	国际荣誉奖项（C_{421}）
			国际影响力（C_{422}）
			海外机构任职（C_{423}）

表5-2　　市场应用型高端海归人才（企业、创业）
引进后成效评价初始指标

项目	一级指标	二级指标	三级指标
高端海归人才引进后成效	核心突破（C_1）	挑战前沿（C_{11}）	技术应用与推广（C_{111}）
			产学研融合（C_{112}）
			成果转化（C_{113}）
		创新攻坚（C_{12}）	产品创新（C_{121}）
			商业模式创新（C_{122}）
			工艺创新（C_{123}）
			技术自主研发（C_{124}）
		对接需求（C_{13}）	产业升级（C_{131}）
			产品出口（C_{132}）
			带动就业（C_{133}）

项目	一级指标	二级指标	三级指标
高端海归人才引进后成效	边界拓展（C_2）	智力引育（C_{21}）	人才培养（C_{211}）
			团队建设（C_{212}）
			人才引致与聚集（C_{213}）
		资源对接（C_{22}）	创业支持（C_{221}）
			海外市场开拓（C_{222}）
			先进技术引进（C_{223}）
			商业模式引进（C_{224}）
			制度引进与借鉴（C_{225}）
	溢出增效（C_3）	精神引领（C_{31}）	企业家精神（C_{311}）
			爱国奉献精神（C_{312}）
		社会服务（C_{32}）	科学普及（C_{321}）
			社会公益（C_{322}）
		资政强国（C_{33}）	政府任职（C_{331}）
			政府决策支持（C_{332}）
			高端智库建设（C_{333}）
	国际提升（C_4）	国际化深入（C_{41}）	国际平台搭建（C_{411}）
			国际人才交互（C_{412}）
			国际项目合作（C_{413}）
		国际影响提升（C_{42}）	国际荣誉奖项（C_{421}）
			国际影响力（C_{422}）
			海外机构任职（C_{423}）

需要说明的是，经过专家的充分讨论和交流，一致认为目前高端海归人才的分布多集中于科学研究型和市场应用型两类中，单纯的社会服务型高端海归人才较少，并且其岗位主要集中于政府和社会组织，所以其引进成效应集中关注在"溢出增效"和"国际提升"方面，因此对于该类型高端海归人才引进后成效的初始评价指标体系设置如表5-3所示。

表 5 - 3 　　　社会服务型高端海归人才（政府及社会组织、其他）
引进后成效评价初始指标

项目	一级指标	二级指标	三级指标
高端海归人才引进后成效	溢出增效（C_1）	精神引领（C_{11}）	爱国奉献精神（C_{111}）
		社会服务（C_{12}）	科学普及（C_{121}）
			社会公益（C_{122}）
		资政强国（C_{13}）	政府决策支持（C_{131}）
			高端智库建设（C_{132}）
			制度改革与优化（C_{133}）
	国际提升（C_2）	国际化深入（C_{21}）	国际平台搭建（C_{211}）
			国际人才交互（C_{212}）
			国际项目合作（C_{213}）
			国际文化交流（C_{214}）
			国际荣誉奖项（C_{215}）
		国际影响提升（C_{22}）	国际影响力（C_{221}）
			海外机构任职（C_{222}）

5.2.2 高端海归人才引进后成效分类评价指标的确定

5.2.2.1 第一轮专家意见征询

在分类评价指标体系初步建立之后，本书采用专家咨询法进一步确定高端海归人才引进后成效分类评价指标体系。通过调查问卷的形式，向 40 位人才管理及评价相关研究和实践领域的专家（专家的基本信息统计见表 5 - 4）进行意见征询，以此汇集专家智慧，并对每一轮专家意见进行汇总与反馈，不断对指标体系进行修正调整，直至形成统一意见。

表 5-4 专家基本信息统计

项目	基本信息	样本数	百分比（%）
性别	男	26	65.00
	女	14	35.00
年龄	30 岁以下	2	5.00
	30~40 岁	12	30.00
	41~50 岁	20	50.00
	50 岁以上	6	15.00
工作单位性质	高校	16	40.00
	研究机构	8	20.00
	政府部门	10	25.00
	企业	6	15.00
学历	本科及以下	6	15.00
	硕士	16	40.00
	博士及以上	18	45.00
职称	正高级	12	30.00
	副高级	6	15.00
	中级	12	30.00
	初级	10	25.00

　　第一轮专家意见征询旨在问询并收集各个专家对高端海归才引进后成效分类评价初始指标集的意见和建议。在此过程中通过向 40 位专家发放《高端海归人才引进后成效评价指标筛选调查表》（见附录 3），展示初始指标集的层次结构和指标构成，并提供必要的解释说明。请专家对目前的指标进行重要性的选择和判断，并基于自己的经验和看法提供修改意见。本轮意见征询共发放问卷 40 份，全部收回，有效问卷 37 份。

　　分类指标设置的意见汇总分别如表 5-5~表 5-7 所示。

表 5-5　　　　　　科学研究型高端海归人才引进后成效评价
指标的第一轮专家意见征询统计

项目	一级指标	二级指标	三级指标	频次	百分比（%）
高端海归人才引进后成效	核心突破（C_1）	挑战前沿（C_{11}）	攻克基础难题（C_{111}）	37	100
			开拓研究领域（C_{112}）	32	86.5
			技术应用与推广（C_{113}）	34	91.9
			产学研融合（C_{114}）	30	81.1
			成果转化（C_{115}）	35	94.6
			创设世界一流（C_{116}）	17	46.0
		创新攻坚（C_{12}）	技术自主研发（C_{121}）	34	91.9
			关键技术国产化（C_{122}）	37	100
		对接需求（C_{13}）	学科发展（C_{131}）	35	94.6
			促进产业升级（C_{132}）	15	41.0
			战略研究与实践（C_{133}）	25	78.4
	边界拓展（C_2）	智力引育（C_{21}）	人才培养（C_{211}）	37	100
			团队建设（C_{212}）	35	94.6
			人才引致与聚集（C_{213}）	32	86.5
		资源对接（C_{22}）	先进技术设备引进（C_{221}）	33	89.1
			先进理念引进（C_{222}）	12	32.4
			制度引进与借鉴（C_{223}）	24	64.8
	溢出增效（C_3）	精神引领（C_{31}）	科学家精神（C_{311}）	32	86.5
			爱国奉献精神（C_{312}）	33	89.1
		社会服务（C_{32}）	科学普及（C_{321}）	28	75.7
			社会公益（C_{322}）	26	70.3
		资政强国（C_{33}）	政府任职（C_{331}）	26	70.3
			政府决策支持（C_{332}）	30	81.1
			高端智库建设（C_{333}）	32	86.5
	国际提升（C_4）	国际化深入（C_{41}）	国际平台搭建（C_{411}）	37	100
			国际人才交互（C_{412}）	37	100
			国际项目合作（C_{413}）	37	100
		国际影响提升（C_{42}）	国际荣誉奖项（C_{421}）	35	94.6
			国际影响力（C_{422}）	33	89.1
			海外机构任职（C_{423}）	30	81.1

表5-6　　　　　　市场应用型高端海归人才引进后成效评价
指标的第一轮专家意见征询统计

项目	一级指标	二级指标	三级指标	频次	百分比（%）
高端海归人才引进后成效	核心突破（C_1）	挑战前沿（C_{11}）	技术应用与推广（C_{111}）	32	86.5
			产学研融合（C_{112}）	35	94.6
			成果转化（C_{113}）	36	97.3
		创新攻坚（C_{12}）	技术自主研发（C_{121}）	30	81.1
			关键技术国产化（C_{122}）	37	100
			产品创新（C_{123}）	34	91.9
			商业模式创新（C_{124}）	33	89.1
			工艺创新（C_{125}）	35	94.6
		对接需求（C_{13}）	产业升级（C_{131}）	30	94.6
			产品出口（C_{132}）	35	94.6
			带动就业（C_{133}）	37	100
	边界拓展（C_2）	智力引育（C_{21}）	人才培养（C_{211}）	37	100
			团队建设（C_{212}）	33	89.1
			人才引致与聚集（C_{213}）	35	94.6
		资源对接（C_{22}）	创业支持（C_{221}）	34	91.9
			海外市场开拓（C_{222}）	37	100
			先进技术引进（C_{223}）	37	100
			商业模式引进（C_{224}）	34	91.9
			制度引进与借鉴（C_{225}）	26	70.3
	溢出增效（C_3）	精神引领（C_{31}）	企业家精神（C_{311}）	33	89.1
			爱国奉献精神（C_{312}）	35	94.6
		社会服务（C_{32}）	科学普及（C_{321}）	28	75.7
			社会公益（C_{322}）	33	89.1
		资政强国（C_{33}）	政府任职（C_{331}）	28	75.7
			政府决策支持（C_{332}）	34	91.9
			高端智库建设（C_{333}）	35	100

续表

项目	一级指标	二级指标	三级指标	频次	百分比（%）
高端海归人才引进后成效	国际提升（C_4）	国际化深入（C_{41}）	国际平台搭建（C_{411}）	35	94.6
			国际人才交互（C_{412}）	33	89.1
			国际项目合作（C_{413}）	35	94.6
		国际影响提升（C_{42}）	国际荣誉奖项（C_{421}）	33	89.1
			国际影响力（C_{422}）	32	86.5
			海外机构任职（C_{423}）	29	78.4

表 5-7　　社会服务型高端海归人才引进后成效评价
指标的第一轮专家意见征询统计

项目	一级指标	二级指标	三级指标	频次	百分比（%）
高端海归人才引进后成效	溢出增效（C_1）	精神引领（C_{11}）	爱国奉献精神（C_{111}）	37	86.5
		社会服务（C_{12}）	科学普及（C_{121}）	35	94.6
			社会公益（C_{122}）	36	97.3
		资政强国（C_{13}）	政府决策支持（C_{131}）	37	100
			高端智库建设（C_{132}）	37	100
			制度改革与优化（C_{133}）	37	100
	国际提升（C_2）	国际化深入（C_{21}）	国际平台搭建（C_{211}）	37	100
			国际人才交互（C_{212}）	35	94.6
			国际项目合作（C_{213}）	37	100
			国际文化交流（C_{214}）	37	100
		国际影响提升（C_{22}）	国际荣誉奖项（C_{221}）	33	89.1
			国际影响力（C_{222}）	32	86.5
			海外机构任职（C_{223}）	32	86.5

同时，本书根据专家组提供的具体意见对三类评价指标体系进行了进一步的修改与调整：

一是半数以上专家认为在科学研究型高端海归人才引进后成效评价指

标中三级"创设世界一流"这个标准难以确定，在现实中难以定量评估，结果难以把握，并且与开拓研究领域有一定的交叉，因此建议删除；有部分专家对"对接需求"中的"促进产业升级"这一指标提出异议，他们肯定了科学研究型高端海归人才对于产业升级的促进作用，但其技术创新等作用机理复杂，往往需要企业实践的应用转化，所以该类型高端海归人才的该项指标具有不可测量性，因此建议删除；对于"资源对接"中的"先进理念引进"和"先进设备和技术的引进"的设置也提出了异议，先进理念是一种无形的、抽象的一种资源，本身难以捕捉和测量，并且其在不同客体上的作用体现也具有较大差异，不具有可比性，建议删除。而"先进技术和先进设备引进"有时候是可以独立进行的，并且两者均可观测测量，可以拆分成两个三级评价指标。

二是对于市场应用型的高端海归人才引进后指标也有以下修正：对于企业而言，技术的自主研发最终还是通过产品的创新实现与市场的连接，并通过市场和产品层面来测量，因此建议合并修改为"产品研发与创新"以避免重复测度；部分专家认为"创业支持"只局限于搭建创业平台，提供创业咨询服务，提供创业资源等，但是对于大部分高端海归的创业行为而言，其本身会产生一定的带动作用和示范效果，也可以为创新创业活动提供积极作用，因而将该指标名称修改为"创业引领与支持"。

三是大部分专家一致认为在科学研究型和市场应用型高端海归人才引进后成效评价体系中"资源对接"中的三级指标"制度引进与借鉴"设置并不恰当。根据我国的国情，我国的制度建设是开创性、探索性的过程，国外制度并不能直接引入和利用，必须要结合中国发展的实际情况进行批判性的借鉴，并且该指标更贴近成效中资政强国的内涵，因此建议将该指标设置同社会服务型高端海归人才的保持一致，更改为"制度改革与优化"，放置在二级指标"资政强国"之下；另外，专家认为三级指标"海外机构任职"作为指标名称具有一定的片面性和局限性，建议将其改为"国际话语权"以便与其他指标相协调。

5.2.2.2　第二轮专家意见征询

在根据第一轮专家意见对高端海归人才引进后成效分类评价指标体系进行了相应修正之后，还需反复对专家意见征询，以最终实现意见的基本统一。因此在第二轮，我们继续对原 40 位专家发放《高端海归人才引进后成效分类评价指标绝对重要程度调查表》（见附录 4），再次通过更具体的评价形式对指标体系的合理性与科学性进行评判。此次共发放问卷 40 份，收回 39 份，有效问卷 34 份。经过对该轮征询意见进行汇总，将选择了"非常重要"和"重要"的专家占比情况以及各指标绝对重要程度的平均值进行分析，发现专家组对各级评价指标的认同率非常高，平均达到 92%，得分平均值也均在 3.6 以上，本轮专家意见较为统一，专家意见征询过程结束。

5.2.2.3　分类评价指标的确立

经过两轮专家咨询，最终的高端海归人才引进后成效分类评价指标得以确立，如表 5-8～表 5-10 所示。

表 5-8　　科学研究型高端海归人才引进后成效评价指标的确立

项目	一级指标	二级指标	三级指标
高端海归人才引进后成效评价	核心突破（C_1）	挑战前沿（C_{11}）	攻克基础难题（C_{111}）
			开拓研究领域（C_{112}）
			技术应用与推广（C_{113}）
			产学研融合（C_{114}）
			成果转化（C_{115}）
		创新攻坚（C_{12}）	技术自主研发（C_{121}）
			关键技术国产化（C_{122}）
		对接需求（C_{13}）	学科发展（C_{131}）
			战略研究与实践（C_{132}）

续表

项目	一级指标	二级指标	三级指标
高端海归人才引进后成效评价	边界拓展（C_2）	智力引育（C_{21}）	人才培养（C_{211}）
			团队建设（C_{212}）
			人才引致与聚集（C_{213}）
		资源对接（C_{22}）	先进技术引进（C_{221}）
			先进设备引进（C_{222}）
	溢出增效（C_3）	精神引领（C_{31}）	科学家精神（C_{311}）
			爱国奉献精神（C_{312}）
		社会服务（C_{32}）	科学普及（C_{321}）
			社会公益（C_{322}）
		资政强国（C_{33}）	政府任职（C_{331}）
			政府决策支持（C_{332}）
			高端智库建设（C_{333}）
			制度改革与优化（C_{334}）
	国际提升（C_4）	国际化深入（C_{41}）	国际平台搭建（C_{411}）
			国际人才交互（C_{412}）
			国际项目合作（C_{413}）
			国际文化交流（C_{414}）
		国际影响提升（C_{42}）	国际荣誉奖项（C_{421}）
			国际影响力（C_{422}）
			国际话语权（C_{423}）

表 5 – 9　　市场应用型高端海归人才引进后成效评价指标的确立

项目	一级指标	二级指标	三级指标
高端海归人才引进后成效评价	核心突破（C_1）	挑战前沿（C_{11}）	技术应用与推广（C_{111}）
			产学研融合（C_{112}）
			成果转化（C_{113}）

续表

项目	一级指标	二级指标	三级指标
高端海归人才引进后成效评价	核心突破（C_1）	创新攻坚（C_{12}）	产品创新与研发（C_{121}）
			商业模式创新（C_{122}）
			工艺创新（C_{123}）
		对接需求（C_{13}）	产业升级（C_{131}）
			产品出口（C_{132}）
			带动就业（C_{133}）
	边界拓展（C_2）	智力引育（C_{21}）	人才培养（C_{211}）
			团队建设（C_{212}）
			人才引致与聚集（C_{213}）
		资源对接（C_{22}）	创业引领与支持（C_{221}）
			海外市场开拓（C_{222}）
			先进技术引进（C_{223}）
			商业模式引进（C_{224}）
	溢出增效（C_3）	精神引领（C_{31}）	企业家精神（C_{311}）
			爱国奉献精神（C_{312}）
		社会服务（C_{32}）	科学普及（C_{321}）
			社会公益（C_{322}）
		资政强国（C_{33}）	政府任职（C_{331}）
			政府决策支持（C_{332}）
			高端智库建设（C_{333}）
			制度改革与优化（C_{334}）
	国际提升（C_4）	国际化深入（C_{41}）	国际平台搭建（C_{411}）
			国际人才交互（C_{412}）
			国际项目合作（C_{413}）
		国际影响提升（C_{42}）	国际荣誉奖项（C_{421}）
			国际影响力（C_{422}）
			国际话语权（C_{423}）

表 5 – 10　　　社会服务型高端海归人才引进后成效评价指标的确立

项目	一级指标	二级指标	三级指标
高端海归人才引进后成效评价	溢出增效（C_1）	精神引领（C_{11}）	爱国奉献精神（C_{111}）
		社会服务（C_{12}）	科学普及（C_{121}）
			社会公益（C_{122}）
		资政强国（C_{13}）	政府决策支持（C_{131}）
			高端智库建设（C_{132}）
			制度改革与优化（C_{133}）
	国际提升（C_2）	国际化深入（C_{21}）	国际平台搭建（C_{211}）
			国际人才交互（C_{212}）
			国际项目合作（C_{213}）
			国际文化交流（C_{214}）
		国际影响提升（C_{22}）	国际荣誉奖项（C_{221}）
			国际影响力（C_{222}）
			国际话语权（C_{223}）

5.3　评价方法选择与创新

在建立了人才引进成效评价指标体系基础上，同时考虑评价主体规模以及异质性评价主体偏好的充分表达，本书引入大群体决策的方法体系，对评价指标体系做科学赋权，以及对高端海归人才引进后成效作出更为精准的评价。其中，创新性引入毕达哥拉斯模糊数以描述评价主体的判断及主观偏好情况，并通过给出信息集成算子对评价信息进行深入挖掘。

5.3.1　大群体决策方法

一般模糊多准则决策方法存在评价者数量以及评价指标、备选方案数量上的限制，故而并不适用于考虑多元评价主体参与下的大群体评价问题。大群体评价问题是一类特殊的群决策问题，最大的特点是有大量评价者参与。有的学者考虑引入聚类思想来解决评价主体体量较大的问题。对于大群体决策的聚类算法，可将其概括为两类：一类是计算个体评价结果和整体评价结果之间区别度，如通过构造测量成员之间偏好矢量的范式将参与评价过程的全体成员进行分类，以得到每类内部偏好和整体偏好，为最终的决策结果提供依据[157]；另一类是逐步有序测量个体之间的区别度，对偏好矢量做改进并提出相似度的概念，降低聚类的偏差指标，进而提高后续决策结果的准确性[158]。后来一些学者将模糊集合理论引入聚类分析法中，从而可以处理模糊环境下的大群体决策问题[159][160]。囿于评价主体内部自身的认知差异，一般的聚类分析算法难以处理其给出的评价信息，本书旨在探索一种大群体决策新方法，解决基于评价主体认知偏好的大群体评价问题。该方法首先引入毕达哥拉斯模糊数的表达思想，确定其评价信息载体，接着采用主、客观集成赋权法确定各评价标准权重，其中主观权重由人数比例直接确定，客观权重由评价数据的一致性情况确定；然后构建信息集成算子，再对处理之后的数据做聚类分析，以期获得更为科学合理的评价结果。

5.3.2　基于区间毕达哥拉斯模糊数的评价方法

随着模糊集相关理论的应用和推广，其自身的局限性也逐渐凸显，应用直觉模糊集时需满足隶属度和非隶属度加和不大于 1 的条件，当出现不满足该边界要求情况时的数据则难以对其进行有效处理。毕达哥拉斯模糊集解决了直觉模糊集的固有弊端，将隶属度和非隶属度的可行域扩大，如图 5 - 2 所示，原直觉模糊集的可行区域为三角形阴影区域，毕达哥拉斯模糊集的可行域区域拓展至弧线所包含的阴影区域，其不再受限于直觉模糊集自身隶属度和非隶属度两者加和应不大于 1 的条件限制，只需满足隶属度和非隶属度的平方之和不大于 1 的条件，提高了其在实际决策当中的适用性范围[161]。随后，有关毕达哥拉斯模糊集的基础集结算子[162]、相应的

119

得分函数和精确函数公式等公式给出[163]。区间毕达哥拉斯模糊集的提出对毕达哥拉斯模糊集进行了更为充分的补充，对其进行应用时须满足隶属度区间右端点值和非隶属度区间右端点值的平方和不大于 1 的条件，其不仅拓展了毕达哥拉斯模糊集对模糊评价信息描述的方式、能够以区间数的形式进行描述，是一种较为新颖且应用范围更加广泛的复杂模糊评价信息描述工具[164]。区间毕达哥拉斯模糊集能够较好地应用于评价与决策领域相关问题，目前有关区间毕达哥拉斯模糊多准则决策和多准则群决策的学术成果主要集中为两类，分别为信息集成算子的决策方法体系评价的相关研究。在信息集成算子创新方面，通过构建新的精确函数等对评价信息做进一步的挖掘，以对不同的区间毕达哥拉斯模糊数进行更好的排序，从而便于多准则评价问题的解决[165][166]。在评价与决策方法的拓展方面，大多为通过与其他方法相结合并对备选方案进行排序。较为常用的是与 TOPSIS 法相结合，相关领域学者将 TOPSIS 法拓展至区间毕达哥拉斯模糊环境中，提出区间毕达哥拉斯模糊 TOPSIS 法[167]，有的学者基于 TOPSIS 法对区间毕达哥拉斯模糊集得分函数进行改进的创新，从而使其更好地解决评价及决策问题[168]，还有学者将 TOPSIS 法本身进行拓展，将其与区间毕达哥拉斯模糊集相结合，提出一种新的评价与决策方法[169]。

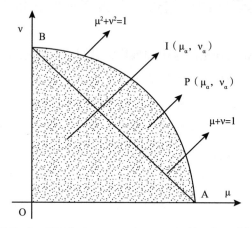

图 5 - 2　IFN 和 PFN $\alpha = (\mu_\alpha, \nu_\alpha)$ 的几何示意图

从目前相关领域成果来看，适合处理评价者人数较少的评价方法较多，若评价问题过于复杂化，现有方法将会出现失灵的情况。本书引入区间毕达哥拉斯模糊数的几何意义中的面积和重心距离，同时也提出区间毕达哥拉斯模糊数的隶属不确定函数和犹豫不确定函数的定义及其计算公式；另外，综合考虑评价指标区别度和评价信息精确度，给出带有调节系数的评价指标权重和专家权重未知的多准则群决策算法模型。

5.4　基于区间毕达哥拉斯模糊数的评价方法原理分析

本节就海外人才引进后成效分类评价指标体系赋权和后续高端海归人才引进后成效评价问题，以区间毕达哥拉斯模糊数作为其评价信息载体，创新性提出信息集成算子，并基于此实现逐级逐个对评价指标进行赋权，并对高端海归人才引进后成效的具体评价给予方法支持。

5.4.1　基本概念

定义 1　设 $\overline{X}$ 为一个论域，则该论域 $\overline{X}$ 中的一个区间毕达哥拉斯模糊集（IVPFS）$\overline{P}$ 可表示为（Zhang，2016）：$\overline{P} = \{\langle x, \overline{\mu}_p(x), \overline{\nu}_p(x) \rangle \mid x \in \overline{X}\}$，其中，对于集合 $\overline{P}$ 中任意 $x \in X$ 而言，区间值映射 $\overline{\mu}_p: \overline{X} \to [0, 1]$ 使 $x \in \overline{X} \mapsto \overline{\mu}_p(x) = [\mu_p^L(x), \mu_p^U(x)] \subseteq [0, 1]$，则 $\overline{\mu}_p$ 表示其区间隶属函数，$\overline{\mu}_p(x)$ 表示其区间隶属度；区间值映射 $\overline{\nu}_p: \overline{X} \to [0, 1]$ 使 $x \in \overline{X} \mapsto \overline{\nu}_p(x) = [\nu_p^L(x), \nu_p^U(x)]$，则 $\overline{\nu}_p$ 表示其区间非隶属函数，$\overline{\nu}_p(x)$ 表示其区间非隶属度；$\pi_p = [\pi_p^L(x), \pi_p^U(x)] = [\sqrt{1 - (\mu_p^U(x))^2 - (\nu_p^U(x))^2}, \sqrt{1 - (\mu_p^L(x))^2 - (\nu_p^L(x))^2}]$ 表示其区间不确定性，称为区间犹豫度；$\forall x \in \overline{P}$，$0 \leqslant \mu_p^L(x) \leqslant \mu_p^U(x) \leqslant 1$，$0 \leqslant \nu_p^L(x) \leqslant \nu_p^U(x) \leqslant 1$，$0 \leqslant (\mu_p^U(x))^2 + (\nu_p^U(x))^2 \leqslant 1$。

一个区间毕达哥拉斯模糊集（IVPFS）的某一元素（$[\mu_p^L(x)$, $\mu_p^U(x)]$，$[\nu_p^L(x)$, $\nu_p^U(x)]$）称为区间毕达哥拉斯模糊数（IVPFN），简称为 $\overline{P} = ([\mu_p^L, \mu_p^U], [\nu_p^L, \nu_p^U])$。

定义2　设有集合 $A = \{a_1, a_2, \cdots, a_n\}$，其中，$a_i = ([\mu_{a_i}^L, \mu_{a_i}^U]$，$[\nu_{a_i}^L, \nu_{a_i}^U])$，$(i = 1, 2, \cdots, n)$ 为 IVPFS，那么 IVPFWA 算子定义为（Xu, 2007）:

$$IVPFWA(a_1, a_2, \cdots, a_n) = ([\sqrt{1 - \prod_{i=1}^{n}(1 - (\mu_{a_i}^L)^2)^{\omega_i}},$$

$$\sqrt{1 - \prod_{i=1}^{n}(1 - (\mu_{a_i}^U)^2)^{\omega_i}}],$$

$$[\prod_{j=1}^{m}(\nu_{a_i}^L)^{\omega_i}, \prod_{j=1}^{m}(\nu_{a_i}^U)^{\omega_i}])$$

其中，$\omega = (\omega_1, \omega_2, \cdots, \omega_n)$ 为 $A = (a_1, a_2, \cdots, a_n)$ 的权重，且有 $\sum_{i=1}^{n}\omega_i = 1$，$\omega_i \in [0, 1]$。

5.4.2　多准则评价模型构建

为了解决基于区间毕达哥拉斯模糊数（IVPFN）的评价问题，需要引入一些比较公式对不同的区间毕达哥拉斯模糊数加以区别，以测度不同 IVPFN 的区别度，进而对评价指标赋权。令 $\overline{P} = ([\mu_p^L, \mu_p^U], [\nu_p^L, \nu_p^U])$ 表示一个区间毕达哥拉斯模糊数（IVPFN），$[\mu_p^L, \mu_p^U]$ 为其区间隶属度，$[\nu_p^L, \nu_p^U]$ 为其区间非隶属度。梁等（Liang et al., 2015）[167] 为区分两个不同的 IVPFN，提出得分函数和精确函数的概念。

得分函数的计算公式为：

$$S(\overline{P}) = \frac{1}{2}((\mu_p^U)^2 - (\nu_p^U)^2 + (\mu_p^L)^2 - (\nu_p^L)^2) \tag{5.1}$$

其中，$S(\overline{P}) \in [-1, 1]$，$S(\overline{P})$ 值越大，则 $\overline{P}$ 越大。

精确函数的计算公式为：

$$H(\overline{P}) = \frac{1}{2}((\mu_p^U)^2 + (\nu_p^U)^2 + (\mu_p^L)^2 + (\nu_p^L)^2) \tag{5.2}$$

其中，$H(\bar{P}) \in [0, 1]$。当得分函数无法比较两个不同的 IVPFN 的情况下，可以通过计算两者的精确函数值的大小进行比较，但是也同样存在极少的特殊情况难以区分。例如，两个 IVPFN 分别为 $\bar{P}_1 = ([0.3, 0.6], [0.2, 0.7])$、$\bar{P}_2 = ([\sqrt{0.14}, \sqrt{0.31}], [\sqrt{0.13}, \sqrt{0.40}])$，利用式（5.1）和式（5.2）计算得出 $S(\bar{P}_1) = S(\bar{P}_2) = -0.04$，$H(\bar{P}_1) = H(\bar{P}_2) = 0.49$，此时若按得分函数和精确函数定义判断，两者应表示相同的含义和大小，但从区间隶属度、区间非隶属度的数值来看，显然存在差异，也无法确定犹豫度的偏向。针对此类情况，加格（Garg，2016）[168] 指出现有方法忽视了区间犹豫度会对 IVPFN 的大小产生影响，将区间犹豫度引入精确函数中，给出了将区间犹豫度考虑在内的精确函数：

$$M(\bar{P}) = \frac{1}{2}((\mu_p^L)^2 - \pi_p^U + (\mu_p^U)^2 - \pi_p^L) \tag{5.3}$$

其中，$M(\bar{P}) \in [-1, 1]$。若 $S(\bar{P}_1) = S(\bar{P}_2)$，$H(\bar{P}_1) = H(\bar{P}_2)$，则可通过计算 $M(\bar{P})$ 大小区分 IVPFN 的大小。$M(\bar{P})$ 值越大，则 IVPFN 越大。隶属度占比越大，说明该事项受支持的概率更大，则犹豫度往往会偏向于支持，反之则相反。式（5.3）这种判断方法并未考虑这一影响，故在一定条件下会存在与常理相悖的情况。面对一些特殊的区间毕达哥拉斯模糊数时，得分函数、精确函数会出现失灵状况，即对不同的区间毕达哥拉斯模糊数，却计算出相同的得分值和精确分值。为此，本书通过考虑 IVPFN 几何意义的区别度对已有的一些距离公式进行改进，以实现对所有区间毕达哥拉斯模糊数的区别度测算。首先从不确定的程度测算的角度提出一种改进后的犹豫得分函数和犹豫精确函数，并在此基础上提出 IVPFN 几何意义的距离公式。

定义 3　令 $\bar{P} = ([\mu_p^L, \mu_p^U], [\nu_p^L, \nu_p^U])$ 一个区间毕达哥拉斯模糊数（IVPFN），其中，$[\mu_p^L, \mu_p^U]$ 表示区间隶属度，$[\nu_p^L, \nu_p^U]$ 为区间非隶属度，区间毕达哥拉斯隶属不确定函数如下：

$$T(\bar{P}) = \frac{1}{2}((\mu_p^U)^2 + (\nu_p^L)^2 - (\mu_p^L)^2 - (\nu_p^U)^2) \tag{5.4}$$

定义 4　令 $\bar{P} = ([\mu_p^L, \mu_p^U], [\nu_p^L, \nu_p^U])$ 一个区间毕达哥拉斯模糊数

(IVPFN)，其中，$\left[\mu_p^L,\ \mu_p^U\right]$ 表示区间隶属度，$\left[\nu_p^L,\ \nu_p^U\right]$ 为区间非隶属度，区间毕达哥拉斯犹豫不确定函数如下：

$$G(\overline{P}) = \frac{1}{2}\left((\mu_p^U)^2 + (\nu_p^U)^2 - (\mu_p^L)^2 - (\nu_p^L)^2\right) \qquad (5.5)$$

从几何意义的角度，任意一个 IVPFN 可表示一个矩形的面积，如图 5-3 所示，该面积的计算公式为：

$$Q(\overline{P}) = (\mu_p^U - \mu_p^L)(\nu_p^U - \nu_p^L) \qquad (5.6)$$

在得分函数和精确函数值相同的情况下，此处 $Q(\overline{P})$ 值越小，$\overline{P}$ 则越优。

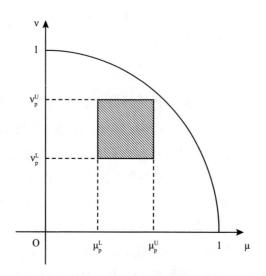

图 5-3 IVPFN 几何意义面积图像

当式（5.1）和式（5.2）无法对 $\overline{P}_1 = ([0.3,\ 0.6],\ [0.2,\ 0.7])$ 和 $\overline{P}_2 = ([\sqrt{0.14},\ \sqrt{0.31}],\ [\sqrt{0.13},\ \sqrt{0.40}])$ 进行区分时，可从 IVPFN 几何意义的角度考虑，比较两者在坐标系中覆盖矩形面积：$Q(\overline{P}_1) = 0.15$，$Q(\overline{P}_2) = 0.05$，可知 $\overline{P}_2$ 更优。从几何意义的角度考虑，能够找到任意一个 IVPFN：$\overline{P} = ([\mu_p^L,\ \mu_p^U],\ [\nu_p^L,\ \nu_p^U])$ 所表示矩形的重心，该重心 $N(\overline{P})$ 的坐标即为 $\left(\frac{1}{2}(\mu_p^U + \mu_p^L),\ \frac{1}{2}(\nu_p^U + \nu_p^L)\right)$，两个 IVPFN 的几何重心之间的

距离 $N(\overline{P}_1, \overline{P}_2)$（见图 5-3）。

基于区间毕达哥拉斯模糊数的比较方法，本书引入可衡量区间毕达哥拉斯模糊数差异度的测量公式，即将两个不同的区间毕达哥拉斯模糊数间的区别程度量化：对于任意两个区间毕达哥拉斯模糊数 $\alpha_1 = ([\mu_1^L, \mu_1^U], [\nu_1^L, \nu_1^U])$ 和 $\alpha_2 = ([\mu_2^L, \mu_2^U], [\nu_2^L, \nu_2^U])$，令 $S(\alpha_i)$、$H(\alpha_i)$、$T(\alpha_i)$、$G(\alpha_i)$、$Q(\alpha_i)$、$N(\alpha_i, \alpha_j)$ 分别表示得分函数、精确函数、隶属不确定函数、犹豫不确定函数、几何面积、重心距离，则将 α_1 和 α_2 之间的综合距离定义为：

$$d(\alpha_1, \alpha_2) = \frac{1}{X}(|S(\alpha_1) - S(\alpha_2)| + |H(\alpha_1) - H(\alpha_2)|$$
$$+ |T(\alpha_1) - T(\alpha_2)| + |G(\alpha_1) - G(\alpha_2)|$$
$$+ |Q(\alpha_1) - Q(\alpha_2)| + N(\alpha_1, \alpha_2)) \qquad (5.7)$$

其中，$X = \left(8 + \dfrac{\pi}{4} + \sqrt{2}\right)$，对于该距离公式本书给出以下定理，以说明该公式的性质，此处可以利用该公式以充分考虑评价者的心理犹豫度。

定理 1　对于任意三个区间毕达哥拉斯模糊数 $\alpha_i = ([a_i, b_i], [c_i, d_i])(i = 1, 2, 3)$，有：

（1）$0 \leqslant d(\alpha_1, \alpha_2) \leqslant 1$，特别地，$d(\alpha_1, \alpha_1) = 0$；

（2）$d(\alpha_1, \alpha_2) = d(\alpha_2, \alpha_1)$；

（3）$d(\alpha_1, \alpha_3) \leqslant d(\alpha_1, \alpha_2) + d(\alpha_2, \alpha_3)$。

证明：由前面给出的有关定义可知，$-1 \leqslant S(\alpha_i) \leqslant 1$，$0 \leqslant H(\alpha_i) \leqslant 2$，$-1 \leqslant T(\alpha_i) \leqslant 1$，$-1 \leqslant G(\alpha_i) \leqslant 1$，$0 \leqslant Q(\alpha_i) \leqslant \dfrac{\pi}{4}$，$0 \leqslant N(\alpha_i, \alpha_j) \leqslant \sqrt{2}$，$i = 1, 2, 3$。

（1）

$$d(\alpha_1, \alpha_2) = \frac{1}{X}(|S(\alpha_1) - S(\alpha_2)| + |H(\alpha_1) - H(\alpha_2)| + |T(\alpha_1) - T(\alpha_2)|$$
$$+ |G(\alpha_1) - G(\alpha_2)| + |Q(\alpha_1) - Q(\alpha_2)| + N(\alpha_1, \alpha_2))$$
$$\geqslant \frac{1}{X}(0 + 0 + 0 + 0 + 0 + 0) = 0$$

$$d(\alpha_1, \alpha_2) = \frac{1}{X}(\mid S(\alpha_1) - S(\alpha_2) \mid + \mid H(\alpha_1) - H(\alpha_2) \mid + \mid T(\alpha_1) - T(\alpha_2) \mid$$

$$+ \mid G(\alpha_1) - G(\alpha_2) \mid + \mid Q(\alpha_1) - Q(\alpha_2) \mid + N(\alpha_1, \alpha_2))$$

$$\leqslant \frac{1}{X}\left(2 + 2 + 2 + 2 + \frac{\pi}{4} + \sqrt{2}\right) \leqslant 1$$

$$d(\alpha_1, \alpha_1) = \frac{1}{X}(\mid S(\alpha_1) - S(\alpha_1) \mid + \mid H(\alpha_1) - H(\alpha_1) \mid + \mid T(\alpha_1) - T(\alpha_1) \mid$$

$$+ \mid G(\alpha_1) - G(\alpha_1) \mid + \mid Q(\alpha_1) - Q(\alpha_1) \mid + N(\alpha_1, \alpha_1))$$

$$= \frac{1}{X}(0 + 0 + 0 + 0 + 0 + 0) = 0$$

即有 $0 \leqslant d(\alpha_1, \alpha_2) \leqslant 1$，$d(\alpha_1, \alpha_1) = 0$。

（2）

$$d(\alpha_1, \alpha_2) = \frac{1}{X}(\mid S(\alpha_1) - S(\alpha_2) \mid + \mid H(\alpha_1) - H(\alpha_2) \mid + \mid T(\alpha_1) - T(\alpha_2) \mid$$

$$+ \mid G(\alpha_1) - G(\alpha_2) \mid + \mid Q(\alpha_1) - Q(\alpha_2) \mid + N(\alpha_1, \alpha_2))$$

$$= \frac{1}{X}(\mid S(\alpha_2) - S(\alpha_1) \mid + \mid H(\alpha_2) - H(\alpha_1) \mid + \mid T(\alpha_2) - T(\alpha_1) \mid$$

$$+ \mid G(\alpha_2) - G(\alpha_1) \mid + \mid Q(\alpha_2) - Q(\alpha_1) \mid + N(\alpha_2, \alpha_1))$$

$$= d(\alpha_2, \alpha_1)$$

（3）

$$d(\alpha_1, \alpha_3) = \frac{1}{X}\left(\left| \frac{1}{2}(b_1^2 - d_1^2 + a_1^2 - c_1^2) - \frac{1}{2}(b_3^2 - d_3^2 + a_3^2 - c_3^2) \right| \right.$$

$$+ \left| \frac{1}{2}(a_1^2 + b_1^2 + c_1^2 + d_1^2) - \frac{1}{2}(a_3^2 + b_3^2 + c_3^2 + d_3^2) \right|$$

$$+ \left| \frac{1}{2}(b_1^2 + c_1^2 - a_1^2 - d_1^2) - \frac{1}{2}(b_3^2 + c_3^2 - a_3^2 - d_3^2) \right|$$

$$+ \left| \frac{1}{2}(b_1^2 + d_1^2 - a_1^2 - c_1^2) - \frac{1}{2}(b_3^2 + d_3^2 - a_3^2 - c_3^2) \right|$$

$$\left. + \mid (b_1 - a_1)(d_1 - c_1) - (b_3 - a_3)(d_3 - c_3) \mid + N(\alpha_1, \alpha_3) \right)$$

$$= \frac{1}{X}\left(\left| \frac{1}{2}(b_1^2 - d_1^2 + a_1^2 - c_1^2) - \frac{1}{2}(b_2^2 - d_2^2 + a_2^2 - c_2^2) \right.\right.$$

$$+\frac{1}{2}(b_2^2-d_2^2+a_2^2-c_2^2)-\frac{1}{2}(b_3^2-d_3^2+a_3^2-c_3^2)\ \Bigg|$$

$$+\ \Bigg|\ \frac{1}{2}(a_1^2+b_1^2+c_1^2+d_1^2)-\frac{1}{2}(a_2^2+b_2^2+c_2^2+d_2^2)$$

$$+\frac{1}{2}(a_2^2+b_2^2+c_2^2+d_2^2)-\frac{1}{2}(a_3^2+b_3^2+c_3^2+d_3^2)\ \Bigg|$$

$$+\ \Bigg|\ \frac{1}{2}(b_1^2+c_1^2-a_1^2-d_1^2)-\frac{1}{2}(b_2^2+c_2^2-a_2^2-d_2^2)$$

$$+\frac{1}{2}(b_2^2+c_2^2-a_2^2-d_2^2)-\frac{1}{2}(b_3^2+c_3^2-a_3^2-d_3^2)\ \Bigg|$$

$$+\ \Bigg|\ \frac{1}{2}(b_1^2+d_1^2-a_1^2-c_1^2)-\frac{1}{2}(b_2^2+d_2^2-a_2^2-c_2^2)$$

$$+\frac{1}{2}(b_2^2+d_2^2-a_2^2-c_2^2)-\frac{1}{2}(b_3^2+d_3^2-a_3^2-c_3^2)\ \Bigg|$$

$$+\ \Big|\ (b_1-a_1)(d_1-c_1)-(b_2-a_2)(d_2-c_2)+(b_2-a_2)(d_2-c_2)$$

$$-(b_3-a_3)(d_3-c_3)\ \Big|+N(\alpha_1,\ \alpha_3)\Big)$$

$$\leqslant\frac{1}{X}(\ |S(\alpha_1)-S(\alpha_2)|+|H(\alpha_1)-H(\alpha_2)|+|T(\alpha_1)-T(\alpha_2)|$$

$$+|G(\alpha_1)-G(\alpha_2)|+|Q(\alpha_1)-Q(\alpha_2)|+(\ |S(\alpha_2)-S(\alpha_3)|$$

$$+|H(\alpha_2)-H(\alpha_3)|+|T(\alpha_2)-T(\alpha_3)|+|G(\alpha_2)-G(\alpha_3)|$$

$$+|Q(\alpha_2)-Q(\alpha_3)|+N(\alpha_1,\ \alpha_2)+N(\alpha_2,\ \alpha_3))$$

$$=d(\alpha_1,\ \alpha_2)+d(\alpha_2,\ \alpha_3)$$

5.4.3　成效评价指标赋权原理分析

在毕达哥拉斯模糊数及其信息集成算子基础上，本部分就高端海归人才引进后成效评价指标赋权体系的多准则专家群体评价模型展开分析。在聘请专家参与对评价指标的评价过程时，需要其真实反映其对各成效评价指标的不同偏好程度，客观表达自身对评价指标的观点。同时一般会聘请多位专家参与，以提高评价结果的可靠性。这种情况下，传统的多准则评价方法就会失效。为此在本书中，创新性构建适用于大规模评价主体的方法，其中用集合 $S = \{S_1, S_2, \cdots, S_m\}$ 表示有 m 个待评价指标的集合；$P = \{P_1, P_2, \cdots, P_n\}$ 表示有 n 个评价标准的参考集合。本书拟邀请相关领域的多名专家，经过综合考虑之后，对第 i 个评价指标用区间毕达哥拉斯模糊数表示评价结果 $a_{ij} = ([\mu_{a_{ij}}^-(x), \mu_{a_{ij}}^+(x)], [\nu_{a_{ij}}^-(x), \nu_{a_{ij}}^+(x)])$，综合考虑所有的评价标准和待赋权指标可得到如式（5.8）所示的初始评价矩阵 $A = (a_{ij})_{m \times n}$：

$$A = \begin{bmatrix} a_{11} & a_{12} & \cdots & a_{1n} \\ a_{21} & a_{22} & \cdots & a_{2n} \\ \vdots & \vdots & \ddots & \vdots \\ a_{m1} & a_{m2} & \cdots & a_{mm} \end{bmatrix} \tag{5.8}$$

其中，$i \in m$，$j \in n$，$[\mu_{a_{ij}}^-(x), \mu_{a_{ij}}^+(x)]$ 表示满意的程度（隶属度区间）、$[\nu_{a_{ij}}^-(x), \nu_{a_{ij}}^+(x)]$ 表示不满意的程度（非隶属度区间）。

对于任何的多准则评价过程，评价指标体系及其权重的确定对评价结果的合理性起着至关重要的作用。考虑到评价内容及评价对象的复杂性，对于评价指标的重要性程度和区别度都具有较高的要求，并且结合区间毕达哥拉斯模糊数自身的特点，进行下面的模型构建[171]，以期对评价指标进行初步加权：假设有个待评价目标：S_i，$i = 1, 2, \cdots, m$，利用区间毕达哥拉斯模糊数描述评价专家根据评价指标集 P_j，$j = 1, 2, \cdots, n$ 中的 n 个评价标准，对待评价目标进行评价的结果记为 $a_{ij} = ([\mu_A^-, \mu_A^+], [\nu_A^-, \nu_A^+])$。如果某一个评价指标 S_i 在评价标准 P_j 下的得分函数值 $S(\alpha_i)$ 和精确函数值 $H(\alpha_i)$ 越大，则表明在该评价标准 P_j 下越优；如果其隶属不确定函数 $T(\alpha_i)$、犹豫不确定函数 $G(\alpha_i)$、几何图形面积 $Q(\alpha_i)$ 越小，则表明在评价标准 P_j 下，对该评价指标越重要。因此，从评价指标的判断结果出发，并全面考虑五个测评函数，构建模型 M_1：

$$\begin{cases} \max f_1(w) = \sum_{i=1}^m \sum_{j=1}^n w_j \dfrac{S(a_{ij}) + H(a_{ij})}{S(a_{ij}) + H(a_{ij}) + T(a_{ij}) + G(a_{ij}) + Q(a_{ij})}; \\ \text{s.t.} \sum_{j=1}^n w_j = 1; \\ 0 \leq w_j \leq 1. \end{cases}$$

对于 m 个高端海归人才引进后成效评价指标，如果评价专家在某一个评价标准 P_j 下，给它们的评价结果之间差异性小，说明该评价指标对于区别海归人才引进成效差异的能力较弱，应赋予较低的权重；如果在评价指标 P_j 下，给它们的评价结果之间差异性大，说明该评价指标区别备选方案的能力较强，应赋予较高的权重。因此由式（5.7）给出的计算区间毕达哥拉斯模糊数之间差异程度的综合距离 $d(a_{ij}, a_{kj})$，从评价指标的角度出发构建下述模型 M_2：

$$\begin{cases} \max f_2(w) = \sum_{i=1}^{m} \sum_{j=1}^{n} \sum_{1 \leq i \leq k \leq n} w_j d(a_{ij}, a_{kj}); \\ s.t. \sum_{j=1}^{n} w_j = 1; \\ 0 \leq w_j \leq 1. \end{cases}$$

综合评价结果和评价指标区别度两个方面，考虑其对权重分配的影响，引入调节系数 α，构建以下的模型 M_3：

$$\begin{cases} \max f(w) = \alpha f_1(w) + (1 - \alpha) f_2(w); \\ s.t. \sum_{j=1}^{n} w_j = 1; \\ 0 \leq w_j \leq 1; \\ 0 \leq \alpha \leq 1. \end{cases}$$

其中，α 表示评价者预先给定的调节系数。下面通过构造拉格朗日辅助函数 $L(w, \lambda)$ 求模型 M_4 的解：

$$L(w, \lambda) = f(w) + \lambda \left(\sum_{j=1}^{n} w_j - 1 \right)$$

关于 w_j 和 λ 求偏导，同时令：

$$\begin{cases} \dfrac{\partial L}{\partial w} = \sum_{i=1}^{m} \left(\alpha \dfrac{S(a_{ij}) + H(a_{ij})}{S(a_{ij}) + H(a_{ij}) + T(a_{ij}) + G(a_{ij}) + Q(a_{ij})} \right. \\ \qquad \left. + \sum_{1 \leq i \leq k \leq n} (1 - \alpha) d(a_{ij}, a_{kj}) \right) + \lambda = 0; \\ \dfrac{\partial L}{\partial \lambda} = \sum_{j=1}^{n} w_j - 1 = 0. \end{cases}$$

解得：

$$
w_j = \frac{\sum_{i=1}^{m}\left(\alpha\dfrac{S(a_{ij}) + H(a_{ij})}{S(a_{ij}) + H(a_{ij}) + T(a_{ij}) + G(a_{ij}) + Q(a_{ij})} + \displaystyle\sum_{1\leqslant i < k \leqslant n}(1 - \alpha)d(a_{ij}, a_{kj})\right)}{\sum_{j=1}^{n}\sum_{i=1}^{m}\left(\alpha\dfrac{S(a_{ij}) + H(a_{ij})}{S(a_{ij}) + H(a_{ij}) + T(a_{ij}) + G(a_{ij}) + Q(a_{ij})} + \displaystyle\sum_{1\leqslant i < k \leqslant n}(1 - \alpha)d(a_{ij}, a_{kj})\right)}
$$

$$(5.9)$$

再进一步计算每一个评价指标的最终权重，首先将第 j 个评价指标所得到的 k 个专家给出评价矩阵所计算得到的初始权重加和；其次计算其占 k 个专家对所有评价指标给出评价矩阵所计算得到的初始权重加和，可求得评价指标的最终权重；最后通过加权积的计算求得专家权重。

5.5 基于大群体信息集成的成效评价指标体系优化

为了提升人才引进成效评价问题的科学价值和实际应用价值，考虑到评价主体的异质性以及成效评价问题本身的复杂性和多元需求，本书拟通过扩大评价主体规模，以加强评价结果的可靠性。为此，首先引入聚类的思想以构建适用于解决较多评价主体数量的评价方法问题。

5.5.1 聚类概念基础

定义 5 在 $m \times n$ 维线性空间 $E^{m \times n}$ 中，称评价矩阵 u 和 ν 的相似度 $\rho(u, \nu) = \dfrac{|u - \bar{u}| \cdot |\nu - \bar{\nu}|^T}{\|u - \bar{u}\|_2 \cdot \|\nu - \bar{\nu}\|_2}$ 为二者的相似度。其中，$\bar{\nu} = (\bar{\nu}_1, \bar{\nu}_2, \cdots, \bar{\nu}_m)^T$，$\bar{\nu}_i = \dfrac{1}{n}\sum_{j=1}^{n}\nu_{ij}$ 表示矢量 ν_{ij} 组成的矢量集的均值矢量，$\bar{u}$ 的定义相同；

| |表示取绝对值；$\|\nu_i\|_2$ 表示求 n 维欧式空间的向量 $\nu_i = (\nu_{i1}, \nu_{i2}, \cdots,$ $\nu_{in})^2$ – 范数；类似的可以计算矩阵的范数 $\|\nu\|_2 = (\sum\limits_{i=1}^{m} \sum\limits_{j=1}^{n} |\nu_{ij}|^2)^{\frac{1}{2}}$，点积运算 $u \cdot \nu = \sum\limits_{i=1}^{n} \sum\limits_{j=1}^{n} u_{ij}\nu_{ij}$。$\bar{\nu}$ 与决策矩阵集合 V 的相似度 $\rho(\nu, V) = \frac{1}{T} \sum\limits_{t=1}^{T} \rho(\nu, \nu^t)$，$\nu^t \in V$，T 为决策矩阵集合中所有元素的个数，$1 \leq t \leq T$，$T \geq 2$。称矢量集 V 内部所有矢量之间相似度的平均值 $\rho(\nu, V) = \frac{1}{C_T^2} \sum\limits_{1 \leq i < j \leq T} \rho(\nu^i, \nu^j)$ 为聚类的一致性程度，其中，$C_T^2 = \frac{T(T-1)}{2}$，若 T = 1 则直接令 $\rho(V) = 0$。

5.5.2　聚类算法分析

为了解决大量评价主体科学聚类的问题，本部分将引入计算实验的方法，利用计算实验模拟软件对其进行计算，通过多次多阈值多参数下的仿真模拟，得到最聚类效果最优的情况。计算实验方法对于模拟人们的社会行为有着重要的意义[172][173]。这里需要根据聚类步骤编码相应的计算程序，最终输出聚类的具体结果。值得指出的是，本节在对评价主体进行聚类结果分析时所构建模型同时输出每次演化结果的平均一致性和标准一致性[174]。平均一致性是指每个聚类内部一致性的平均值，与统计学中平均值含义相似，考查的是每个聚类一致性的平均水平，具体的计算方法与平均值的计算方法相同。标准一致性是指每个聚类内部一致性与平均一致性的偏差情况，与统计学中的标准差的意义相同，具体的计算方法与标准差的计算方法相同。具体的聚类步骤如下。

第一步，确定群体 Ω，将其中成员给出的评价向量随机排序之后按 1～T 顺次标号，构成一个集合 Ψ，与此同时令 Q 表示一个临时集合，初始设置为空集。

第二步，根据需求确定阈值 γ，这里需注意其取值范围 $0 \leq \gamma \leq 1$。

第三步，令初始聚集个数 k = 1，从集合 Ψ 中选取评价向量序号为 i =

1 的向量。

第四步，从 Ψ 中按编号的顺序选取向量 V^i，将其放入聚类 Ω_k 中，则此时聚类 Ω_k 中的决策成员数目为 $n_k = 1$。

第五步，若集合 Ψ 非空，则从其中顺次选取下一个向量 V^i，$i = i + 1$；如果集合 Ψ 空则转至第七步。

第六步，计算 V^i 与聚类 Ω_k 中向量组成的集合的相似度 $\rho(V^i, \Omega_k)$，若 $\rho(V^i, \Omega_k) > \gamma$ 则将 V^i 分配于该聚类 Ω_k 中；若 $\rho(V^i, \Omega_k) \leq \gamma$ 则将其暂时分配于临时向量集合 Q 中，与此同时需要从集合 Ψ 中移除 V^i。转至第五步。

第七步，若 Q 非空，则令集合 $\Psi = Q$；Q 为空集，此时聚类的计数 $k = k + 1$，转至第四步；若 Q 为非空，则转至第八步。

第八步，输出聚类结果，计算结束。

其中，$S = \{S_1, S_2, \cdots, S_m\}$：高端海归人才引进后成效评价指标体系，$m$ 表示评价指标的个数；$P = \{P_1, P_2, \cdots, P_n\}$：评价主体评价时需要考虑的评价标准集，$n$ 表示评价标准的个数；$W = \{w_1, w_2, \cdots, w_n\}$：主体做评价决策时需要考虑的评价标准集所应用的权重向量；$\Omega = \{D_1, D_2, \cdots, D_T\}$：参与评价的所有评价者组成的集合，$T$ 表示所有参与评价者的数量。

综合多元主体参与和聚类过程，对评价指标的赋权的全过程列示如下。

第一步，根据高端海归人才引进后成效评价指标集 S；评价标准体系 P；在满足客观赋权的条件下，选择 $T(T \geq 20)$ 名各领域专家参与。

第二步，引导多元评价主体参与到评价指标体系赋权的过程中，根据各自的偏好态度给出初始的三级指标评价结果，经过合理性筛选之后得到初始评价矩阵 A_t，$t = 1, 2, \cdots, T$。利用信息集成算子对三级指标的评价信息进行集成得到二级指标的评价结果。

第三步，根据基于相似度的大群体聚类步骤对初始指标评价数据进行聚类处理。

第四步，应用第 5.4.3 节中的赋权原理对聚类所得子群体进行加权，将聚类之后的数据基于权重进行信息集结，得到表达每一个子群体评价数据。

第五步，根据第四步所得聚类之后的评价数据，利用式（5.9），应用赋权模型计算一级评价指标权重。

第六步，结束。

本部分重点研究多主体参与下的高端海归人才引进后成效评价指标的赋权方法体系。首先，在评价者的选取上，考虑到评价问题的复杂性和赋权的科学性，需要引入 20 位以上的评价专家对评价指标体系进行赋权。另外，在做评价信息集成之前，由于评价主体之间的异质性，使初始评价信息可能会存在一定误差，因此需要首先对评价的初始决策结果进行预处理，将不合格的评价信息删除，再利用评价模型对信息集成并形成最终排序等。在参与评价过程的评价者的权重方面，秉承平等公正的原则，将对参与评价者采取均等赋权。在实践应用中可根据具体情景，可考虑成效评价的目的、层次及需求有针对性地对评价指标的权重作相应调整。

本书邀请了 30 位相关领域的专家对科学研究型高端海归人才（高校、科研院所）引进后成效评价指标体系、市场应用型高端海归人才（企业、创业）的引进后成效评价指标体系和社会服务型高端海归人才（政府及社会组织、其他）引进后成效评价指标体系 3 个评价指标体系中评价指标的重要程度进行打分，并对此进行基于相似度的大群体聚类分析，得到合适的阈值下的聚类结果，并对聚类结果进行具体分析。

首先，设置阈值为 0.70，将 30 份评价数据经过初步处理后代入聚类模型，并利用计算软件 NetLogo 进行 5000 次以上的计算，演化稳定后得到的聚类个数为 2 个，且其中类内个数较大的聚类群体占整个专家群体的比例高达 80%，另一个聚类群体的类内个数仅占整个专家群体的 20%，其聚类效果如图 5-4 所示，此种聚类情况对于研究的参考意义较小，且从平均一致性角度来看，尽管平均一致性相对稳定，但其数值相对较低，通常都在 0.9 以下，如图 5-5 所示，不利于进一步的相关研究，因此需要提升阈值进行研究。

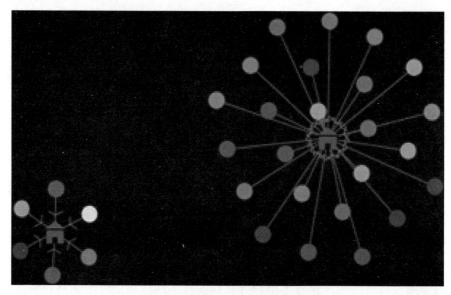

图 5 - 4　阈值为 0.70 下的聚类效果

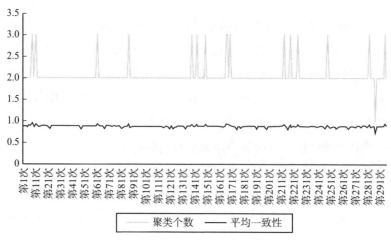

图 5 - 5　阈值为 0.70 下的聚类个数和平均一致性

　　由于本次研究的聚类样本个数相对较少，阈值变化程度较小时引起的聚类情况变化过小，不具有较强的研究意义，因此将阈值设定为 0.70、0.75、0.80 和 0.85 对聚类样本数据进行对比研究，结果如图 5 - 6 所示。

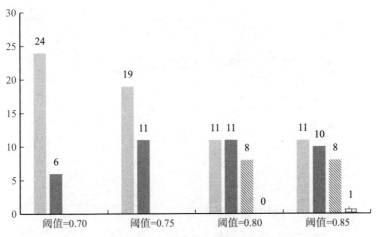

图 5 − 6　不同阈值下的聚类结果

经对比研究发现，阈值设置为 0.80 时，演化稳定后的聚类个数为 3 个，各聚类群体类内个数较为稳定，且平均一致性具有更高的稳定性，如图 5 − 7 所示。随后，将阈值为 0.80 下的 5000 次聚类演化结果按照平均一致性数值由高到低排序，在综合考虑聚类个数、类内成员个数的前提下，认为第 2809 次演化所得的聚类结果最优，聚类效果如图 5 − 8 所示，结果如表 5 − 11 和表 5 − 12 所示。基于该次演化的聚类结果中每个聚类群体的类内个数可得知各个聚类群体的权重为 $\omega_{e1} = (0.3667, 0.3667, 0.2666)$。

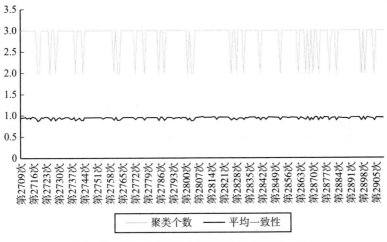

图 5 − 7　阈值为 0.80 下的聚类个数和平均一致性

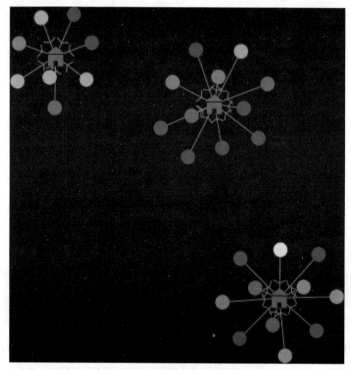

图 5 - 8　阈值为 0.80 下的第 2809 次演化聚类效果

表 5 - 11　　　　　　　　　阈值为 0.80 下的聚类结果分析

演化次数	聚类个数	平均一致性
2809	3	0.9723
557	3	0.9717
4459	3	0.9711
1379	3	0.9700
1487	3	0.9694

表 5 - 12　　　　　　　　　阈值为 0.80 下的第 2809 次演化结果

聚类	成员个数	成员序号	平均一致性
1	11	1、2、3、4、5、6、7、8、9、10、17	0.9650

聚类	成员个数	成员序号	平均一致性
2	11	11、12、13、14、15、16、18、22、23、25、26	0.9542
3	8	19、20、21、24、27、28、29、30	0.9978

此外，也可根据不同聚类群体给出评价结果的区别度对其进行权重的确定，若一个聚类群体给出的评价结果的综合距离之和较大，那么该聚类群体应该具有更高的权重，反之则相反。因此，对上述的聚类分析得到的 3 个聚类群体中的所有专家矩阵取均值，从而得到 3 个评价矩阵分别代表 3 个不同的聚类群体，处理后的基于三级指标打分结果如附录 6 所示。以科学研究型高端海归人才（高校、科研院所）引进成效评价指标体系为例进行分析，计算每一个聚类群体所得到的评价矩阵的各个测度函数 $S(\alpha_i)$、$H(\alpha_i)$、$T(\alpha_i)$、$G(\alpha_i)$、$Q(\alpha_i)$ 值并运用公式 $\dfrac{(S+H)}{[(1+T)+(1+G)+(1+Q)]}$ 计算对其结果针对三级指标进行归一化处理，通过该种方法可处理成二级指标的打分结果，该指标体系的二级指标打分结果如表 5 - 13 ~ 表 5 - 15 所示。

表 5 - 13　　　　处理成二级指标得分的聚类 1 对科学研究型
评价指标体系重要程度打分

二级指标	重要程度		不重要程度	
挑战前沿	0.8737	0.9397	0.1076	0.1728
创新攻坚	0.8353	0.9198	0.2653	0.3409
对接需求	0.6233	0.7433	0.3830	0.4982
智力引育	0.5275	0.5721	0.5787	0.6538
资源对接	0.6089	0.6589	0.5449	0.6043
精神引领	0.5050	0.5846	0.6221	0.6982
社会服务	0.6131	0.7063	0.5333	0.6241
资政强国	0.6610	0.7349	0.4363	0.4920
国际化深入	0.5778	0.6507	0.5844	0.6512
国际影响提升	0.6025	0.6762	0.4630	0.5823

表 5 – 14   处理成二级指标得分的聚类 2 对科学研究型
评价指标体系重要程度打分

二级指标	重要程度		不重要程度	
挑战前沿	0. 9375	0. 9695	0. 089	0. 1356
创新攻坚	0. 9055	0. 9455	0. 1805	0. 2962
对接需求	0. 6233	0. 7433	0. 453	0. 5193
智力引育	0. 5859	0. 6584	0. 6115	0. 6577
资源对接	0. 7430	0. 7987	0. 5476	0. 5943
精神引领	0. 6167	0. 7034	0. 6139	0. 6918
社会服务	0. 4807	0. 5821	0. 5858	0. 6797
资政强国	0. 6693	0. 7418	0. 3916	0. 4872
国际化深入	0. 5151	0. 6154	0. 6235	0. 6766
国际影响提升	0. 5867	0. 6767	0. 4766	0. 5701

表 5 – 15   处理成二级指标得分的聚类 3 对科学研究型
评价指标体系重要程度打分

二级指标	重要程度		不重要程度	
挑战前沿	0. 8805	0. 9376	0. 0913	0. 1439
创新攻坚	0. 9218	0. 9565	0. 0847	0. 1388
对接需求	0. 6233	0. 7433	0. 453	0. 5193
智力引育	0. 5865	0. 6652	0. 5223	0. 6111
资源对接	0. 7161	0. 8119	0. 3822	0. 4673
精神引领	0. 6082	0. 6784	0. 4956	0. 5856
社会服务	0. 4854	0. 5887	0. 585	0. 6788
资政强国	0. 6726	0. 7528	0. 3728	0. 4934
国际化深入	0. 5067	0. 6141	0. 6276	0. 6861
国际影响提升	0. 5988	0. 6790	0. 4766	0. 5708

按照上述同样的方法处理评价数据，可以得到一级指标的打分情况，

如表 5 - 16 ~ 表 5 - 18 所示。

表 5 - 16　　　　处理成一级指标得分的聚类 1 对科学研究型

评价指标体系重要程度打分

一级指标	重要程度		不重要程度	
核心突破	0.8028	0.8879	0.2285	0.3089
边界拓展	0.5739	0.6215	0.5594	0.6256
溢出增效	0.6057	0.6879	0.5163	0.5895
国际提升	0.5906	0.6639	0.5214	0.6154

表 5 - 17　　　　处理成一级指标得分的聚类 2 对科学研究型

评价指标体系重要程度打分

一级指标	重要程度		不重要程度	
核心突破	0.8608	0.9139	0.1988	0.2760
边界拓展	0.6810	0.7433	0.5728	0.6193
溢出增效	0.6065	0.6908	0.5163	0.6052
国际提升	0.5548	0.6494	0.5421	0.6176

表 5 - 18　　　　处理成一级指标得分的聚类 3 对科学研究型

评价指标体系重要程度打分

一级指标	重要程度		不重要程度	
核心突破	0.8431	0.9043	0.1650	0.2211
边界拓展	0.6636	0.7524	0.4390	0.5256
溢出增效	0.6058	0.6881	0.4657	0.5693
国际提升	0.5588	0.6508	0.5423	0.6209

运用公式 $d(\alpha_1, \alpha_2) = \dfrac{1}{X}(|S(\alpha_1) - S(\alpha_2)| + |H(\alpha_1) - H(\alpha_2)| +$

$|T(\alpha_1) - T(\alpha_2)| + |G(\alpha_1) - G(\alpha_2)| + |Q(\alpha_1) - Q(\alpha_2)| + N(\alpha_1, \alpha_2))$

将各一级指标间的综合距离计算出并加和，随后基于某聚类群体占所有聚类群体的比例计算出各个聚类群体的权重。经计算可知，从科学研究型高端海归人才（高校、科研院所）引进后成效评价指标体系打分角度来看，聚类 1、聚类 2 和聚类 3 的权重为 $\omega_{e2} = (0.2990, 0.3548, 0.3462)$。此处，可引入调节系数 β 对该权重和前面依据聚类群体的类内成员个数得到的权重运用公式 $\omega_e = \beta\omega_{e1} + (1 - \beta)\omega_{e2}$ 进行处理。为较为均衡地考虑，此处 β 取 0.5，可知最终的聚类群体权重为 $\omega_e = (0.3328, 0.3607, 0.3065)$。本书暂不区分每一个评价指标体系中具体的二级指标和三级指标相对重要程度，可直接通过取每个二级指标所包含的三级指标得分的均值对二级指标得分情况进行计算，一级指标得分情况同理。接下来，运用前面计算的针对科学研究型高端海归人才（高校、科研院所）引进成效评价指标体系的各聚类群体的权重对其一级指标权重进行计算。依据最终的三个聚类群体的权重 $\omega_e = (0.3328, 0.3607, 0.3065)$ 对其各自的评价矩阵进行合成，如表 5 - 19 所示。

表 5 - 19　　聚类 1 ~ 聚类 3 合成后的科学研究型高端海归人才
引进后成效评价三级指标重要程度得分矩阵

三级指标	重要程度		不重要程度	
攻克基础难题	0.9037	0.9698	0.0495	0.0991
开拓研究领域	0.8961	0.9483	0.0458	0.0817
技术应用与推广	0.9232	0.9655	0.0739	0.1218
产学研融合	0.9200	0.9600	0.0666	0.1133
成果转化	0.8253	0.8878	0.1698	0.2614
技术自主研发	0.9059	0.9495	0.1393	0.1990
关键技术国产化	0.8667	0.9300	0.1432	0.2033
学科发展	0.6900	0.8100	0.3667	0.4567
战略研究与实践	0.5100	0.6300	0.5367	0.6067
人才培养	0.5670	0.6532	0.5300	0.6063
团队建设	0.5136	0.5900	0.6061	0.7264

三级指标	重要程度		不重要程度	
人才引致与聚集	0.5961	0.6331	0.5039	0.5631
先进技术引进	0.6677	0.7300	0.4767	0.5233
先进设备引进	0.6740	0.7430	0.4332	0.5254
科学家精神	0.6401	0.7120	0.4899	0.5766
爱国奉献精神	0.4667	0.5545	0.6167	0.7000
科学普及	0.4664	0.5469	0.6700	0.7600
社会公益	0.5566	0.6727	0.5034	0.5934
政府任职	0.5101	0.5926	0.4738	0.5427
政府决策支持	0.5300	0.6131	0.5061	0.6300
高端智库建设	0.7831	0.8631	0.2780	0.3800
制度改革与优化	0.6900	0.7500	0.4600	0.5231
国际平台搭建	0.5508	0.6200	0.6800	0.7200
国际人才交互	0.5536	0.6500	0.5900	0.6361
国际项目合作	0.4825	0.5999	0.5629	0.6598
国际荣誉奖项	0.6200	0.7100	0.4200	0.5300
国际影响力	0.6061	0.6800	0.5039	0.5966
国际话语权	0.5528	0.6331	0.4995	0.6033

随后计算每个二级指标包含的三级指标的均值，作为二级指标的得分，如表 5 - 20 所示。

表 5 - 20　　　聚类 1～聚类 3 合成后的科学研究型高端海归人才
引进后成效评价二级指标重要程度得分矩阵

二级指标	重要程度		不重要程度	
挑战前沿	0.8936	0.9463	0.0811	0.1355
创新攻坚	0.8863	0.9397	0.1413	0.2011
对接需求	0.6000	0.7200	0.4517	0.5317

二级指标	重要程度		不重要程度	
智力引育	0. 5589	0. 6254	0. 5466	0. 6319
资源对接	0. 6709	0. 7365	0. 4549	0. 5244
精神引领	0. 5534	0. 6332	0. 5533	0. 6383
社会服务	0. 5115	0. 6098	0. 5867	0. 6767
资政强国	0. 6283	0. 7047	0. 4295	0. 5190
国际化深入	0. 5289	0. 6233	0. 6110	0. 6720
国际影响提升	0. 5930	0. 6744	0. 4745	0. 5767

再将每个一级指标包含的二级指标的均值，作为一级指标的得分，如表 5 - 21 所示。

表 5 - 21   聚类 1 ~ 聚类 3 合成后的科学研究型高端海归人才

引进后成效评价一级指标得分矩阵

一级指标	重要程度		不重要程度	
核心突破	0. 7933	0. 8687	0. 2247	0. 2894
边界拓展	0. 6149	0. 6810	0. 5008	0. 5782
溢出增效	0. 5644	0. 6492	0. 5232	0. 6113
国际提升	0. 5610	0. 6489	0. 5428	0. 6244

最后计算每一个一级指标的测度函数 $S(\alpha_i)$、$H(\alpha_i)$、$T(\alpha_i)$、$G(\alpha_i)$、$Q(\alpha_i)$，运用公式 $\dfrac{(S+H)}{[(1+T)+(1+G)+(1+Q)]}$ 计算并对其结果进行归一化处理，可通过某一级指标占全部一级指标该数值之和的比例得知该一级指标的权重，科学研究型高端海归人才引进后成效评价指标体系的一级指标权重计算结果为 $\omega_i = (0.3719, 0.2291, 0.2001, 0.1989)$。按照上述同样方法，可对市场应用型高端海归人才（企业、创业）引进后成效评价指标体系的一级指标权重进行计算。依据聚类结果中各聚类群体的类内成员

个数，对初始决策矩阵取均值进行合成，得到 3 个不同聚类群体的评价矩阵。将三级指标评价结果转化为二级指标的评价结果，如表 5 - 22 ~ 表 5 - 24 所示。

表 5 - 22　　　　处理成二级指标得分的聚类 1 对市场应用型高端
　　　　　海归人才引进后成效评价指标的重要程度打分

二级指标	重要程度		不重要程度	
挑战前沿	0.9001	0.9934	0.0066	0.0666
创新攻坚	0.9421	0.9905	0.0095	0.0564
对接需求	0.9101	0.9667	0.0167	0.0533
智力引育	0.6520	0.6981	0.4759	0.5359
资源对接	0.7339	0.7961	0.3757	0.4577
精神引领	0.6851	0.7502	0.4649	0.5447
社会服务	0.6304	0.6855	0.5141	0.5893
资政强国	0.6557	0.7154	0.3401	0.4108
国际化深入	0.6957	0.7557	0.3401	0.4108
国际影响提升	0.6768	0.7469	0.4170	0.4937

表 5 - 23　　　　处理成二级指标得分的聚类 2 对市场应用型高端
　　　　　海归人才引进后成效评价指标的重要程度打分

二级指标	重要程度		不重要程度	
挑战前沿	0.6556	0.7374	0.2548	0.3045
创新攻坚	0.8424	0.9064	0.1450	0.1986
对接需求	0.8332	0.8888	0.1705	0.2153
智力引育	0.6290	0.6711	0.4822	0.5463
资源对接	0.6120	0.6803	0.5189	0.5792
精神引领	0.7361	0.7849	0.3353	0.4029
社会服务	0.5927	0.6472	0.5572	0.6263
资政强国	0.6215	0.6859	0.4602	0.5186

二级指标	重要程度		不重要程度	
国际化深入	0.6514	0.7042	0.3981	0.4647
国际影响提升	0.7922	0.8594	0.2044	0.2678

表 5 – 24   处理成二级指标得分的聚类 3 对市场应用型高端
海归人才引进后成效评价指标的重要程度打分

二级指标	重要程度		不重要程度	
挑战前沿	0.6682	0.7539	0.2747	0.3257
创新攻坚	0.8162	0.8985	0.1578	0.2329
对接需求	0.7006	0.7726	0.2343	0.2724
智力引育	0.6291	0.6752	0.4783	0.5422
资源对接	0.5372	0.6316	0.5204	0.5896
精神引领	0.5985	0.6736	0.5364	0.6083
社会服务	0.5927	0.6472	0.5573	0.6191
资政强国	0.6214	0.6778	0.4605	0.5374
国际化深入	0.6656	0.7729	0.3482	0.4472
国际影响提升	0.8625	0.9251	0.1180	0.1558

同理，对二级指标的评价结果取均值，可得到一级指标的评价结果矩
阵，如表 5 – 25 ~ 表 5 – 27 所示。

表 5 – 25   处理成一级指标得分的聚类 1 对市场应用型高端
海归人才引进后成效评价指标的重要程度打分

一级指标	重要程度		不重要程度	
核心突破	0.9180	0.9837	0.0109	0.0587
边界拓展	0.6978	0.7529	0.4198	0.4922
溢出增效	0.6586	0.7188	0.4386	0.5140
国际提升	0.6865	0.7514	0.3777	0.4514

表 5 – 26　　　处理成一级指标得分的聚类 2 对市场应用型高端
海归人才引进后成效评价指标的重要程度打分

一级指标	重要程度		不重要程度	
核心突破	0.7935	0.8587	0.1813	0.2306
边界拓展	0.6206	0.6757	0.5004	0.5626
溢出增效	0.6612	0.7164	0.4351	0.5003
国际提升	0.7351	0.7965	0.2830	0.3477

表 5 – 27　　　处理成一级指标得分的聚类 3 对市场应用型高端
海归人才引进后成效评价指标的重要程度打分

一级指标	重要程度		不重要程度	
核心突破	0.7388	0.8189	0.2144	0.2714
边界拓展	0.5885	0.6559	0.4969	0.5632
溢出增效	0.6046	0.6667	0.5166	0.5870
国际提升	0.7857	0.8657	0.2078	0.2695

从市场应用型高端海归人才（企业、创业）的引进后成效评价指标体系打分角度来看，引入调节系数 β，并运用公式 $\omega_e = \beta\omega_{e1} + (1 - \beta)\omega_{e2}$ 进行计算，可知聚类 1、聚类 2 和聚类 3 的权重为 $\omega_e = (0.3744, 0.3241, 0.3015)$，并依据此权重对 3 个聚类群体各自的决策矩阵进行合成，如表 5 –28 所示。

表 5 – 28　　　聚类 1～聚类 3 合成后的市场应用型高端海归人才
引进后成效评价三级指标重要程度得分矩阵

三级指标	重要程度		不重要程度	
技术应用与推广	0.7341	0.7898	0.2227	0.2605
产学研融合	0.7640	0.8663	0.1680	0.2153
成果转化	0.7415	0.8415	0.1226	0.2021

续表

三级指标	重要程度		不重要程度	
产品创新与研发	0.8136	0.8811	0.1627	0.2119
商业模式创新	0.9100	0.9650	0.0788	0.1576
工艺创新	0.8689	0.9427	0.0728	0.1154
产业升级	0.7956	0.8551	0.2003	0.2370
产品出口	0.8618	0.9148	0.0744	0.1172
带动就业	0.7955	0.8680	0.1363	0.1765
人才培养	0.5224	0.5762	0.5150	0.5815
团队建设	0.6700	0.7200	0.4600	0.5200
人才引致与聚集	0.6700	0.7030	0.4770	0.5400
创业引领与支持	0.6882	0.7545	0.4666	0.5301
海外市场开拓	0.5126	0.5819	0.4825	0.5670
先进技术引进	0.5673	0.6273	0.5301	0.5789
商业模式引进	0.6589	0.7500	0.4351	0.5181
企业家精神	0.6800	0.7400	0.4700	0.5600
爱国奉献精神	0.6347	0.7071	0.4548	0.5063
科学普及	0.5900	0.6500	0.5150	0.6011
社会公益	0.6200	0.6700	0.5650	0.6197
政府任职	0.6700	0.7175	0.3949	0.4595
政府决策支持	0.6300	0.6972	0.3938	0.4698
高端智库建设	0.6500	0.7100	0.5100	0.5800
制度改革与优化	0.5449	0.6199	0.5913	0.6681
国际平台搭建	0.6890	0.7725	0.2831	0.3735
国际人才交互	0.6912	0.7574	0.4038	0.4713
国际项目合作	0.6200	0.6800	0.4200	0.4900
国际荣誉奖项	0.6368	0.7179	0.3900	0.4479
国际影响力	0.8325	0.8744	0.2120	0.2774
国际话语权	0.7692	0.8622	0.2434	0.3009

随后计算每个二级指标包含的三级指标的均值，作为二级指标的得分，如表 5 - 29 所示。

表 5 - 29 聚类 1 ~ 聚类 3 合成后的市场应用型高端海归人才
引进后成效评价二级指标重要程度得分矩阵

二级指标	重要程度		不重要程度	
挑战前沿	0.7465	0.8325	0.1711	0.2259
创新攻坚	0.8641	0.9296	0.1048	0.1616
对接需求	0.8176	0.8793	0.1370	0.1769
智力引育	0.6208	0.6664	0.4840	0.5472
资源对接	0.6068	0.6784	0.4786	0.5485
精神引领	0.6574	0.7235	0.4624	0.5331
社会服务	0.6050	0.6600	0.5400	0.6104
资政强国	0.6237	0.6862	0.4725	0.5443
国家化深入	0.6667	0.7366	0.3690	0.4449
国际影响提升	0.7462	0.8182	0.2818	0.3421

再将每个一级指标包含的二级指标的均值作为一级指标的得分，如表 5 - 30 所示。

表 5 - 30 聚类 1 ~ 聚类 3 合成后的市场应用型高端海归
人才引进后成效评价一级指标得分矩阵

一级指标	重要程度		不重要程度	
核心突破	0.8094	0.8805	0.1376	0.1881
边界拓展	0.6138	0.6724	0.4813	0.5479
溢出增效	0.6287	0.6899	0.4916	0.5626
国际提升	0.7065	0.7774	0.3254	0.3935

计算一级指标的各个测度函数 $S(\alpha_i)$、$H(\alpha_i)$、$T(\alpha_i)$、$G(\alpha_i)$、$Q(\alpha_i)$，

运用公式 $\dfrac{(S+H)}{[(1+T)+(1+G)+(1+Q)]}$ 计算并对其结果进行归一化处理，可通过某一级指标占全部一级指标该数值之和的比例得知该一级指标的权重，则市场应用型高端海归人才评价指标体系的一级指标权重计算结果为 $\omega_i = (0.3356, 0.1973, 0.2070, 0.2601)$。

最后，对社会服务型高端海归人才（政府及社会组织、其他）引进成效评价指标体系的一级指标权重运用同样的方法进行求解。依据聚类结果中各聚类群体的类内成员个数，对初始决策矩阵取均值进行合成，得到附录 6 中所示的 3 个不同聚类群体的评价矩阵。将三级指标评价结果转化为二级指标的评价结果，如表 5-31~表 5-33 所示。

表 5-31　　　　处理成二级指标得分的聚类 1 对社会服务型高端
海归人才引进后成效评价指标重要程度打分

二级指标	重要程度		不重要程度	
精神引领	0.8100	0.9300	0.2100	0.2800
社会服务	0.8646	0.8946	0.1069	0.1412
资政强国	0.8435	0.8828	0.1970	0.2629
国际化深入	0.6727	0.7493	0.4376	0.5132
国际影响提升	0.7579	0.8289	0.3282	0.3790

表 5-32　　　　处理成二级指标得分的聚类 2 对社会服务型高端
海归人才引进后成效评价指标重要程度打分

二级指标	重要程度		不重要程度	
精神引领	0.8900	0.9600	0.1200	0.1600
社会服务	0.8757	0.9113	0.1298	0.1609
资政强国	0.8144	0.9271	0.2013	0.2517
国际化深入	0.7832	0.8782	0.2666	0.3633
国际影响提升	0.7495	0.8603	0.3020	0.3986

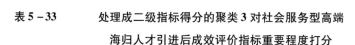

表 5 - 33　　　　处理成二级指标得分的聚类 3 对社会服务型高端
海归人才引进后成效评价指标重要程度打分

二级指标	重要程度		不重要程度	
精神引领	0. 6300	0. 8500	0. 4500	0. 5300
社会服务	0. 8527	0. 9253	0. 1619	0. 2019
资政强国	0. 8222	0. 9118	0. 2504	0. 2969
国际化深入	0. 8621	0. 9268	0. 2107	0. 3074
国际影响提升	0. 8187	0. 9115	0. 3000	0. 3912

按照上述同样的方法，对二级指标的得分结果取均值，可以得到一级
指标的打分情况，结果如表 5 - 34 ~ 表 5 - 36 所示。

表 5 - 34　　　　处理成一级指标得分的聚类 1 对社会服务型高端
海归人才引进后成效评价指标重要程度打分

一级指标	重要程度		不重要程度	
核心突破	0. 8400	0. 9021	0. 1700	0. 2263
边界拓展	0. 7199	0. 7934	0. 3770	0. 4388

表 5 - 35　　　　处理成一级指标得分的聚类 2 对社会服务型高端
海归人才引进后成效评价指标重要程度打分

一级指标	重要程度		不重要程度	
核心突破	0. 8619	0. 9334	0. 1484	0. 1886
边界拓展	0. 7669	0. 8696	0. 2837	0. 3803

表 5 - 36　　　　处理成一级指标得分的聚类 3 对社会服务型高端
海归人才引进后成效评价指标重要程度打分

一级指标	重要程度		不重要程度	
核心突破	0. 7851	0. 9013	0. 2672	0. 3197
边界拓展	0. 8413	0. 9195	0. 2536	0. 3476

从社会服务型高端海归人才（政府及社会组织、其他）引进成效评价指标体系打分角度来看，引入调节系数 β，并运用公式 $\omega_e = \beta\omega_{e1} + (1 - \beta)\omega_{e2}$ 进行计算，可知聚类 1、聚类 2 和聚类 3 的权重为 $\omega_e = (0.4167, 0.3691, 0.2142)$，并依据此权重对 3 个聚类群体各自的评价矩阵进行合成，如表 5 - 37 ~ 表 5 - 39 所示，并重复上述计算一级指标和二级指标得分矩阵的步骤。

表 5 - 37　　　　　聚类 1 ~ 聚类 3 合成后社会服务型高端海归人才

引进后成效评价三级指标重要程度得分矩阵

三级指标	重要程度		不重要程度	
爱国奉献精神	0.8010	0.9239	0.2282	0.2893
科学普及	0.8423	0.8931	0.1343	0.1743
社会公益	0.8767	0.9088	0.1356	0.1641
政府决策支持	0.8415	0.9176	0.1768	0.2263
高端智库建设	0.7495	0.8677	0.2621	0.3398
制度改革与优化	0.8750	0.9214	0.1986	0.2443
国际平台搭建	0.7481	0.8061	0.3767	0.4617
国际人才交互	0.8401	0.9036	0.2228	0.2812
国际项目合作	0.6825	0.7587	0.4042	0.4950
国际文化交流	0.6780	0.8139	0.3666	0.5020
国际荣誉奖项	0.6259	0.7709	0.4163	0.4866
国际影响力	0.8617	0.9308	0.2056	0.2877
国际话语权	0.7389	0.8176	0.3936	0.4633

表 5 - 38　　　　聚类 1 ~ 聚类 3 合成后的社会服务型高端海归人才

引进后成效评价二级指标重要程度得分矩阵

二级指标	重要程度		不重要程度	
精神引领	0.8106	0.9282	0.2154	0.2759
社会服务	0.8595	0.9010	0.1349	0.1692
资政强国	0.8220	0.9023	0.2125	0.2701

续表

二级指标	重要程度		不重要程度	
国际化深入	0.7372	0.8206	0.3425	0.4350
国际影响提升	0.7422	0.8398	0.3385	0.4125

表 5 - 39　　　　聚类 1～聚类 3 合成后的社会服务型高端海归

人才引进后成效评价一级指标得分矩阵

一级指标	重要程度		不重要程度	
溢出增效	0.8307	0.9105	0.1876	0.2384
国际提升	0.7397	0.8302	0.3405	0.4238

对一级指标的各个测度函数 $S(\alpha_i)$、$H(\alpha_i)$、$T(\alpha_i)$、$G(\alpha_i)$、$Q(\alpha_i)$，运用公式 $\dfrac{(S+H)}{[(1+T)+(1+G)+(1+Q)]}$ 计算并对其结果进行归一化处理，可通过某一级指标占全部一级指标该数值之和的比例得知该一级指标的权重，则社会服务型高端海归人才评价指标体系的一级指标权重计算结果为 $\omega_i = (0.5518, 0.4482)$。综上可求得，科学研究型高端海归人才（高校、科研院所）评价指标体系、市场应用型高端海归人才（企业、创业）评价指标体系和社会服务型高端海归人才（政府及社会组织、其他）评价指标体系的一级指标权重分别为 $\omega_i = (0.3719, 0.2291, 0.2001, 0.1989)$、$\omega_i = (0.3356, 0.1973, 0.2070, 0.2601)$ 和 $\omega_i = (0.5518, 0.4482)$。

综上所述，我们依据专家对三级指标基于区间毕达哥拉斯模糊数的重要程度与不重要程度的评价信息表达，利用信息集成算子得到二级指标的评价信息，再利用大群体聚类算法，最终得到高端海归人才引进后成效分类评价体系一级指标的权重，如表 5 - 40 所示。可见，不同类型的高端海归人才引进后成效具有不同的评价侧重。对于二级指标及三级指标的权重可进一步根据前述指标赋权模型，通过挖掘评价信息反映出的评价指标区别度和重要性进行更为精准的赋权。我们以科学研究型高端海归人才引进后评价指标体系为例，其各级指标的赋权结果如表 5 - 41 所示。可以看出随着指标数量的增多，各指标权重的差距也明显减小。因此，考虑到指标权重计算的工作量，以及权重的影响和差异，对于二级三级指标的赋权也可以根据一级指标逐级算数平均获得。

表 5 – 40　　　　高端海归人才引进后成效分类评价指标赋权结果

高端海归人才类型	一级指标	赋权结果
科学研究型	核心突破	0.3720
	边界拓展	0.2290
	溢出增效	0.2001
	国际提升	0.1989
市场应用型	核心突破	0.3356
	边界拓展	0.1973
	溢出增效	0.2070
	国际提升	0.2601
社会服务型	溢出增效	0.5518
	国际提升	0.4482

表 5 – 41　　　科学研究型高端海归人才引进后成效评价指标赋权结果

项目	一级指标		二级指标		三级指标	
	指标名称	指标权重	指标名称	指标权重	指标名称	指标权重
科学研发型高端海归人才引进后成效评价	核心突破	0.3720	挑战前沿	0.1533	攻克基础难题	0.0307
					开拓研究领域	0.0307
					技术应用与推广	0.0307
					产学研融合	0.0306
					成果转化	0.0306
			创新攻坚	0.1263	技术自主研发	0.0632
					关键技术国产化	0.0631
			对接需求	0.0924	学科发展	0.0462
					战略研究与实践	0.0462

项目	一级指标		二级指标		三级指标	
	指标名称	指标权重	指标名称	指标权重	指标名称	指标权重
科学研发型高端海归人才引进后成效评价	边界拓展	0.2290	智力引育	0.1433	人才培养	0.0478
					团队建设	0.0478
					人才引致与聚焦	0.0477
			资源对接	0.0857	先进技术引进	0.0429
					先进设备引进	0.0428
	溢出增效	0.2001	精神引领	0.0453	科学家精神	0.0227
					爱国奉献精神	0.0226
			社会服务	0.0415	科学普及	0.0208
					社会公益	0.0207
			资政强国	0.1133	政府任职	0.0283
					政府决策支持	0.0283
					高端智库建设	0.0283
					制度改革与优化	0.0282
	国际提升	0.1989	国际化深入	0.1033	国际平台搭建	0.0258
					国际人才交互	0.0258
					国际项目合作	0.0258
					国际文化交流	0.0259
			国际影响提升	0.0956	国际荣誉奖项	0.0319
					国际影响力	0.0319
					国际话语权	0.0318

　　至此，科学完整的高端海归人才引进后成效分类评价体系构建完毕，可作为高端海归人才引进后成效评价活动的参考。需要说明的是，评价指标的赋权还可以依据实际中对高端海归人才引进后成效的具体评价信息，根据本章构建的赋权方法体系自主生成。我们将在实例分析中予以展示，并可进一步引入调节参数，将其与基于专家指标评价的权重进行综合考虑，从而实现高端海归人才引进后成效评价指标的动态赋权，以适应不同

应用情景与评价需求。

5.6 高端海归人才引进成效分类评价体系应用分析

5.6.1 实例应用

为进一步展示高端海归人才引进后成效评价方法及指标体系的应用过程，本书邀请20位专家，对5位科学研究型高端海归人才的引进后成效进行评价，并进行聚类算法的应用，通过聚类结果得到相关成效评价结果。该实例以科学研究型高端海归人才引进成效评价指标体系为依据进行具体分析。20位专家的初始评价矩阵依据该评价指标体系中三级指标给出，三级指标评价矩阵如附录7中表1～表20所示，随后，通过平均加权的计算方式得到二级评价指标下的评价信息，并进一步做信息集成得到一级指标下的评价信息矩阵，以专家1为例，如表5-42所示。

表5-42　　　　专家1的一级指标下的引进后成效评价矩阵

项目	核心突破	边界拓展	溢出增效	国际提升
人才1	[0.95, 0.99] [0.02, 0.08]	[0.53, 0.65] [0.45, 0.52]	[0.72, 0.79] [0.32, 0.39]	[0.56, 0.61] [0.43, 0.49]
人才2	[0.92, 0.95] [0.05, 0.07]	[0.72, 0.76] [0.42, 0.46]	[0.56, 0.59] [0.45, 0.53]	[0.63, 0.71] [0.51, 0.56]
人才3	[0.89, 0.96] [0.09, 0.12]	[0.65, 0.75] [0.38, 0.42]	[0.61, 0.72] [0.43, 0.51]	[0.81, 0.86] [0.23, 0.26]
人才4	[0.95, 0.98] [0.05, 0.08]	[0.45, 0.52] [0.62, 0.71]	[0.69, 0.72] [0.42, 0.49]	[0.75, 0.79] [0.36, 0.42]
人才5	[0.96, 0.98] [0.08, 0.13]	[0.56, 0.62] [0.49, 0.61]	[0.65, 0.72] [0.56, 0.71]	[0.92, 0.98] [0.06, 0.12]

接下来，令阈值为 0.70，将 20 位专家的评价结果经过前面的重心坐标公式 $\sum_{i=1}^{m} \left(\frac{\mu_P^L + \mu_P^U}{2} + \frac{\nu_P^L + \nu_P^U}{2} \right) \left(\frac{\mu_P^L + \mu_P^U}{2} - \frac{\nu_P^L + \nu_P^U}{2} \right)$ 进行初步集结并代入聚类模型，利用计算软件 NetLogo 进行计算，演化稳定后的聚类个数一般为 2 个，且其中一类的聚类程度高达 90%，即仅有两个专家的评价结果没有聚到该类中，如图 5 - 9 所示，这种聚类结果对于研究的参考性和适用性较低。此外，从图 5 - 10 可以看出，在该阈值下尽管具有相对较高的平均一致性和较低的类内区别度，但仅有两个聚类结果，这种情况不利于对评价结果进行较好的区别度分析和各类相关权重的计算，因此，需要将阈值提高来进一步研究。

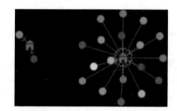

图 5 - 9　阈值为 0.70 下的聚类结果

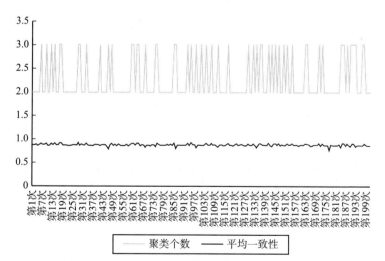

图 5 - 10　阈值为 0.70 下的聚类个数和平均一致性

为了提升聚类的有效性，接下来将调节阈值并进行聚类结果的综合对比研究。由于本次聚类样本的数量相对较少，仅设定阈值为 0.70、0.75、0.80 和 0.85 进行聚类结果的对比，如图 5 - 11 所示。

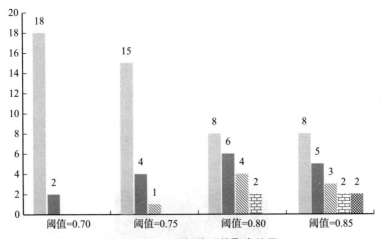

图 5 - 11　不同阈值下的聚类结果

经对比发现，阈值为 0.80 时聚类个数为 4 个，且分布更为均匀，具有更高的稳定性，聚类效果更佳，如图 5 - 12 所示。另外，将阈值为 0.80 下的聚类结果按照平均一致性由高到低排列，在综合考虑类内个数的前提下，认为第 5746 次演化所得的聚类结果最优，结果如表 5 - 43 和表 5 - 44 所示，聚类效果如图 5 - 13 所示，因此可根据此次聚类结果进行具体聚类分析。

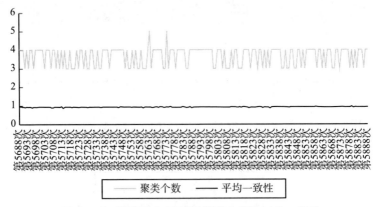

图 5 - 12　阈值为 0.80 下的聚类个数和平均一致性

表 5 - 43　　　　　　　　阈值为 0.80 下的聚类结果分析

演化次数	聚类个数	平均一致性
5746	4	0.9363
5766	4	0.9362
5837	4	0.9357
5736	4	0.9355
5690	4	0.9355

表 5 - 44　　　　　　　　阈值为 0.80 下的第 5746 次演化结果

聚类	成员个数	成员序号	平均一致性
1	7	3、5、6、8、16、18、19	0.9477
2	6	1、2、7、10、13、14	0.8639
3	5	4、9、12、15、20	0.9524
4	2	11、17	0.9812

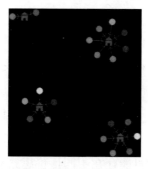

图 5 - 13　阈值为 0.80 下的第 5746 次演化聚类效果

　　根据第 5746 次演化结果，对专家群体的评价矩阵进行分类，得到 4 个聚类群体。同时为了均衡考虑标准权重计算模型中的评价结果差异性和评价指标对评价对象的区别能力，使结果更具有代表性，应用模型 M_3 时选取调节系数 α 为 0.5；并依据聚类初始决策矩阵计算出核心突破、边界拓展、溢出增效和国际提升 4 个一级指标的权重为 ω = (0.2465, 0.2498, 0.2547, 0.2490)。由于本案例中评价指标考虑 4 个一级指标，故引入 TOPSIS 法的思想，并对每一个聚类子群体分别进行具体分析。首先找到每一个聚类子群体评价矩阵中的正、负理想解，计算每个聚类子群体中备选人才的评价结果到正、负理想解的距离；其次代入多准则决策模型对待评价人才引进后成效进行排序，得到不同聚类群体的最终加权综合距离计算结果，如表 5 - 45 所示。

表 5 - 45　　　　　　　　　　聚类 1 ~ 聚类 4 的综合距离

α = 0.5	聚类 1	聚类 2	聚类 3	聚类 4	加权
人才 1	0.4381	0.6562	0.5686	0.3190	0.5242
人才 2	0.4842	0.4914	0.5305	0.5822	0.5077
人才 3	0.5497	0.7778	0.6845	0.7464	0.6715
人才 4	0.2416	0.5921	0.7922	0.5761	0.5179
人才 5	0.4349	0.3514	0.4979	0.6073	0.4428

由图 5 - 14 可知，在调节系数为 α 为 0.5 时，4 个聚类群体加权后的高端海归人才引进后成效评价结果为人才 3 > 人才 1 > 人才 4 > 人才 2 > 人才 5，可知人才 3 的引进后成效评价结果最佳。从该高端海归人才引进成效评价排序来看，不同类型的聚类群体在相同的评价指标体系下给出的人才评价排序具有一定程度上的差异，也反映出不同聚类群体在高端海归人才引进后成效评价操作中可能存在不同评价思路和判断，因而会造成评价排序结果上的差异。该实例依据科学研究型高端海归人才（高校、科研院所）引进成效评价指标体系对高端海归人才引进后成效评价进行分析，基于此可以得到在该分类评价指标体系下的高端海归人才引进后成效的评价结果及排序，该套方法和程序对市场应用型及社会服务型高端海归人才引进后成效评价同样适用。

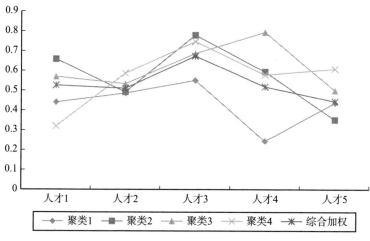

图 5 - 14　α = 0.5 时不同聚类群体下的人才评价成效情况

此外，可令 5.5.2 节中通过指标赋权得到的一级评价指标权重为指导权重 ω_1 = (0.3720，0.2290，0.2001，0.1989)，本实例分析中所得一级指标权重为操作权重 ω_2 = (0.2465，0.2498，0.2547，0.2491)，为兼顾指导权重和实例评价信息客观主动生成的权重，可引入公式 $\omega = \gamma\omega_1 + (1 - \gamma)\omega_2$ 得到成效评价指标的综合权重，其中，γ 是权重调节参数，可调节两个权重的影响程度，从而形成评价指标的综合权重。进而能够得到 γ 取不同值时的人才引进后成效评价结果权重，如表 5 - 46 所示，并将其制成折线图，如图 5 - 15 所示。

表 5 - 46　　　　　γ 取不同值时的人才引进后成效评价结果权重

γ	人才 1	人才 2	人才 3	人才 4	人才 5
$\gamma = 0$	0.5242	0.5077	0.6715	0.5179	0.4428
$\gamma = 0.1$	0.5331	0.5126	0.6688	0.5227	0.4349
$\gamma = 0.3$	0.5510	0.5223	0.6634	0.5323	0.4192
$\gamma = 0.5$	0.5689	0.5321	0.6581	0.5420	0.4035
$\gamma = 0.7$	0.5867	0.5419	0.6527	0.5516	0.3877
$\gamma = 0.9$	0.6046	0.5516	0.6473	0.5612	0.3720
$\gamma = 1$	0.6135	0.5565	0.6446	0.5660	0.3641

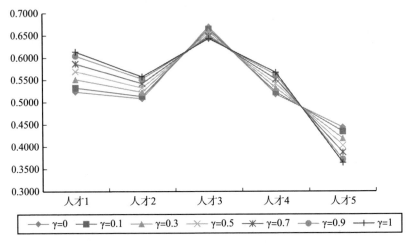

图 5 – 15　γ取不同值时的人才引进后成效评价结果权重折线

由图 5 – 15 可知，在本例中，当 γ 取不同值时，最终的人才引进后成效评价结果在数值的大小上具有一定程度的区别，但对排序的最优者的确定没有影响，因此可根据实际需求确定指导权重和评价案例自身客观所得权重的影响，即对 γ 的取值进行自行调整。

5.6.2　应用结果分析

由实例收集的初始数据可以看出，评价主体对于不同人才引进后成效的判断与评价是客观存在差异的。首先，考虑到评价主体的异质性和大群体属性，在进行大群体聚类处理的过程中，对于阈值的选择需要进行较多轮次的仿真模拟，具体次数以聚类效果是具体情况而定，一般以图 5 – 11 中得到的数据为依据，当聚类个数达到较为稳定的周期性变化时，可以停止聚类。其次，在确定阈值以后，需要对聚类的平均一致性进行考察，即如果一致性程度较低则需要对聚类数据进行检查，甚至要对初始数据进行针对性调整，如表 5 – 43 所示，在聚类次数达到 5000 次以上，平均一致性随着聚类次数增加的增速变缓，聚类结果趋于稳定，此时可以停止算法输出结果数据。最后，需要注意的是调节系数的确定，即根据需要设定已给一级指标的指导权重和实例分析所得操作权重的计算比例。本书取调节系数值为0.5，此时实例中5位科学研究型高端海归人才引进后成效评价结果为（0.5689，0.5321，0.6581，0.5420，0.4035），可以看出第三位高端海归人才的引进后成效最佳，第五位引进后成效最差。可见通过定量方法得到的评价数据可以更为精准地评价引进成效的具体情况。

对于市场应用型和社会服务型高端海归人才的引进后成效评价问题，在指标体系和方法体系上，都可以基于已有研究模型和算法步骤有序展开。其中需要注意的是，不同类型的高端海归人才在聚类阈值选取，一致性程度界定上均会存在一定区别，需要进行多次仿真以后合理选取。

5.7　本章小结

本章针对高端海归人才引进后成效分类评价体系进行系统性建构。首先基于对高端海归人才引进后成效评价指标库的筛选和整理，通过调查问卷及专家咨询，并结合现有政策指导与现实高端海归人才职业属性特点以及初始概念聚类分析，确立了科学研究型、市场应用型、社会服务型高端海归人才引进后成效分类评价体系。接着重点对高端海归人才引进后成效评价指标进行科学赋权。考虑到指标权重的重要性和该问题的复杂性，本部分应用多准则大群体评价方法，通过引入30位以上的评价主体对高端海归人才引进后成效分类评价指标进行进一步判断和评价。为了处理评价主体的大群体性和异质性，构建了适用于本问题的聚类分析算法，通过计算所得聚类子群体评价信息的区别度和评价信息所反映的评价指标的重要性，对评价指标体系进行加权，最终得到了可用于实践借鉴的包含评价指标和评价指标权重的完整分类评价体系。另外，为了展示对该指标体系的应用及对高端海归人才引进成效评价的具体评价，我们以科学研究型高端海归为应用实例，对 5 位高端海归人才引进后成效进行现实评价。依据不同聚类群体的类内个体数量给予其相应的权重，并根据权重对不同聚类群体的人才引进成效评价结果进行加权，同时为兼顾指导权重和实际应用中得到的操作权重，设置调节参数进行加权，最终得到综合加权后的人才引进成效评价结果。

第6章 高端海归人才引进后 成效评价机制的构建 基础与逻辑架构

高端海归人才引进后成效评价机制构建属于制度机制研究的范畴。同时，作为制度建设的依据，必须在理论分析与方法应用结合的基础上，进一步明确后续机制构建的基本逻辑与主要架构，进而才能将理论分析与方法设计进一步转换为有效和可操作的实践指导工具，为制度的建立与机制的实际运转提供有益参考。

6.1 高端海归人才引进后成效 评价机制的构建目标

高端海归人才引进后成效评价机制构建的基础：一是需要明确评价对象的特点，剖析成效的内涵和内容；二是基于方法论的选择及探索，设计成效评价指标体系，创新成效评价方法等。除此之外，在具体展开评价机制构建之前，需明确高端海归人才引进后成效评价机制构建的目标。

6.1.1 高端海归人才引进后成效评价机制构建的价值取向

高端海归人才引进后成效评价机制设计的价值取向与评价机制构建目标之间存在密切的关系。评价机制设计的价值取向是评价机制构建目标设定时所考虑的核心价值，而评价机制构建目标则是实现这些价值取向而设定的具体行动目的。评价机制的构建目标应当反映这些价值取向，确保评价机制在实现这些价值方面的一致性。所谓价值取向就是一种价值判断和价值选择。其往往兼具自发性和目的性，是在社会实践的活动中实践主体基于对实践客体的认知，按照其认定的标准或者自我利益偏好而进行的行为选择。基于此，高端海归人才引进后成效评价机制构建的价值选择就是机制构建的主体根据相关利益主体所认同的质量标准、技术标准等要素，对高端海归引进后的成效评价机制构建进行价值及行为的选择，这种选择为其评价机制的设计与评价机制的运行提供基础性指导。

然而在对高端海归人才引进后成效评价机制构建进行价值判断和行为选择的过程中，人类理性会起到决定性作用。一般而言，理性可根据对目的还是手段的偏重，即是关注"应该如何做"还是"怎样达到目标"，分为工具理性和价值理性。若侧重价值理性，高端海归人才引进后成效评价机制的构建需要更多地关注该评价机制构建目的的合理性，以高端海归人才引进后成效评价的终极追求为根本，而不考虑方式、方法及手段与效益的关系，更多的是关注高端海归人才引进后成效评价机制的构建是否有利于社会经济的发展、高端人才引进和使用的可持续；若是考虑工具理性的取向，则需要考虑其评价过程及结果的利益实现和效率追求，而弱化该评价机制建立的目的正当性和合理性。其更加强调目的的实现，以及为了达到预设的目的而采取最有效的手段。

但是在构建高端海归人才引进后成效评价机制中不能够完全割裂地看待价值理性与工具理性，需兼顾两者各自的优势，辩证地看待它们之间的联系。首先，价值理性的实现需要工具理性提供工具支持。高端海归人才引进后成效评价机制的目的实现，必然需借助一定的途径和方法，选择和使用恰当的技术和手段。这个选择工具的过程中必然会以效率为标准产生比较和判断，从而促进高端海归人才引进后成效评价的目标可实现，使这项评价实践活动可行有效。否则脱离工具理性的经济性、效率性以及技术上的可行性，高端海归人才引进后成效评价机制设计及运行的目标只能是空谈。其次，价值理性根据伦理道德、社会规范、政策体质及传统习惯等确定的目标追求可以为工具理性的发展提供方向和规范指导，使工具理性的发展能够朝着不断促进高端海归人才引进后成效不断提升的方向发展，以弥补工具理性对目的合理性关注的缺乏，避免其因为过度追求方法和效率，而代偿到整体利益和长远影响。

因此，对于高端海归人才引进后成效评价机制总体架构，其价值取向应对价值理性和工具理性进行协调与融合。一是以价值理性为出发点，明确高端海归人才引进后成效评价机制设计的目标，紧紧把握其所期望实现的终极目的。同时从价值理性的功能出发，注重对高端海归人才群体、引进单位、社会发展的意义与追求引进后成效价值的不断反思，要始终坚持和保证高端海归人才引进后成效评价这项实践活动本身是按照成效发挥朝着应然合理的方向发展。因此，高端海归人才引进后成效评价机制的设计应以价值理性为引领，在价值理性构建的框架下引入工具理性。避免在单纯的工具理性驱使下进行评价机制构建，可能会产生的因为追求效率而牺牲伦理坚守的问题，以及成效评价制度的异化。二是在价值理性所构建框架的基础上，突出对高端海归人才以及引进后成效的分类划分，进一步确定以工具价值为导向的评价机制和以价值理性为导向的评价机制。若比较某评价机制以工具理性为导向和以价值工具为导向所产生的效果基本一致，此时无须发挥价值理性的规范化作用，应选择以工具价值为导向，以目标的实现的效率性和经济性为重点；若两种导向产生的效果差异较大时，则以价值工具为首选导向，工具理性则为价值理性服务。

在具体评价机制的设计时其价值取向也需要时刻贯穿价值理性和工具理性的辩证关系。一方面，针对高端海归人才引进后成效的评价，既要关注他们的个体绩效以及对于组织效益、国家发展和社会进步的贡献（价值理性），也要考虑开展成效评价实践工作的工具、方法和效率（工具理性）；另一方面，评价机制的设置应该充分尊重和反映高端海归人才的专业能力、知识背景及绩效贡献，同时也需关注其价值观念、道德准则和社会责任。以价值理性为指导，考量高端海归人才引进对国家发展和社会进步的价值贡献，同时通过工具理性所强调的方法和手段客观评价其实际产出及效应等。

6.1.2 高端海归人才引进后成效评价机制构建的总目标

党的十八大以来，面对世界百年未有之大变局，为实现中华民族伟大复兴，以习近平同志为核心的党中央高瞻远瞩谋划人才事业布局，多次强调要全面深入推进人才强国战略，广开进贤之路、广聚天下英才，实行更加开放、更加灵活、更加有效的人才政策，不唯地域引进人才，不拘一格用好人才，形成人才国际竞争的比较优势。党的二十大报告指出，"人才是第一资源""深入实施人才强国战略"，这都为我国新时代的人才工作提供了根本遵循。高端海归人才是多元文化的载体，更具备国际视野，拥有前沿技术知识及技能方法，是我国深入融入全球化发展、提高国际竞争力的宝贵人才资源。高端海归人才引进后的成效评价机制构建的总目标是基于高端海归人才引进后成效评价价值选择的理性判断，探索性建立具有战略前瞻性、实践操作性的一套规则设计。这一总目标是围绕我国国家发展战略和人才强国战略服务，以充分发挥和发展高端海归人才能力为核心努力方向，通过科学客观地评估多层次多维度的绩效、效益及效应衡量高端海归人才引进的成效和价值。从而进一步完善高端海归人才管理工作与制度体系，深入推进高端海归人才引进、使用、激励各项工作的良性发展，聚天下英才，以推动国家的创新能力、科技实力和经济发展水平的不断提升，最终为实现中华民族伟大复兴奠定人才资源基础。

高端海归人才引进后成效评价机制构建的总目标包含了其在价值和实践两个维度的目标追求：一是在价值维度上，基于高端海归人才特点与引进成效分析，构建以"核心突破、边界拓展、溢出增效、国际提升"为重点的评价方面，坚持高端海归人才引进后成效评价机制的构建服务于我国战略发展的需要，促进人才机制体制的进一步改革，为我国人才强国战略的实施增添助力，也为积极引进及高效利用高端海归人才资源提供依据和借鉴；二是实践维度。近年来，我国中央及地方政府纷纷出台一系列政策以吸引海外人才来华贡献与发展。以丰厚的财政补贴，研究基金、生活补贴以及其他形式的协助和支持吸引更多的高端海归人才。同时，新时代我国人才评价制度正在不断突破与改革，以促进和引领人才工作的开展。但纵观人才政策制度体系中尚缺乏高端海归人才针对性的成效评价机制。高端海归人才"重引进，轻使用；重数量，轻实效"的问题还亟待进一步解决。因此，满足高端海归人才实践的现实需求和制度建设也是高端海归人才引进后成效评价机制构建的目标。

6.1.3 高端海归人才引进后成效评价机制构建的具体目标

为了推进并实现高端海归人才引进后成效评价总目标，还需要进一步明确和支持一系列具体目标。

6.1.3.1 科学评估高端海归人才引进后多维多层次成效

高端海归人才引进领域广泛，不仅在创新、科研、产业升级等方面具有重要作用，并且由于行业及岗位属性的不同，其成效表现也具有明显差异。因此，在评价机制构建上：一是可以实现分别基于个体绩效、组织效益、社会贡献三个层次的单层次成效评价及综合成效评价；二是全方位考量不同类型高端海归人才引进成效的共性与特性，建立多维度、有侧重的评价指标体系。帮助客观掌握高端海归人才引进的现实效果，评估其在个体与组织发展、国家或地区发展中的实际价值。同时帮助公众和社会更全面地认识高端海归人才的贡献和努力。透明、客观的评价结果有助于树立公众对海归人才的认可和支持，同时也能够消除不必要的期望和误解，营造更加识才、用才、爱才的社会环境。

6.1.3.2 促进高端海归人才资源的有效利用

高端海归人才引进是许多国家和地区的重要战略，引进后成效评价机制的构建具体目标之一就是通过设计具体化的评价思路和程序，评估高端海归人才引进政策的实施效果，以及对高端海归人才引进的有效性进行客观反馈。通过明确不同主体、不同类别高端海归人才的评价重点，结合相应的评价目的、设立适宜的评价指标体系及评价程序，为高端海归人才评价实践需求提供有益参考，完善海归人才制度体系建设，从而促进高端海归人才资源的高效开发和利用。

6.1.3.3　激发高端海归人才活力

合理的评价机制的构建可以促进人才竞争和激励机制的形成。高端海归人才引进后成效评价机制的构建是为实现人才引进成效的评价功能，充分提升高端海归人才引进后成效的各要素及联合发挥作用的运行系统[178]。其中重要目标之一还在于，在评价过程中凸显各类高端海归人才特点，激发其内在活力，激发高端海归人才的创新潜力和工作动力，提高其个体表现，及其对于组织及社会的贡献。要将高端海归人才引进后成效评价、高端海归人才发展、社会经济发展三者进行有机结合，充分发挥高端海归人才引进后成效评价的"指挥棒"作用。

6.2　高端海归人才引进后成效评价机制的要素分析

一般而言，机制是指在特定领域或特定系统中，为了实现一定目标或达到一定效果而建立的一套规则、程序或运作方式。它是一种可重复应用的组织性安排，用于确保特定的行为、活动按照既定的规则和程序进行。因此，对于高端海归人才引进后成效评价机制的研究与构建属于社会科学领域范畴，其主要是指能够保障相关高端海归人才制度和体制正常运作与发挥应有功能的配套制度体系，相关要素及要素之间因相互作用而产生的运行规则。因此，结合实践中的现实需求，我们将先从"谁来评、评什么、怎么评"等要素对高端海归人才引进后成效评价机制构建进行基本分析。

6.2.1　谁来评

本质上看，评价机制也是不同利益群体之间的资源审视与资源交换的依据和手段。就高端海归人才引进后成效评价机制来看，其中包括政府、引进单位及组织、高端海归人才群体之间的交换，以及高端海归人才个体与政府、高端海归人才与社会之间的资源交换。通过评价与激励等手段，将高端海归人才具有的先进技术、研究成果、国际视野以及国际资源与政府、社会所拥有的物质性和非物质性资源进行交换[179]。相应地，参与及推动高端海归人才引进后成效评价机制运行的主体就包括高端海归人才主体、引进单位与组织以及行政主体和社会主体（见图 6 - 1），四者各自秉持不同的立场与逻辑诉求，代表了高端海归人才引进后成效评价机制构建中的不同方向和利益主体。

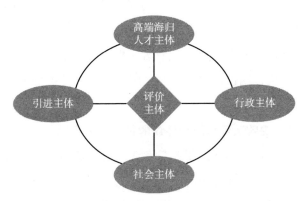

图 6 - 1　高端海归人才引进后成效评价机制运行的主体

6.2.1.1　高端海归人才主体

6.2.1.1.1　职业身份与专业领域的差异化考察

由于高端海归人才职业的分化和专业化，使高端海归人才个体往往双重身份在身：一是职业身份，即就职于高校、科研单位、企业、政府、社会组织等不同的组织机构而获得的岗位职业；二是专业领域，按照从事专业及学科划分的不同技能领域。

并且在不同类型的高端海归人才群体中，职业范围和岗位特性的界限非常明显，不同专业领域的高端海归人才群体之间特征差异明显，分散为相对独立的子群体。对于高端海归人才而言，在不同的职业岗位及专业领域间，产出模式、职业发展以及认可机制各不相同。因此高端海归人才的子类之间存在的差异会极大地影响高端海归人才引进后的成效评价，特别是基于社会属性和职业特长所能带来的直接产出和间接效应。正如高校及科研院所中引进的高端海归人才，其更为集中的成效表现在于科学研究、人才培养、学科建设、学术影响、国际交流等方面的贡献和产出；而引进于企业或从事创业事业的高端海归人才多是追求技术突破与应用、技术转移与推广，其引进后的直接成效往往可以用经济价值衡量。这就表明，用完全明确以及完全客观的指标评价高端海归人才这样复杂、多元的职业、专业及岗位必然存在局限性。因此，对于高端海归人才引进后成效评价，最理想的策略是针对性强的个案分析法，而不是采用机械的统一的规则进行。但基于工具理性的现实考量，个案分析法也并不适用。因此，高端海归引进后成效评价机制设计中可考虑采用专业共同体或职业同行熟悉的评价体系进行。

6.2.1.1.2　成效认可与同行评议的秩序性设定

高端海归人才按照不同的职业、专业等可形成不同的子群体。相较整体而言，子群体具有更加鲜明的属性及特点。因此高端海归人才引进后成效评价须由具有相似背景、相关专业、相似职业的高端海归人才子群体给予一致的认可。且涉及同行评议方法在高端海归人才引进后成效评价中的角色与运用的判定。

目前，同行评议常用于关于学术研究的评价，其可行的依据是"只有在某领域具有一定能力水平的专家才能对该领域的相关工作提供可靠评价"。因此在目前的评价实践中，同行评议常作为某类群体自主性评价的重要方式。例如，在同行评议应用广泛的学术评价体系中，将研究成果提交给相关领域的专家和同行学者进行评审，主要对研究成果的质量、方法、结果和贡献进行评估，并给出一定的评判与结论。同行评议的结果也可以代表学术个体及其成果被认可的程度。虽然同行评议制度也颇具争议，但其目前仍然是获得该群体认可的、可实现的、最适当的评价方式。因此，同行评议的原则和方法仍可以探索应用于其他评价领域。针对高端海归人才引进后成效的评价，也可以借鉴同行评议的原则，例如，邀请不同类别的高端海归人才个体，以及研究与实践领域的专家或同行进行评估或提供意见，以增加评价的客观性和有效性。不同类别高端海归人才子类的同行或专家能够理解并准确评估高端海归人才在特定领域和职业中所作出的贡献，并能根据自己的经验和专业知识，对引进的高端海归人才的成效评价过程提供专业的、基于经验的判断和评价。然而，同行评议方法在高端海归人才引进后成效评价的应用也需要考虑一些限制和挑战。诸如，确保评审专家的多样性和代表性，避免偏好效应和圈子效应，以及确保评估过程的公正性和保密性等都是需要关注的因素。

6.2.1.1.3　人才特性与评价目的的本源性贯穿

新时期"海归潮"方兴未艾，不同领域的高端海归群体可能崛起于高校科研院所，也可能成为创新创业大众的特种力量，其贡献成效的体现与科学研究、教学育人、社会服务等多元的形式联结，但本质离不开其人才特性的发挥与实现国家与社会需求的价值取向。

将高端海归人才本身作为其引进后成效评价及机制构建的主体，意味着需要将评价的焦点回归于海归人才个体能力的发挥和发展上。高端海归人才具备特殊的背景和优势，其专业知识与技能、创新能力与国际视野等对于国家、企业和产业的发展具有重要影响。因此，在评价机制的设计中高端海归人才本身必然成为主要参与者和重要评价者，可以全面剖析其归国后的发展与工作成效。另外，高端海归人才引进后成效评价机制的设计及目标应当与高端海归人才的特性保持动态一致。例如，高端海归人才通常具有国际化的视野、创新能力和跨文化沟通能力以及国际资源获取能力。因此，评价应当重点考察这些特性在归国后工作中的发挥和发展。评价目的和评价指标应当与高端海归人才的特点和期望发展路径相契合，以便更准确地评估其成效，并发挥正确导向作用。同时，充分考虑高端海归人才背景、领域专长和职业目标存在的客观差异，充分尊重群体的差异性和个性化的发展需求，避免过度一致化或"一刀切"的评价标准，努力兼顾统一性和个性化。

6.2.1.2　以政府为代表的行政主体

作为行政力量，各级政府在高端海归人才引进中扮演着重要的角色和发挥着多重作用。近年来，中国政府出台了一系列海外人才政策，通过高端引领、金融支持、行政改革、平台建设和环境优化等措施为高端海归人才的引进提供了政策支持和保障，大力推动了高端海归归国发展和贡献。因此作为高端海归人才引进活动的推动者和管理者，政府需掌握其行政活动的结果和影响，其必然是高端海归人才引进后成效评价的主要关切方，在这一评价机制的设置过程中占据一定的主导地位，是重要的参与者和评价方。

6.2.1.2.1　以体制建立引领人才管理

客观上看，政府对社会发展负有首要的责任与义务。在特定情况下，为了实现公共利益、调整市场失灵或满足特定政策，政府可通过行政手段和措施对社会、经济和个体行为进行干预和管理。政府具有通过利用高端海归人才引进促进其自身价值的实现和服务社会发展的目的。此外，政府会通过体制设计以及采用行政管理手段，促使人才个体或组织能与行政意愿保持一致，甚至促进其目标实现。因此，政府参与是高端海归人才引进成效评价的必然，其在评价过程中需扮演监督和指导的角色，但也需要明确行政手段方式的恰当性和适度原则，以体制机制的设计引领高端人才工作。

另外，政府作为高端海归引进工作的推动方及国家利益方，还需直接参与高端海归人才引进后成效的评价并提供评价意见，从而确保高端海归人才的引进和发展与国家发展战略和需求相一致。通过参与评价，政府可以了解和评估高端海归人才在归国后的贡献和成效，并进一步通过建立、调整和优化相应的制度和机制，包括建立高端海归人才引进政策的优化，以及引进后成效评价和考核体系的建设，高端海归人才激励政策的配套与落实、提供高端海归人才培养和发展的支持等。通过建立这些体制和机制，政府可以对高端海归人才的发展路径、职业规划、贡献和产出等方面进行引导和管理，以促进高端海归人才的引进和归国发展与贡献，更好地服务于国家的发展需求。

6.2.1.2.2 以政策工具引导评价活动

政策工具是政府用于实施特定政策、达到预定政策目标以及为解决公共问题而采用的手段和方法，一般包括法律和法规、经济手段、行政措施和教育宣传等。对于高端海归人才引进后成效的评价，需要政府立足于现有的人才制度基础，有针对性地运用多种政策工具引导高端海归人才引进后的评价工作与机制的建立。

一方面政府可以通过顶层设计，完善海归人才管理工作的相关法律、法规等法律性文件，对高端海归人才的引进、流转、使用、激励等特定活动进行规范和管理，以确保社会秩序和公共利益的实现。同时采取各种行政措施作为政策工具，如许可证制度、执法行动、监管措施等，对高端人才引进后成效评价活动或参与主体进行管理和监督。另一方面也可以更多地采用自愿型、激励型、符号和规劝型政策工具，如采用经济手段影响高端海归人才引进和成效评价，以及调整其中的资源配置。这包括高端海归人才的税收政策、提供财政补贴和奖励等，以达到调控和引导高端海归人才引进后成效的发挥，从而促进经济发展或改善社会福利的目的。此外还要重视教育和宣传类政策工具的作用，向公众传递政策信息、引导行为和改善态度，包括开展宣传活动、教育培训、媒体宣传等，以增强对高端海归人才引进后成效评价的社会意识、提高公众参与和获得相应政策的民众支持。政府作为高端海归人才引进后成效评价参与主体和行政力量的代表可根据评价活动的具体情况和目标需要，选择并组合使用不同的政策工具，以实现高端海归人才引进目标，达到社会效益的最大化。

6.2.1.2.3　政府与市场力量的发挥及互补

首先不能否认的是国际人才流动在一定程度上遵循市场价值流动的规律。因此市场机制能够在高端海归人才引进后成效的评价活动中发挥作用，评价结果与市场价值往往会自然关联。高端海归人才引进后成效评价结果的市场认可和市场价值的体现可以直接影响高端海归人才选拔、聘用，也可以进一步激励人才提高自身能力和贡献。另外，市场机制可以促使评价活动的规范化和提升。引入市场力量参与高端海归人才引进后成效评价活动可以推动评价机构提供更专业、可靠和科学的评价服务，不断提高评价方法和技术的水平。并且市场需求的反馈和竞争的压力可以促进评价活动的不断改进和创新，提高评价结果的质量和准确性。可见，市场机制在高端海归人才引进后成效评价中的作用是通过提供选择和竞争、增加客观性和公正性、价值认可和市场价值体现，以及推动评价的规范化和提升，促进评价活动的优化和发展，提高评价结果的准确性和可信度实现的。

虽然每一套机制都应有其自身内部逻辑来维持运行，但是若处理不好其内部力量与外部环境间的关系，其往往不能有效利用自身动力进行运转。因此，外部力量也是开展高端海归人才引进后成效评价活动的重要推动力量。但更需注意的是市场力量与行政力量在高端海归人才引进后成效评价中的互补与平衡。政府必须将行政力量干预高端海归人才引进后成效评价控制在合理的范围内，正确把握外在干预与内在机制发力之间的关系，遵循其自身发展规律和价值实现的过程。

6.2.1.3　以第三方评价机构为代表的社会主体

高端人才的国际流动带来了知识与技术的转移和扩散，但政府、社会、产业等都在这一活动及过程中发挥不同的作用。在这样的背景下，将不同利益主体综合在具有统一价值导向的评价框架下，谋求跨学科、跨专业、国际化、多元主体间的共同发展。因此，高端海归人才引进后成效评价也应顺应国际人才知识生产的模式及逻辑，更加关注社会价值导向和开放多元式评价。

6.2.1.3.1　公众参与的不可或缺性

现代知识生产模式及评价动力机制的转型客观上要求对于高端海归人才引进后的成效评价应探索构建满足更具开放性和多元化需求的评价机制。因此如何将社会力量纳入该评价机制中，落实高端海归人才引进后成效的外部影响评价问题十分必要。

社会公众作为高端海归人才引进后成效评价的主体参与，一方面，肯定了公众所具有的权利及其在成效评价中的价值。另外，高端海归人才引进后成效的多重表现和动态发展引发了社会公众对社会资源分配合理性的关注，特别是高端海归人才引进工作的持续开展及其引进后人才产出对社会公众的影响促使社会公众积极获取知情权和评价权。另一方面，公众参与也可以促使高端海归人才引进后的成效评价获得更广泛的认可。将高端海归人才引进后成效与公共利益紧密连接作为评价机制设计的重要取向，也能够促进高端海归人才引进后成效评价不仅关注直接效益和显性影响，也同时强调了其溢出效应和潜在效果，以及对创造社会价值，服务公共利益的积极作用。此外，高端海归引进后成效具有社会弥散性、责任性与反思性，因此公众参与则是对社会问责回应需求的最好满足。

6.2.1.3.2　第三方评价方式的适用性

从历史发展演变来看，评价技术的不断发展和评价要求的不断提升，使第三方评价兴起和应用成为必然。目前第三方评价广泛应用于多个领域，如学术评价、企业绩效评价、环境评估、信用评级等，其作用是提供独立客观的评价，为相关领域的决策和改进提供依据。可见第三方评价独具的独立性、专业性、客观性是其能够被普遍认可的主要优势。

基于高端海归人才引进后成效评价参与者的问题而言，首先相较于政府或组织内部，第三方评价机构具有更高的独立性和客观性。第三方评价机构通常独立于被评价对象和利益相关方，能够更加客观地对高端海归人才引进后成效进行评价。这样的评价结果更具公信力和权威性，不易受到内部利益冲突和偏见的影响。其次，第三方评价机构的参与可以提高评价结果的可信度。第三方机构通常具备相关领域的专业知识和评价经验，能够采用科学的评价方法和技术，确保评价结果的准确性和可靠性。这样的评价结果更具有说服力，能够为高端海归人才引进后成效的客观评价及相关决策提供有力的参考。最后，第三方评价机构的引入可以促进公平竞争和选择机制。通过市场竞争的方式，不同的评价机构可以提供不同类型和层次的评价服务。高端海归人才引进后成效的评价可以根据评价需求和目的选择适合的评价方式和机构。这样的选择机制增加了评价的灵活性和多样性，有利于提高评价活动的质量和效果。

6.2.1.3.3　社会主体参与的必要性

高端海归人才引进后的成效评价需要多元参与者，包括第三方评价机构、高端海归人才主体和组织，以及行政主体。它们之间应该建立关系平等、权责清晰、互相监督的合作关系。第三方评价机构具备专业性和权威性，是保障科学有效评价的基础，而独立性则是保证客观公正评价的关键，不同评价主体之间相互支持和促进。

第三方评价已经成为各种评价制度中的重要组成部分，并且能够确保评价结果客观公正，为利益相关者和政府决策提供参考。从宏观角度来看，第三方评价推动了评价机制从传统形态向开放多元的现代形态转变，各利益相关者的诉求表达和民主参与渠道更加畅通。公众参与以第三方为代表的评价过程，是实现规范性和可持续发展的必然选择。这样做是在社会利益差异日益明显的背景下，践行社会公平逻辑的方式之一。高端海归人才引进后的成效评价主体直接影响评价机制的公平、公正和合法认可。政府目前积极出台政策，推动第三方评价在各领域的发展，如中共中央办公厅、国务院办公厅印发的《关于深化项目评审、人才评价、机构评估改革的意见》明确指出，要在各类学术评价中充分发挥第三方评价机构作用。这些政策及制度的设立也为高端海归人才引进后成效评价机制的设计提供了思路和方向。可见，在高端海归人才引进后成效评价主体中引导公众参与，引入第三方评价是现代评价机制发展的必然要求。

6.2.1.4　以引进单位为代表的直接利益方

高端海归人才的引进单位能够直接受益于他们的专业能力、创新能力和国际视野等，从而提升自身的研发水平、竞争能力和发展潜力。因此，各种类型的引进单位及组织与高端海归人才之间的利益关系更加具体和直接，对高端海归人才引进后成效表现及评价的需求更为强烈，因此以引进单位为代表的直接利益方对于高端海归人才引进后成效评价活动的参与和结果反馈具有更高的关注度和直接动力。

6.2.1.4.1　组织效益的内在驱动

高校科研院所、企业和政府机构等作为高端海归人才引进的单位和利益方，参与高端海归人才引进后成效评价的动力本质在于其组织利益的内在驱动，即充分发挥高端海归人才资本及满足组织发展和利益最大化的需求。

高校科研院所作为知识资本产出的主要场所，其引进高端海归人才可以提升科研产出水平、带动人才培养、推进国际化程度等。通过评价高端海归人才引进后的成效，高校科研院所可以了解其引进后的直接贡献和间接影响，确定是否实现了预期引才的期待和目标。从而在科学评价的基础上调整人才引进政策与管理办法、完善科研管理体系、促进人才培养和团队及平台建设等，以实现人才引进单位人才培养功能的不断提升，研究水平的国际接轨和学术声誉的持续扩大；企业引进高端海归人才可以获得创新能力、市场拓展和竞争优势等。评价高端海归人才引进后的成效可以帮助企业了解高端海归人才的实际工作表现和贡献，确定他们在创新研发、产品改进或市场拓展等方面的价值。通过评价结果，企业可以制订人才培养和激励计划，优化组织结构和流程，以提高整体竞争力和促进业务发展。评价结果为组织提供了重要的决策依据，帮助组织调整和优化人才引进策略、人才培养计划和激励机制，以更好地满足组织发展和业务需求。

6.2.1.4.2　组织属性的差异化需求

在进行高端海归人才引进后成效评价时，需要综合考虑不同组织类型的特点和利益动机，制定相应的评价标准和指标，以确保评价的客观性和适用性，同时满足各组织的需求和利益。并且，不同组织类型的性质和运营模式也会影响其对高端海归人才引进后成效评价的需求和动力。例如，私营企业可能更加注重商业价值和市场竞争力，而公共机构可能更关注公共服务和社会影响。

基于理论框架的研究，高端海归人才的三种类型在其引进后成效评价的重点和内容也有显著差别。高校及科研院所的重要社会功能和主要产出是教学和科研。引进高端海归人才对于高校科研院所来说，可以提升科研水平、加强学术交流、推动科技创新和培养高层次人才。因此，高校及科研院所在高端海归人才引进后的成效评价中，会注重科研贡献、学术成果和人才培养等方面；企业引进高端海归人才的目的通常是提升技术水平、创新能力和市场竞争力。他们关注的评价指标可能包括创新成果、市场拓展、商业价值和团队协作等方面。政府及社会组织引进高端海归人才的目的是促进国家公共管理与服务领域的发展、促进社会进步。因此其在对于高端海归人才引进后的成效评价中更关注的是人才对国家战略目标的贡献、对政策制定的参与度、社会影响等方面。

因此，要实现高端海归人才引进后成效评价的内在统一与差异化需求，需要在评价机制的设计中重点把握以下四个方面：一是共性评价指标的指引：依据职业岗位及组织属性确定不同类别高端海归人才共性的评价指标，适用于各种类型的组织评价。通过共性评价指标的使用，可以确保评价的基本公正和可比性，为不同组织提供一个统一的评价基准。二是定制化评价指标的适配：除了共性指标外，针对不同组织类型的特点和目标，制定定制化的评价指标。这些指标可以根据组织的性质、行业特点和发展需求进行调整和补充。例如，对高校科研院所可能加重考虑科研成果和学术贡献，对企业可能更注重商业价值和市场拓展，对政府机构可能更关注对社会服务的贡献。三是合理加权综合评价：采用加权综合评价的方法，根据不同组织类型的需求和权重分配，综合考虑各项评价指标。这样可以平衡共性和定制化指标的权重，综合评价高端海归人才引进后的综合成效。不同组织可以根据自身特点和优先领域，设定不同的权重，使评价结果更符合各自的需求。四是重视多维度评价：除了指标的统一与差异化外，还可以考虑多维度的评价方法。通过从不同角度、不同维度对高端海归人才引进后成效进行评价，可以全面了解他们的贡献及影响。这样可以综合考虑各种不同的评价要素，平衡各个方面的重要性，更好地满足不同组织的需求和期望。综合考虑以上四个方面，可以在评价机制设计中既实现不同组织间的统一性，又考虑到其差异化需求。通过共性指标的应用和定制化指标的制定，加权综合评价和多维度评价的运用，可以更好地平衡统一性和差异化，使高端海归人才引进后成效的评价既有公正性又具有针对性。

6.2.1.5　高端海归人才引进后成效评价机制中的多主体关系

总体而言，一方面高端海归人才个体、引进单位、社会公众及政府既是高端海归人才引进成效的直接利益方或利益关联者，又有着参与评价活动的内在驱动力；另一方面就不同主体的社会功能而言，个体、组织、政府与社会对高端海归人才引进后成效评价的参与应遵循不同的层次和逻辑，"应保持较为松散的结构和最低限度的干涉"。

现实中，高端海归人才个体、各类引进单位政府和社会公众之间的关系密切相互交织。因此，在评价高端海归人才引进后的成效时，我们需要考虑到高端海归人才资本特性和服务管理模式，同时也需要考虑引进战略的目标与评价活动的有效实现。因此，包含个体、组织、政府和社会公众的多主体评价机制的构建是实现全面性评价的最佳选择。

6.2.2　评什么

对评价主体的分析阐释的是"谁来评"的问题，而对评价客体阐释则关注的是"评什么"。评价客体是在评价目标的指引下，联通评价主体和评价对象的角色。合理的评价客体能够积极引导成效评价参与者的评价行动。长期来看，也会促进人们对高端海归人才引进后成效评价机制的认同和支持。从系统论的视角出发，高端海归人才引进后成效的多样性、复杂性特征决定了其评价机制需是一个既完整又庞杂的系统，并随着专业领域的分化、细化和动态变化而更趋复杂。同时结合现有评价实践经验，高端海归人才引进后成效评价机制的客体通常应主要包括评价标准、评价内容和评价方式三个方面。这三个方面各自有清晰的定义和角色定位，具有一定的独立性。同时也存在互动关系和互相影响。

6.2.2.1 评价标准：评价实施的基本依据

随着社会需求变化和人力资本产出的多元化，关于人才绩效等评价标准的内涵也日趋丰富。但是不难发现，无论是对科技人才还是科研人才等的评价已由原本仅对其科学研究成果及理论价值的关注扩展到对其实践应用和社会价值的关注。但就评价标准的本质而言，高端海归人才引进后成效评价标准具有以下两方面的内在特性。

一方面，评价标准既有人为可建构性，又需要保持相对的连贯性。评价标准应该是高端海归人才引进后成效评价的利益相关者之间在相互作用和博弈的过程中发生的能动性建构，既反映了评价机制的价值取向，也要符合评价的目标要求和程序设置。例如我国现行诸多的人才评价标准多强调国家需求、国家战略与人才贡献的结合，这样的评价标准不仅由国家和社会相关机构或群体对各类人才的期待所决定，也受不同类别人才的产出水平和发展情况的影响。其体现了强烈的可建构性，往往也是历史传承自选择的一种结果。这种传承体现了相关评价主体对各类人才评价的各种长期共识和理性选择，也具有制度路径选择的惯性影响[179]。

另一方面，高端海归人才引进后成效评价标准会受到国家政策的直接影响，因而其形成需考虑当前的社会情境和社会行动，特别是政策指导与评价实践之间的互动与作用。国家相关的人才评价政策、海外人才引进政策、奖励和管理政策等政策体系在直接影响高端海归人才引进后成效评价机制的构建的同时，也直接影响关于高端海归人才实践工作的重点和部署。因此，现有政策体系中的对于不同评价对象的评价标准均会直接影响高端海归人才引进后成效评价机制的构建；反之，对高端海归人才引进后成效评价标准的探索也会对评价标准及机制的变革起到推动作用。

6.2.2.2　评价内容：评价过程的具体判别

对评价内容的明确旨在解决如何设置更具科学性和针对性的评价指标的问题，进而使高端海归人才引进后成效评价机制能契合不同类别的高端海归人才的工作属性和职业特点。高端海归人才引进后成效是一个多层多维的复杂系统结构，而成效评价内容则取决于对高端海归人才引进后成效形成及表现的系统分析，这就决定了其评价内容的复杂性。基于扎根理论的分析结果来看，对高端海归人才引进后成效评价内容主要包括核心突破、边界拓展、溢出增效和国际提升四大方面的评价。并且针对我国目前人才类别的庞杂性、评价活动的复杂性和多元性的现实要求，国家相关部门出台了多项政策强调人才的分类评价，从而也推进了各类人才评价及其内容分类分层评价模式。

2018 年，由中共中央办公厅和国务院办公厅印发的《关于分类推进人才评价机制改革的指导意见》中强调"以职业属性和岗位要求为基础，健全科学的人才分类评价体系。根据不同职业、不同岗位、不同层次人才特点和职责，坚持共通性与特殊性、水平业绩与发展潜力、定性与定量评价相结合，分类建立健全涵盖品德、知识、能力、业绩和贡献等要素，科学合理、各有侧重的人才评价标准"。这对人才分类评价的理论与实践探索起到了巨大的推动作用。这一指导意见是高端海归人才引进后成效评价机制分类探索的重要依据和有益借鉴。然而，不同于针对人才个体的评价，高端海归人才引进后成效的构成及表现更显复杂。需要在相关政策的基础上，深刻剖析高端海归人才科学可行的分类标准与成效类别特征，并将评价内容在实践运行中进一步细化优化。

6.2.2.3 评价方式：评价价值的现实体现

评价方式是评价机制的现实表征。高端海归人才引进后成效评价机制设计中的重要环节就是对评价方式的合理设置与使用。一般来讲，所谓评价方式就是要明确以何种方法、技术和手段实现评价目标。具体包括评价方式的使用情景、适用对象和使用过程等，多要素的匹配应用以保障评价活动的科学有效性。由于当前高端海归人才背景的多元性、引进方式的多样性、人才产出的复杂性，采用怎样的方式方法进行成效的判别与评价不再仅是技术问题，更是一种价值选择与引导。因此，高端海归人才引进后成效评价方式的选择或设计还应考虑以下方面。

高端海归人才评价方式的选择要与社会价值导向紧密结合，要考虑理想最优和现实最佳。定量评价方法具有毋庸置疑的公正性和客观性，已经成为各类评价活动的主要手段。现有各类人才评价活动也都在尽可能地推广使用各种可量化的客观指标评价人才绩效。定量评价方式呈现的这种直观化、易比较的优势满足了评价活动效率与效益方面的要求，但是严重忽略了对于不可量化的、隐性的、潜在的贡献与效应的考量，这将使评价活动陷入功利化的困境。基于此，高端海归人才引进后成效评价方式的选择应考虑高端海归人才的精神追求及引领以及其成效构成中隐性的、潜在的效应与效果。

但是从评价的根本逻辑来看，评价的理想方式是基于群体共识与权威评议对每个人才个体进行专业的判断和评定。但基于评价机制设计的角度，考虑到高端海归人才引进成效的繁冗复杂，对每个高端海归人才引进后成效评价进行同行评议并不是最具经济效益的。除此之外，由于评议结果直接受到同行专家水平、偏好等因素的干扰，也会由于社会网络关系产生意见领袖效应而影响评价的客观性，因此目前同行评议机制在应用中也遇到诸多挑战。因此，在高端海归人才引进后成效评价过程中应多采用定性评价与定量评价结合的评价方式，以保证其信度和效度。

另外，评价方式应匹配不同类别的高端海归人才而灵活选择与使用。

定量评价与定性评价各有其适用领域。基于本书的理论探讨和实践初步探索，我们将高端海归人才分为科学研究型、市场应用型和社会服务型三个大类别。首先，不同类别中高端海归人才引进后成效表现与构成不尽相同，评价侧重与要点也存在明显差异，因此需要差异化应用不同的评价方式开展实践。其次，即使是同类别的高端海归人才，不同的学科特点其成效的表现和衡量也大相径庭。例如，在人文社会科学领域和自然科学领域往往不能采用一致的评价方式评价科学成果或人才。最后，不同学科、专业领域的高端海归人才个体特性存在显著差异化，不能用同一评价方式对不同类型的个体进行评价。因此，对其引进后成效评价方式应以定量评价为优先选择。但是，无法量化或量化成本较高的评价指标还需要依据专家的知识和经验进行主观评价，以保证评价方式的适用性和实践应用的灵活性。

6.2.3　怎么评

一般而言，基本原则是贯穿整个评价机制的建立基础和根本方向，这在很大程度上对评价活动进行了规定和约束。但是除了操作层面的原则性规定，"怎么评"更重要的是基于理论阐释一套规范准则约束高端海归人才引进后成效评价活动。从已有研究来看，"怎么评"强调的多是评价过程中应坚守的原则，学者们基于不同评价活动和研究视角提出了各异的评价原则，如全面性、可操作性、动态性、客观性等。结合高端海归人才引进后成效评价的目的与现状来看，"怎么评"应首要明确客观与公正的基本要求，以及科学与有效的运行基础。

6.2.3.1　评价机制的基本要求：客观与公正

评价机制的构建既要具有评价的工具性，也应具备相应的伦理价值。虽然不同领域的各种机制的建立与运行具有不同的基础与目的，但是作为公共管理的工具手段，客观性与公正性成为各项机制的存在基础，其决定了该机制协调社会资源的公平程度[180]。只有先满足了客观与公正性的要求，才能确保高端海归人才引进后成效评价机制体系中各参与方的责任、权利及利益得到合理的分配，才能启动与维持该制度机制，从而促进高端海归人才进一步引进和充分使用。

高端海归人才引进后成效评价是对高端海归人才引进活动及结果的价值判定，也是对高端海归人才个体归国后各种产出与贡献的评判。成效评价机制直接关系到高端海归人才政策的完善与更新，关系到高端海归人才获得的社会认可以及发展资源，关系到高端海归人才资源的后续开发和利用，因此其面临的首要问题就是评价机制的公正性。只有客观公正的成效评价机制才能为高端海归人才群体、引进单位、政府机构及社会公众所认可和接收，并推动高端海归人才相关工作的有序开展，吸引更多的高端海归人才归国贡献与发展，从而促进引进成效的不断提升。反之，客观性与公正性缺失的评价机制则会异化评价行为，扰乱评价秩序，阻碍高端海归人才引进工作的持续发展。

评价机制的客观性是指评价过程和结果能否不受主观因素的影响，能够客观地反映被评价对象的真实情况或价值。目前在各种领域的评价活动中，评价机制的客观性都是一个重要的考量因素。针对高端海归人才引进后成效的评价，其对象和内容可谓非常复杂，难以用简单的客观标准来衡量。并且不同领域和情境下的客观标准也可能存在多样性，因此很难确保其评价过程中的主观因素干扰。因此，评价机制的客观性需要在设计和执行过程中不断权衡和优化，以确保在可行的范围内最大限度地实现客观性，从而为各方提供可信赖的评价结果。

评价机制的公正性包含实质公正和程序公正两方面，实质公正是对于评价活动的正确价值导向及伦理约束，贯穿高端海归人才评价机制构建的整个系统，用于指导和约束评价过程和程序，但也往往需要程序公正加以体现。程序公正则强调评价过程的公平性，其关注的是评价的流程、方法和程序是否公开、透明、可信，以及是否提供了足够的保障，以防止任何形式的偏见或不当行为。程序公正确保评价过程中的参与者有平等的机会表达自己的意见，可以理解评价指标的设计、标准和流程，并有机会对评价结果提出异议。此外，程序性公正还关注评价人员的独立性和公正性，确保他们没有利益冲突，以及评价过程没有受到不正当干扰。由此可见，评价的公正性是保障高端海归人才引进后成效评价各参与主体的基本权利和利益，是成效评价机制构建的根本要求。

6.2.3.2　评价机制运行的基础条件：科学与有效

评价机制的科学有效性是指对于某一对象、现象或者过程进行评价时，评价过程和结果是否符合科学原则、逻辑合理，能够产生准确、可靠、可重复的结论。高端海归人才引进后成效评价机制的科学有效性旨在强调，尊重高端海归人才成长与贡献的客观规律，能够基于职业岗位、学科专业的特征与规律，采用科学客观、针对有效的评价指标与标准及评价内容与方式，全面综合评价不同类型高端海归人才引进后的多维度多层次成效。科学有效是评价机制设立的根本原则，也是评价活动及机制运行是否可行的判断依据。

一方面，科学有效的评价机制需要依赖可靠的数据来源，高质量的评价信息系统在保障评价机制科学有效性方面扮演着至关重要的角色。它直接影响评价结果的准确性、可信度和实际应用价值。这意味着在成效评价机制的构建中先要保障其评价数据来源可靠、收集方法科学，能够准确地反映高端海归人才引进后的实际情况。要尽量克服信息不对称、主观偏好等因素的干扰，并设置评价信息的透明化、可追溯与意见反馈机制，从而也能提升高端海归人才引进后成效评价机制的公信力。这样，高端海归人才群体和利益相关者更容易相信和接受基于高质量数据的评价结果，最终也可增强高端海归人才引进后成效评价的影响力和可信度。另一方面，高质量的评价信息能够提供深入的洞察和理解，使相关评价者或决策者能够基于客观的数据作出明智的决策。无论是高端海归人才相关政策的制定、人才资源的管理还是个人发展规划，准确的成效评价信息都是制定明智决策的关键因素。

此外，由于高端海归人才工作的不断发展与评价实践的逐渐深入，持续保持评价机制的科学有效性是一项挑战，也是至关重要的。对于高端海归人才引进后成效评价机制的建立并不能一蹴而就，一步到位，必须在应用中发展与调整，以保障其评价的科学有效。一方面，保持评价机制的科学有效性需要与该评价体系中利益相关者保持透明的沟通和合作。这可以帮助获取更多的反馈和见解，从而修正和优化评价机制，确保其持续地满足实际需求。另一方面，需要对高端海归人才评价机制本身进行周期性的评估与改进。定期检查评价目的恰当性、评价内容的合理性、评价标准的正确性、评价过程的规范性，以及评价方法的先进性等是否得到保持。如果发现问题或改进空间，需要及时进行调整和改进，以确保成效评价机制适应性地持续更新和发展。

6.3 高端海归人才引进后成效评价机制的具体构成

高端海归人才引进后成效评价机制的基本要素分析回答了"谁来评、评什么、怎么评"的问题，明晰了参与主体、评价客体与评价要求。但考虑到成效评价机制的规范化与操作性需求，基于高端海归人才引进后成效评价的过程与机制的功能性设置的分析更显必要。因此，按照机制的功能及作用，可将高端海归人才引进后成效评价机制大系统中的各构成要素归集为聚焦于评价活动规则的规约机制、聚焦于评价活动运转的运行机制、聚焦于评价活动支持的保障机制三个机制子系统，这便是高端海归人才引进后成效评价机制体系的三大具体构成。这三个子系统分别包含诸多的构成元素和要件，且具备各自相对完整的体系。

6.3.1 聚焦于评价活动规则的规约机制

聚焦于评价活动规则的规约机制主要是指高端海归人才引进后成效

评价的参与者和各利益相关者对评价活动的主要要求、评判标准、评价方式及过程等方面达成的共同约定和基本规范，以维护整个成效评价机制的系统平衡和利益均衡。换言之，聚焦于评价活动规则的规约机制就是要更具体地解决到底需要怎样的成效评价？谁来参与？怎样参与？评价的过程和方法是什么？拟实现的效果和追求是什么？等高端海归人才引进后成效评价活动的基础性规则问题。可见，该规约机制构建涵盖了评价机制构成的绝大多数基本要素，是高端海归人才引进后成效评价机制体系的基本和关键，其机制功能的核心地位会直接影响其他机制的构建思路。

作为社会科学领域内的机制构建主要是指制度机制的人为建构，一般是机制设计者为实现特定的目标和功能，并在尊重客观规律的基础上对机制系统内部相关要素的运作规则作出规定[38]。因此可以说，构建性是机制设计的首要特性。但从另一个角度来说，作为人才评价及绩效评价领域的融合和拓展，聚焦于高端海归人才引进后成效评价活动的规约性机制还需考虑一定程度上的传承性。需要其在已有的理论研究与相关实践发展的基础上设计科学合理的目标、要求、标准、方法技术等。此外，聚焦于评价活动的机制构建要把握时代的需要与更新，特别关注国家关于人才评价的指导思想、评价政策等政策体系。比如新时代科技人才评价的改革进入了一个新的阶段，"破四唯"成为人才体制机制改革的关键之一。习近平总书记多次强调："要遵循科技创新规律和人才成长规律，以激发科技人才创新活力为目标，按照创新活动类型，构建以创新价值、能力、贡献为导向的科技人才评价体系，引导人尽其才、才尽其用、用有所成。"基于此，各类人才评价制度也在努力探索破与立的问题，如在原有评价制度基础上改革实施代表作制度、个性化评价与发展制度等。因此高端海归人才引进后成效评价活动的机制构建也应考虑人才评价制度的长期共识与时代革新，结合高端海归人才特点及成效内涵进行思考与设计，与其他相关制度机制保持系统性一致和选择性传承。

6.3.2 聚焦于评价活动运转的运行机制

聚焦于评价活动运转的运行机制是基于评价活动的一种实现机制或服务机制，其主要目的是确保基于评价活动的规约（规则、标准、目标等）所规定的内容能够在实际运行中得到有效的落实和实现。它起到了连接规约和实际操作之间的桥梁作用，以确保组织、系统或过程按照既定规范运作。

基于机制设计理论，机制的运行通常需要自身动力和外在力量的双重支持。自身动力是指机制内部产生的推动力量，使其能够自我运转、自我维持和不断改进。外在力量则是指来自机制外部的支持、监督、协调等因素，它们对于机制的有效运行同样具有至关重要的作用。首先，内外部两组力量需协同作用，平衡机制的运行。如果仅有内部力量，机制可能缺乏外部约束和监督，容易陷入偏差；如果仅有外部力量，机制的参与者可能缺乏积极性和自我调节能力。因此，用内部力量激发机制内部的活力和动力，使其能够自我运转、持续改进。而外部力量则提供机制运行所需的监督反馈和优化支持。两者的协同作用使机制能够更好地适应变化，实现目标。此外，内部力量保障了机制内部的稳定性和持续性，使机制不易崩溃或停滞。而外部力量则为机制提供了外部动力补充，避免了内部力量失衡可能带来的问题。因此机制运行的内外部力量相辅相成，缺一不可，它们共同构成了一个系统性的支撑体系，使机制能够有效、稳定地运行，并产生预期的效果。

聚焦于评价活动运转的运行机制通常包括了一系列具体的步骤、流程、资源分配、沟通机制、监测与反馈机制等，以确保规约的内容得以贯彻执行，达到预期的效果。它可以包括：（1）流程设计与规范：确定实施规约的具体流程、步骤和操作方法，以及相关的标准和规范；（2）沟通与协调：建立良好的沟通渠道，确保各相关部门或个体之间的协调与合作，以促进规约目标的实现；（3）监测与评估：设立监测机制，定期

或实时地监测规约实施的进展与效果，确保其达到预期效果；（4）问题
处理与改进：识别和解决实施过程中出现的问题，推动机制的不断改进
与优化。

6.3.3　聚焦于评价活动支持的保障机制

成效评价的保障机制设计侧重于对于高端海归人才引进后成效评价活
动提供资源保障和环境性支持。这种资源保障和环境性支持的机制可以确
保评价活动不会因为资源不足或环境不利而受阻。它能够为评价活动的开
展提供所需的条件和环境，并产生可靠的评价结果。因此，高端海归人才
引进后成效评价的保障机制的设计重点在于确保评价活动所需的各种资源
和环境条件得到充分满足。

高端海归人才引进后成效评价活动的保障机制旨在为了该成效评价活
动的有序开展，该机制顺畅和高效地运行需要关于成效评价活动的组织制
度、服务、人力和财力等方面保障的规则体系和运行方式，它的构成主要
包括资源保障和环境支持两大方面。其中，资源保障是指为评价活动提供
所需的各种资源，包括人力、物力、财力、技术等，主要是提供评价所需
的人员、设备、工具、材料等，以支持评价活动的管理、运行、和维护，
以及提供必要的技术平台和评价工具，以支持数据采集与管理、分析和报
告生成等评价工作中的各环节。环境支持则指的是为成效评价活动创造一
个良好的环境，确保评价能够在合适的条件下进行。其主要包括：相关法
律和政策支持，以确保评价活动遵守法律法规，获得必要的政策支持和认
可；组织支持，以确保组织内部的各级管理层和人员理解和支持评价活动
的重要性，提供必要的合作和协调；信息共享以提供评价所需的信息和数
据，确保评价活动有充分的基础资料可供使用等。一般而言，从保障体系
的构成及结构来看，保障机制的主要内容包括组织保障、制度保障、人力
保障、财力保障。其中，组织保障是基础，制度保障是核心，人力和财力
保障是关键。

6.3.4　高端海归人才引进后成效评价机制的基本架构

6.3.4.1　三大机制间的关系辨析

高端海归人才引进后成效评价机制的全面构建是一个系统工程，是要将各种要素与各种资源有序归集和充分利用于评价活动的全过程，是服务于高端海归人才引进后成效评价总目标的有机统一整体。因此，聚焦于评价活动规则的规约机制、聚焦于评价活动运转的运行机制、聚焦于评价活动持续的保障机制是目标一致、不可分割的有机整体。但同时，这三大机制又呈现出各有角色定位，功能耦合且互补的关系。

处于首要位置的是聚焦于评价活动规则的规约机制。高端海归人才引进后成效评价是各利益相关者对高端海归人才引进结果的一种期待和要求，并通过一定的科学有效的方式方法等对其各层次各维度的成效进行考察和评价。这就决定了高端海归人才评价活动的设计与开展，以及其中评价的指标、方式和程序等基本问题需要高端海归人才、引进单位、政府部门、社会公众进行博弈与平衡，最终达成共识，并形成一定的约束和规定。这便是评价活动展开的逻辑起点，也是规约机制的本质内容，因此规约机制是高端海归人才引进后成效评价大系统中的核心与中枢。聚焦于评价活动运转的运行机制旨在推动整个高端海归人才引进后成效评价机制顺畅、高效、持续运转，它是评价活动实现的工具与桥梁，是不可或缺的重要组成部分，成为整体机制系统中的实现与服务机制。单纯从高端海归人才引进后成效评价功能角色的角度来看，聚焦于评价活动支持的保障机制并不直接参与评价活动，属于外围部分。综上可知，三个机制子系统各有相对独立的功能和角色作用，并处于整体机制结构的不同位置，但彼此之间也不能割裂看待。规约机制是高端海归人才引进后成效评价活动的主要依据，毫无疑问处于核心地位，但是其功能的良好发挥必须运行机制的推动；反之，如果没有规约机制的基本约束，运行机制也会因不清晰的价值导向、不明确的目标和作用对象而失去自身的意义。另外，虽然保障机制不直接参与评价活动，但也会是评价机制的支撑力量，对整个评价系统产生重大影响。从机制的可持续发展来看，保障机制就如同一个庞大的资源配置系统，需要不断地为规约机制及运作机制的作用发挥提供必需的各项资源和补给。

6.3.4.2　评价机制的框架构建

按照评价机制的构成要素来看，高端海归人才引进后成效评价机制包括评价主体（谁来评）、评价客体（评什么）、评价要求（怎么评）；按照评价机制功能和实践操作需求来看，高端海归人才引进后成效评价机制包括：聚焦于评价活动规则的规约机制、聚焦于评价活动运转的运行机制以及聚焦于评价活动支持的保障机制三大具体机制。当在机制构建的价值取向的判断与辨析的基础上，在构建目标的指导下，将构成要素和三大具体机制结合在一起时，便会形成一个紧密相连的逻辑构架，为高端海归人才引进后成效评价机制的设计和实施提供了有力指导。

三大构成要素及其相互作用，在一定程度上指导了规约机制的建立，例如评价主体的多元性以及利益诉求的差异与融合就必然会推动规约机制中如何约定参与评价的规则："评什么"则会指导规约机制中如何处理分类评价的问题。规约机制就是要在构成要素分析的基础上进一步明确评价活动中需要约束和行动思路，为运行机制提供了基础方向与轨迹；反之，运行机制将规约机制中的规定、共识等转化为实际操作，激发内外驱动力量，确保评价活动的顺利进行，同时通过监测和反馈机制将机制运行过程及结果的信息数据予以反映，并实时调整、改进和优化，实现多要素共同参与下的评价功能；最终不可或缺的保障机制为规约和运行机制提供了支持和环境，确保评价活动有所依托和保障。整个逻辑构架确保了构成要素和三大具体机制之间的协调和功能实现，全方位地形成了一个有机的系统，以确保评价机制的全面性和有效性，从而使高端海归人才引进后成效评价机制能够在明确的目标和规则下得到有效实施，并在运行过程中得到保障和支持。这个结构分析为评价机制的下一步充分设计和操作提供了清晰的逻辑指引（见图6-2）。

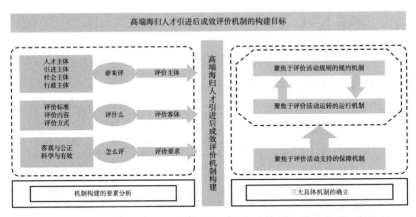

图6-2 高端海归人才引进后成效评价机制构建的基础与逻辑架构

6.4 本章小结

本章在高端海归人才引进后成效评价理论模型构建与分类指标体系设计的基础上，依据系统理论与机制设计理论对高端海归人才引进后成效评价机制的构建进行逻辑分析与构架解析。由于价值取向的根本性指导作用，本章首先基于工具理性与价值理性的辨析，明晰了该成效评价机制的构建是各利益主体对高端海归人才引进活动的价值判断与反馈反思，其必须遵循成效发挥的规律性和合理性，并在此基础上考虑工具理性的效率标准。其次根据价值导向的指引明确了高端海归人才引进后成效评价机制构建的总目标：在价值维度上坚守伦理价值与社会价值的契合，把握高端海归人才资本特性，并科学客观有效地给予其全方位多维度的产出、贡献及效能等评价与反馈，服务于国家发展战略，最终实现"中华民族伟大复兴"；在实践维度上，基于人才评价活动的实践发展，创新探索针对高端海归人才引进后成效的评价体系，促进高端海归人才评价机制与管理体制的不断完善，并在总目标的框架下，进一步确立了以"科学评估高端海归人才引进后多维多层次成效""促进高端海归人才资源的有效利用""完善机制激发高端海归人才活力"三个具体目标。再次本章基于系统理论分析的思路，继续对高端海归人才引进后成效评价机制的构成要素及作用关系予以剖析，从"谁来评""评什么""怎么评"的评价活动实现条件的角度解析了评价主体、评价客体、评价要求三方面构成要素及其作用关系。最后依据机制设计的相关理论，进一步对高端海归人才引进后成效评价机制进行可操作、程序化及功能实现的基本单位的拆解，形成了聚焦于评价活动规则的规约机制、聚焦于评价活动运转的运行机制、聚焦于评价活动支持的保障机制三大具体机制，并最终构建了逻辑架构，明确了高端海归人才引进后成效评价机制构建的本质内涵和总体思路，为后续具体机制的分析奠定理论基础，搭建了逻辑框架。

第7章　聚焦于评价活动规则的规约机制构建

聚焦于评价活动规则的规约机制是高端海归人才引进后成效评价体系构建中的基础和核心，旨在明确高端海归人才引进后成效评价的主要要求、评判标准、评价方式及过程等方面各方利益相关者达成的共同约定和基本规范，更加具体并系统地解决怎样评价？谁来参与？怎样参与？评价的过程和方法是什么？等系列现实转化的问题。因此，本章在前面对高端海归人才引进后成效评价机制的构建基础与逻辑架构分析的基础上，聚焦于评价活动的基本规约机制，对分类机制、技术机制、更新机制、参与机制进行深入剖析和具体构建。

7.1　分　类　机　制

中共中央于2016年3月发布的《关于深化人才发展体制机制改革的意见》中明确提出：要创新人才评价机制，完善人才评价和考核方法。我国关于人才评价制度进入了深化改革期。继而，中共中央办公厅、国务院办公厅于2018年2月联合发布了《关于分类推进人才评价机制改革的指导意见》。文件中再次强调要积极推动人才评价机制构建，满足导向明确、精准科学、规范有序、竞争择优、能够面向社会化及市场化的评价要求；进一步加强在评价标准、评价方法等评价内容方面的建设和改进，努力形成日臻完善的人才评价管理服务体系，最终形成与我国人才工作相适应的中国特色社会主义的人才评价制度体系。总体上来看，人才分类评价的基本遵循是：对象分类、尊重差异、客观科学。可见，随着人才分类评价实践的需求，以及分类评价政策的不断推进，分类机制成为人才评价理论研究中的必不可少的机制设计。加之高端海归人才引入领域的广泛性和产出贡献的多样性更决定了分类机制存在的必要性和重要意义。高端海归人才引进后成效评价的分类机制就是要解决根据什么样的分类标准，产生什么样的科学分类结果，以及对应分类指标体系的设立和应用，从而通过评价条件的差异化设置对人才评价实践的开展提供更具有针对性的解决方案，使高端海归人才引进后成效评价机制体系的设计能更好地契合各类型、各场景、各需求的成效评价工作。

7.1.1　分类标准的选择

分类标准是将评价对象按照一定特征属性进行划分和归类的依据，因此其也是分类机制设计的首要因素。对于高端海归人才及成效，分类标准的选取不同，分类的结果也会存在很大差异，进而也会影响整个评价机制的构建和运转。高端海归人才引进后工作成效的评价是一个大型、复杂的系统性工程，需要考虑多个层次、多个维度、全方面的结构和内容。

依据本书高端海归人才引进后成效概念和内涵的首次剖析，并基于现有分类评价政策的指导思想和原则，同时借鉴当前人才分类评价改革的实践，考虑到高端海归人才引进后成效的基本构念，因此对于高端海归人才引进后成效评价分类标准的选择可遵循"人才"分类和"成效"分类的思路。一是按照高端海归人才本身的属性特点选择分类标准。高端海归人才主体特征与引进成效的产生紧密相关，并且在很大程度上决定了引进后成效的表现形式、评价方式等。按照人才特点进行分类可以更好地捕捉不同类别高端海归人才的核心特质和成效贡献。因此可主要按照高端海归人才职业岗位、专业领域等标准进行分类。本书也是基于本思路，依据高端海归人才案例数据库的统计，并根据专家咨询建议与评价初始概念聚类分析，将高端海归人才分为科学研究型、市场应用型和社会服务型三个类别，基本覆盖了高端海归人才整体，并构建针对性的引进成效分类评价指标体系。除此之外，还可以考虑将高端海归人才具体再细分为多个层次，如顶尖人才、杰出人才、稀缺人才等，这样也能够针对不同层次高端海归人才的主要产出和重点成效进行匹配性的评价设计。二是可以按照成效评价的目的和成效产生的层次进行分类，可分为个体绩效表现评价、个体之于组织的贡献评价，以及对国家及社会整体效能评价等。相应地可将不同层次的评价指标进行归集，在评价目的的指导下进一步消除高端海归人才引进后成效评价的应用障碍。除此之外，可将地域性的发展需求和政策体系的差异性纳入对成效评价分类标准选择的考量。不同地区可能对高端海归人才的需求和期望有所不同，因此，分类标准应该考虑到这些差异，以确保评价机制能够适应不同地区的背景和政策要求。

同时，对于分类标准的选择应该始终以评价目的为导向。不同的评价目的需要不同的分类维度和标准。因此，首先要明确评价的具体目标，然后选择适合这些目标的分类标准。其次坚持科学性原则，分类标准的选择应基于科学依据和数据支持。分类标准的制定和选择应遵循科学研究和实践经验，以确保评价体系的准确性和可信度。更为重要的是分类标准的选择应保障公平性的实现。评价对象能够被合理地划分和公平地对待，分类结果仅是为了更有效地评价类别差异性的成效，不存在偏袒特定类型的高端海归人才。除此之外，可操作性也是对分类标准选择的基本要求。相应分类评价的标准下能够有效收集必要的数据，而不会造成不必要的复杂性或难以实施。最后分类标准的选择应该是公正透明的，可以被利益相关者理解和接受。从而有助于建立信任，并提高评价体系的合法性。综上所述，对于高端海归人才引进后的工作成效评价要坚持共通性与特殊性相结合、坚持定性与定量评价相结合，分类建立科学合理、各有侧重的评价标准。在统一的评价导向与框架基础上，根据不同的评价目的、评价需求和应用场景，选择恰当的分类标准。

然而，在如今科学发展的新时代，学科、领域交叉融合已成为科学技术发展的重要趋势，并成为社会经济持续发展的重要推动力。评价体系的分化以及跨学科、跨领域评价体系的缺失在一定程度上增加了高端海归人才引进后成效评价的开展难度。对此，除了上述分类标准的主观判断和选择，还可以利用系列属性的相似度，采用聚类分析方法或多尺度分析方法进行客观分类。具体如下：第一，将评价对象根据某些特征或指标，利用聚类算法的结果分成不同的类别，使同类的对象具有较高的相似度。它的主要思想是先将每个评价对象视为一个聚类，计算各聚类之间的相似度，将其最为相似的聚类合并为一类，并不断重复该过程，直至最终以一个聚类树的形式呈现差异明显的聚类结果[181]；第二，仍然是基于相似性的原理，利用多维尺度分析对评价对象进行归类[182]，将具有多维指标属性的评价对象简化到低维空间进行定位、分析和归类，利用评价对象间的相似性数据刻画其在低维的结构位置，进而依据结构图进行直观分类、判断和解释。利用聚类方法对高端海归人才引进后成效进行分类，在一定程度上可以消除人为分类的灵活性差和不利引导等问题，依然可根据成效评价的目标、场景等选取某个属性或特征集合，进行算法聚类和分类。

7.1.2　分类指标体系的设立

具体而言，对于高端海归人才引进后成效的分类评价指标的设计可以考虑以下思路：一是基于高端海归人才引进后成效的内涵分析，把握不同类别评价对象的核心属性，然后根据其本质属性的外在表达选择确定分类的评价指标体系；二是考察不同类别内和类别之间的相互联系和区别，重点以成效表现的变化确定指标；三是考虑高端海归人才及引进后成效的全部属性，然后以影响因素的集合作为指标的来源。相较而言，第一种思路更加明晰和便捷，更具操作性[183][191]。

此外，与分类标准选择的原则一致，高端海归人才分类指标体系的设立首先需要明确评价的目的。不同的分类标准和指标体系可能服务于不同的目标，如服务于组织整体、特定部门或特定评价场景。这确保了指标的选择和构建是有针对性的，并能够满足具体的评价需求。例如，如果评价的目的是了解高端海归人才的创新成果，那么代表作、专利、技术开发及应用、影响力等指标可能是关键。其次分类指标体系的建立应基于一定的理论逻辑、框架或模型。需要有一个坚实的理论基础，以确保指标之间存在逻辑的关联性和一致性。这可以帮助确保指标体系在整体上具有逻辑自洽性，而不是一组随机选择的指标。理论逻辑也有助于解释评价结果，使其更具说服力。例如，如果使用某种模型衡量高端海归人才的创新成效，那么指标应该与该模型的关键因素相对应，以保持逻辑自洽性。指标体系应该被视为一个有机整体，其中各指标相互关联，而且在整个体系中有清晰的层次结构。这有助于确保重要的评价因素得到充分考虑，同时避免指标之间的重复或冗余。一个良好的指标体系应该在构建时考虑到整体结构，以确保其完整性和实用性。

本书基于数据库的样本分析以及初始概念聚类分析，按照高端海归人才职业岗位属性特点将我国高端海归人才的主要引进单位为高校与科研机构、企业及创业、政府及社会组织等，因此对于分类指标体系的设计也应结合行业规范和评价规则。例如，科研机构和高校可参考教育部于 2014 年发布的《关于发布〈高等学校科技分类评价指标体系及评价要点〉的函》，其中将高校的科技评价分为五大类型，分别是：高校科技人员评价、高校创新团队评价、高校科技创新平台（机构、基地）评价、高校科技项目评价、学科评估中相关科技指标评价。其中的每一个类型之下又分别设置一级指标、二级指标和三级指标（评价要点），尽管这一指标体系可以提供重要参考框架，但分类仍比较宽泛，还需根据实际情况进一步细化。对于企业高端海归人才引进后成效评价指标的设计来说，可参考企业工作绩效的内容（能力指标、态度指标和结果指标），或者根据工作绩效的重要程度（关键绩效指标、一般绩效指标和否决指标等）考虑。对于政府及社会组织引进高端海归人才的成效评价，分类指标体系建立可以分为工作目标类（针对政府机构的主要工作目标，用于评估在政府机构工作的总体效果）、工作过程类（用于评估开展各项工作过程的质量和效率）和结果输出类（用于评估工作为公众提供各项服务的质量等）。并且在指标体系和指标权重上，不同类型涉及指标、权重应适应性调整，以契合不同类别评价的重点和主次。

7.1.3　分类及评价结果的应用

在高端海归人才引进后成效评价中，需要全面考虑其成效的多维多层次价值，同时还需要满足各相关利益主体的利益和需求，努力实现成效评价的多元目的[183]，这是高端海归人才分类评价机制设计的一个难题。并且按照不同标准进行分类的结果将会产生多个类别，每个类别代表着高端海归人才在不同属性、特点或成效层次上的不同类型。高端海归人才引进后成效评价的各利益相关者都需要通过多种途径和方式收集其分类评价最终结果的反馈，进而实现分类评价的目的和功能。随着评价理论和实践的发展，高端海归人才引进后成效的评价的功能不仅包括基本的鉴定与判断，还包括评价增值功能的诊断、问责、改进等。

在高端海归人才引进后成效的分类评价机制中，分类鉴定与评判是其中一个基本且关键的方面。首先，基于不同类别的高端海归人才特性与引进后成效的产生规律与重要表现进行差异化、个性化的精细分析与鉴定，从而判断高端海归人才个体引进后的成效表现，以及是否达到政策预期，是否满足引进单位要求等，有助于具体分析不同类别高端海归人才的产出及作用。其次，分类评价结果可以推进建立高端海归人才分类奖励与发展机制。可根据分类及评价结果为不同类型的高端海归人才制订个性化的职业发展和培训计划，这有助于满足高端海归人才在不同领域和层次上的成长需求，同时也可以进一步促进其引进后成效的持续发挥。此外，根据高端海归人才分类评价结果，一方面可以建立多方参与的行政问责、市场问责制度体系，对高端海归人才引进工作进行反思和问责，如将评价结果作为遴选、调整政府官员的重要依据，作为引进单位组织考核及提高或降低收益的重要依据等；另一方面可作为政策评估的重要手段和改进依据，通过对不同类别，特别是基于宏观层面的高端海归人才引进后成效评价可以对现有工作政策及机制进行客观评判，并发现差异与不足，从而进一步深化分类评价改革，推进政策改进和创新。另外配合分类评价、分类规划、分类投入的原则，不断提高社会资源及高端海归人才资源的有效分配和利用。除此之外，推动建立不同标准划分下的不同类别的高端海归人才引进后成效评价结果的互通互认机制，消除地域间、类别间高端海归人才引进成效的认可障碍，提升分类评价结果的实用性，从而也提升各主体参与高端海归人才引进后成效评价的积极性。

7.1.4　分类的动态调整

高端海归人才引进后的分类动态调整机制是指根据不断变化的需求、目标和情境，对高端海归人才的分类标准和指标体系进行灵活调整和优化的过程。前面我们已经介绍了依据不同标准进行的多种分类，但是考虑到高端海归人才引进后分类评价的研究和实践都处于起步阶段，因此需要根据高端海归人才理论研究和工作实践的不断发展，随着高端海归人才引进后成效内涵的丰富和拓展，依据评价目的和场景去更新调整该分类评价机制的分类标准，形成更加多元的分类结果和相应的评价指标体系。

随着我国经济社会的不断发展，以及海外引才实践的持续推进，对高端海归人才的需求和期待可能会发生变化，分类标准应该能够根据需求的变化进行调整。例如，如果出现了新的科学领域或行业产业，以及某个领域出现了新的重要需求，分类标准可以相应地进行修改调整，以更好地满足这些变化及需求。并且分类指标体系的动态调整也是随着分类的变化可持续改进的，能够根据新的分类结果、新的理论成果和实践经验，或者采用新的指标体系构建工具进行不断优化。当新的指标或维度变得更具预测力或更能反映不同类别高端海归人才引进后的成效时，应该及时引入这些指标，并相应地调整指标体系的内容和权重。同时在调整分类标准和指标体系时，应该积极吸纳各方的参与和反馈，包括政府、企业、高校、高端海归人才本身以及其他利益相关者。这有助于确保分类调整是合理的、公平的。此外，分类结果应该具有一定的灵活性，允许高端海归人才在不同阶段或不同情境下变化其所属分类，给予其一定的自主选择权。这有助于更好地反映高端海归人才的职业发展和成效变化。另外，还应对分类机制建立定期评估和反馈机制。建立一个定期评估高端海归人才引进成效的分类机制，包括定期收集和分析相关数据，评估不同类型人才的引进后成效评价的实效性和满意度。与高端海归人才和利益相关者建立反馈机制，以获取他们的意见和建议，全面实现高端海归人才引进后成效分类机制的动态调整。总而言之，分类的动态调整可以确保高端海归人才引进后成效的分类评价体系始终保持与实际需求和发展趋势的一致性，为政府、企业和高校等提供更有效的人才管理和支持工具。同时，这也有助于高端海归人才在不同领域和阶段实现可持续的发展。

7.2　技术机制

技术机制通常指的是一种有组织的、有计划的方法或程序，用于实现特定的技术目标或解决技术问题。高端海归人才引进后成效的技术机制重点针对所应用的评价方法、技术、程序和手段等进行设计安排以实现评价目标的问题。高端海归人才引进后成效的技术机制意味着采用一系列具体的、有组织的技术方法或程序针对高端海归人才的引进后成效评价，目标是确保高端海归人才的引进和工作成效在技术层面上得到科学的、系统性的管理和支持。

7.2.1　评价方式的选择和运用

针对高端海归人才引进后成效特点，可以从多层次多维度进行思考评价方式选择，以期达到更加全面和客观的评价。其中，自评与他评、同行评价与社会评价、定量评价与定性评价是几组成熟的、可供借鉴和组合使用的评价方式选择。

7.2.1.1 自评与他评

高端海归人才引进后成效评价的方式选择应该能够支持高端海归人才引进成效的科学评价与管理。由于高端海归人才及其引进后成效具有显著的特殊性，因此可以将高端海归人才本身作为评价主体和评价对象，让其参与到成效评价体系和机制构建的过程中，并对自身及同类型的高端海归人才引进后的成效进行评价；而他评则是指由外部专业人士或相关部门对高端海归人才引进后成效按照需求进行不同层次的评价。这两种评价方式各有优缺点。自评可以更好地展现高端海归人才引进后成效个体或群体的特点和优势，但可能存在主观性和自我感受偏差的情况；而他评则可以避免这种情况，更加客观和公正。

7.2.1.2 定性评价与定量评价

常见的定性评价方法主要包括德尔菲法、专家咨询法、同行评价法，定性评价方法简单易行，所需要收集的数据少，考虑的因素相对较全面，且评估过程可以充分发挥经验的作用，但评价结果容易受到主观因素的影响，且不同评价主体由于信息偏差有时会作出迥异的判断。因此，运用定性评价方式的难点在于对其评价程序的设定是否科学合理，以及评价过程中的监督和控制。定量评价方式则是凭借其天然的公正性和客观性成为评价的重要手段。现有评价活动大多试图使用各种客观化的量化指标进行评价。所有指标都应具有可测性，否则很难实现指标的功能。但由于高端海归人才引进后成效内涵的复杂性、评价内容和评价指标的多层次和多维度特性显著，因此，可以以客观评价为主要方式，通过数据化的分析呈现可比较、可量化的直观成效评价结果，契合评价活动的效率要求。同时对于高端海归人才引进后成效中不能直接测量、潜在的、隐性的内容和指标仍要利用主观评价方式的优势。实际操作中对于无法量化或直接量化困难的指标，可以从定性分析入手，把握其重要属性并转换为相应的参数指标，从而实现量化评估。

7.2.1.3　同行评价与社会评价

同行评价是指由同领域或同行专家的意见和评估为基础的评价方式，具有较高的专业性和权威性。但同时，由于不同专家的标准、经验和背景各异，同行评价结果之间的可比性可能较差，评价结果可能受到个别专家主观意见的影响，存在偏差和不一致性，并且还需考虑同行评价通常依赖于一小部分同行专家的意见，可能无法涵盖所有相关领域的权威人士。高端海归人才引进后成效评价可以利用专家群体智慧，通过科学抽样方法，组建同行评议委员会，利用先进评价技术集合多个同行专家的意见获得更全面、综合的评价结果。同行评价的应用已较为广泛，可以作为高端海归人才引进后成效评价中的一种评价方式，但也并非唯一可靠的方法。社会评价则是指由社会公众或受委托的专业机构对高端海归人才各个层级的引进后成效进行评价。其通过公开、透明的方式对高端海归人才引进后成效进行评价，使评价过程及结果受到公众监督和约束。这有助于减少评价中的不当行为以及信息不对称等问题，提升高端海归人才评价的公正性和公信力。但是，基于社会评价群体的规模和异质性考虑，社会评价常常采用定量指标进行评估，对于高端海归人才引进后成效评价的一些指标难以简化为数字测量，过度依赖量化指标可能会忽略成效的关键因素，导致评价结果不全面。因此，对于社会公众参与高端海归人才引进后成效评价来说，需要考虑其使用评价客体的适用性，以及对指标测度的客观性转化，并结合大群体评价的聚类方法，适当有序地引进社会评价方式。

7.2.1.4　评价方式的运用

客观来看，各种评价方式之间并无优劣之分，只是在不同的评价情境下有不同的适应性。对于高端海归人才引进后成效评价方式的选择，一方面可以根据不同评价层次或需求和目的选择不同的评价方式，如基于宏观层面的成效评价或基于政策效果评估的成效评价应选择定量评价方式，以他评和社会评价为主要的方式组合。如对高端海归人才个体层面进行引进成效的评价，则要将定性和定量方式相结合，引入自评、他评及同行评价。另一方面高端海归人才引进后成效评价主体多元，可针对不同的评价主体选择适合的评价方式，如同行评价多是组织相关领域内专家评价进行主观判断和评价。对于社会公众能够感知的高端海归人才引进后成效指标的评价，如精神引领、社会服务等方面的评价可结合定性评价和公众大群体评价的方式实现。另外，不同的成效评价方式可能需要不同的资源、时间和成本，因此成效评价方式的选择也要考虑资源限制和成本效益的原则。需权衡各种评价方式的利弊和适用性，灵活选择和组合使用，以达到全面、客观、有效的高端海归人才引进后成效评价。

7.2.2　评价方法及技术的选择和改进

评价技术的选择和应用是技术机制设计的关键。在高端海归人才引进后的成效评价中，选择适合的评价方法和技术，并在实践中进行改进和创新是非常重要的。为尽量避免在高端海归人才引进后成效评价过程中主观偏见和个人情感的影响，应着手从评价指标的收集和筛选方法选择开始，努力通过改进现有的评价方法和技术，增强高端海归人才引进后成效评价的可信度和说服力。

7.2.2.1　评价指标收集和筛选方法

从人才工作的实践现状来看，高端海归人才引进后成效评价问题是一个需持续研究的新课题。高端海归人才引进后成效评价指标的选择是尤其关键的环节，其选择的思路应是将自上而下的顶层设计与自下而上的探索开发相结合，可以采取的具体方法如下。

一是问卷调查法。通过设计和实施问卷调查，收集评价参与者（高端海归人才主体、引进主体、政府相关部门、社会公众）以及领域内的专家学者对高端海归人才成效评价的意见和看法。问卷可以包括指标选择的定量评价问题（如评分或排名）和定性评价问题（如开放式问题），以获取有关指标选择和设计的全面的信息。专家咨询法、德尔菲法等方法也可以与问卷调查相结合，利用专业人士的经验和意见确定评价指标。二是案例分析法。通过研究和分析高端海归人才引进的案例，找出其中的成效因素和关键指标。这种方法可以从实际情况中提取有代表性的案例，并基于这些案例进行总结和归纳，确定适合评价的关键指标。利用案例分析法可以帮助我们扩宽视野，发现新的评价视角和指标。三是文本分析法。通过对高端海归人才引进后成效相关文档、报告、项目记录等的分析，识别和提取与高端海归人才成效相关的关键词、短语或概念。这种方法可以利用自然语言处理技术和文本分析工具定量或定性地分析大量的非结构化文本信息，获得有关成效评价的线索和指标。例如，可以利用情感分析和主题建模等技术挖掘评论和反馈中的关键信息。

在选择高端海归人才引进后成效评价指标的筛选方法时，需要根据具体情景和评价目的综合考虑。问卷调查法适用于多元参与者意见的收集；案例分析法适用于深入理解高端海归人才引进及成效案例并提取核心关键指标；而文本分析法则适用于处理大规模关于高端海归人才引进后成效的文本数据以发现隐藏的、易被忽视的指标。基于本书前面章节的设计，由于高端海归人才引进后成效评价的层次和需求的复杂多元，建议可结合使用多种方法，以获取更全面和准确的指标选择结果。

7.2.2.2　评价方法的选择和创新

现实生活的一些事物可以通过完全的量化进行比较，如申请专利数量、科研经费数额等。但是一些描述是无法通过确切数值描述的，如高端海归人才引进后成效中的"国际影响力的高低"可能需要结合定量数据的支持和定性经验的判断。由于有限理性，因此人们在作主观评价的时候，是不能通过传统的以追求精确性为主的数学思想表示的。另外，对于高端海归人才引进后成效的指标权重的确定本质上也是对各个评价指标进行评价的过程，简单的权重分配方式并不能区别和突出各类别高端海归人才及引进后成效的特征和重点，因此也需要创新开发适合于评价指标赋权的方法，并通过算法实现科学赋权。可充分借鉴利用较为前沿的模糊评价的理论和思想，利用犹豫模糊语言描述评价结果，诸如利用评分区间分别表达评价主体的满意的程度（隶属度）、不满意的程度（非隶属度）、不确定的程度（犹豫度）；利用模糊偏好关系表示评价主体的偏好和程度，使评价思路和表达形式更容易理解和解释，便于评价者和相关利益方进行有效的讨论和决策。

除此之外，对于高端海归人才引进后成效评价而言，利益主体多元、评价目的和需求多样，也可以根据其特征和需求开发适用不同主体的评价工具和方法、适宜的数据收集处理集成方法，进而解决评价指标的统筹加权问题，尤其是当评价主体规模较大时，需要考虑大群体参与的评价问题的实现技术。引入聚类分析思想是目前较为适宜的方法。一是可通过社会网络技术进行聚类分析，利用评价主体的属性，包括其教育背景、年龄性别、工作性质、行业、区域等信息，引入图论的思想，将社会网络关系用点、线以及点和线之间的关系表达，即将每一个评价主体用点表示，存在一定规则内的联系即可以连线，可得到评价主体的网络结构图。通过分析图的网络结构密度、图中节点的度中心性、介数中心性等，对网络中的关键节点做定义，以进一步界定评价主体各聚类子集中的意见领袖，以及其对于成效评价的影响与作用引导。二是基于评价信息之间的区别度进行聚类，即计算个体结果之间、个体和所属子集之间、个体和整体决策结果之间区别度，通过构造测量评价主体之间偏好矢量的距离计算公式，通过确定门槛值/阈值将参与评价过程的全体成员进行聚类，以得到每类内部偏好和整体偏好。同时基于不同评价主体对高端海归人才引进后成效和对评价技术的认知程度，有序改进相适宜、有差别的评价信息表达工具，进而逐步完善对不同评价主体之间区别度的测度。另外，考虑不同参与主体对评价指标权重的影响，适当引入调节系数，降低单纯依靠聚类带来的对评价指标的影响，提高评价方法体系的灵活性，以及所得评价结果的准确性。

7.2.3　评价程序设定

一般来说，成效评价的具体实施程序可遵循一般性的设置：成立评价领导小组，组织开展考核评价工作，审核评价结果，评价结果公示，确定评价结果以及评价结果应用等。但由于高端海归人才引进后成效评价问题的复杂性和需求的多元性，其评价设计的主要流程可以为：对评价目标与层次的设定、明确评价的主体和对象、设定评价的客体及评价指标体系、确定评价方式与方法、收集评价数据、进行数据处理与分析、报告评价结果以及反馈和调整等步骤（见图7－1）。

首先，明确高端海归人才引进后成效评价的目的与层次是评价活动实施的前提。由于高端海归人才引进后成效的内涵丰富，对于不同的评价目的其评价的导向和侧重会存在差异。并且不同类型的高端海归人才引进后成效也具有不同的表现形式。针对不同类型的高端海归人才，以及对个体绩效表现、组织效益贡献、社会效应等不同层次的成效评价需要组织不同的资源来进行。这涉及评价主体的选择、评价指标体系的适应性调整，选择适当的评价方式和方法等。例如，在人文社会科学领域和自然科学领域的研究内容、成果、服务对象等方面不同，不同领域的高端海归人才不适合采用统一的评价方式、方法和评价标准对其成效贡献进行评价。

其次，根据相应的评价指标体系和评价方式方法等，从各评价主体收集各种与高端海归人才引进相关的数据，包括各类调查问卷、统计数据、实地考察等多种途径来源的数据。进一步利用评价技术和工具将收集的数据进行处理和分析，可结合大群体决策机制、模糊综合评价方法、机器学习算法、聚类算法等，借助K－Means、DBSCAN等工具，形成高端海归人才引进后的成效评价的客观结果。

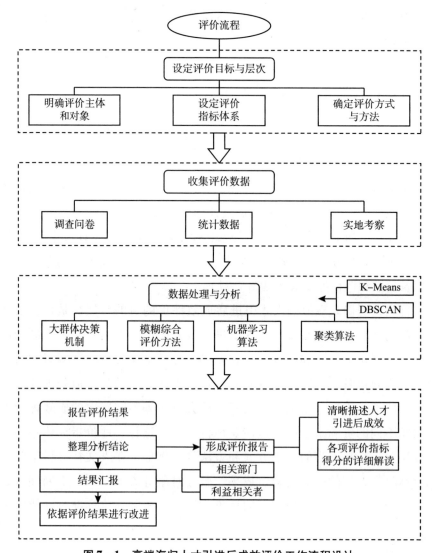

图 7-1 高端海归人才引进后成效评价工作流程设计

最后，进一步向相关部门和利益相关者进行汇报。评价报告需要清晰地描述高端海归人才引进后的成效情况，同时也需要对各项评价指标的得分进行详细解释，以便相关部门和人员能够更好地理解评价结果并作出调整和改进。

7.2.4　评价时点和频次

对高端海归人才引进后工作成效的评估需要在不同时点进行相应评估，以便及时调整引进人才的工作职责和目标，确保高端海归人才引进工作持续发挥效果。若立足于高端海归人才引进工作的全过程，并考虑其成效发挥的客观规律，完整评价设定可以从引进前成效预评估开始，分别对引进后短期、中期、长期的成效进行不同时点和频次的评价。这种多阶段的评价可以帮助及时掌握高端海归人才引进后成效的动态状况，并相应调整高端海归人才引进工作，以便真正实现以成效评价促进高端海归人才工作的良性发展。具体评价时点如图7-2所示。

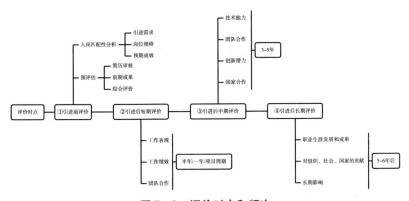

图7-2　评价时点和频次

首先，在引进前，一方面可以根据高端海归引进人才的简历审核、前期成果、综合评价等对其引进后的贡献及成效等进行预评估；另一方面进行人岗匹配性分析，对引进单位及组织的需求、岗位规格以及期望达到各层次的成效进行估计。其次，在引进后一般建议进行短期、中期、长期工作成效评估，同时应该结合微观绩效、中观效益和宏观效应三个层次进行评价，全面了解引进高端海归人才的工作情况和引进后各阶段成效。一是短期评价。在高端海归人才引入1~2年时进行短期工作成效评价，也可以根据高端海归人才的聘用合同期限和绩效考核周期确定评价时间点。比如在聘用合同到期前的半年或一年，以及每半年或一年进行一次绩效考核，都可以作为评价时间点。此外，也可以根据特定项目或任务的完成周期确定评价时间点，例如，某项研究项目在完成后立即进行评价，通过评估高端海归人才在项目或岗位上的表现以及完成情况，可以初步了解他们的适应能力、问题解决能力和工作表现。二是引进后中期工作成效评价。在海归人才引进后3～5年进行中期引进后成效评价，涉及评估他们在岗位上的技术能力、团队合作、创新潜力、国际合作方面的发挥情况，以及对组织目标的实现程度，以全面地了解他们对组织的贡献和价值，并通过采取激励措施，完善管理服务等促进其成效的发挥。三是对于长期引进后成效评价，其评价时间点则需要考虑更长远的时间跨度和更广泛的影响范围。可以在高端海归人才工作满5～6年后，进行长期引进后成效评价及持续的跟踪评价，包括评估他们引进后职业生涯中的发展和成果，以及对组织、社会、国家的贡献和长期影响。此阶段的评价在一定程度上会反映高端海归人才引进宏观目标的实现状况，可对高端海归人才工作及政策体系提供进一步的引导和发展建议。

7.2.5　智能技术的应用

随着科技的进步和发展，在进行评价高端海归人才工作成效过程中引进智能技术的应用，会很大程度上提高评价效率与效果。在引进前预评估、评价指标构建、数据采集和处理、结果应用等方面均可采用智能技术的优势。

一是在引进前预评估阶段，传统评估方法多为预设招募条件，人工筛选与审核，无法预测引进后成效。而通过智能技术的应用，用人单位可以借助数据分析、人工智能等技术，引入情景模拟、评价中心、标准化心理测验等方式，对高端海归人才简历内容进行自动分析，识别其特点，更加精准地评估其创造潜力、动力与专业技术能力，进而预测其未来所能产生的成效。二是高端海归人才引进后成效评价指标体系的构建复杂程度较高，传统评价指标构建多采用德尔菲法、文献分析法、层次分析法等方法，虽然具有一定优势，但总体上基于主观判断，同时要求评价人员具备专业的知识和经验，因此需要采用新的技术方法进行构建。例如，借助机器学习和文本分析技术，对高端海归人才个人信息、职业发展、取得成果、外界反馈等内容进行分析，从而凝练评价指标，实现科学化的评价。三是在数据采集与处理过程中，存在数据来源渠道少、采集不全面、丰富度与精细度不够、数据采集量大等问题，这就需要更高要求的数据采集方法；另外，复杂的评价数据处理难度大，面对复杂的评价数据，传统数据处理方式会限制发挥其应有的功能，需要引入智能技术有效提高数据处理能力。例如，借助云计算、大数据等工具，可以对大量数据进行挖掘和分析，实现大量数据抓取，并进行精细化分析。四是在评价结果应用方面，由于评价结果客观公正标准有待进一步提高，评价结果往往存在"高位平均"现象，区分度模糊、有效性低，客观公正性尚需完善，因此仍然需要智能技术的应用，尽可能减少人为主观因素的参与度，以保障评价结果的客观公正，从而提升评价结果的应用效果。

7.3 更新机制

更新机制是保持系统自身稳定性和生命力的有效设置，主要侧重定期审查和改进系统各要素，推动系统整体的改进和升级。高端海归人才引进后成效评体系的构建及机制顺利运行不是一蹴而就的，需不断适应环境变化及发展需要及时更新调整。因此，该成效评价的更新机制就需要关注评价体系、流程或标准等各要素的持续改进，以适应新的需求、变化的环境和最佳实践。想要实现更新机制的目的，就需要积极的管理和参与者的协调与合作，通常需要涉及各个评价主体、评价对象和利益相关者等各方的合作，以共同决定何时进行更新以及如何进行更新。更新机制通常是一个定期的、计划性的过程，可以根据需要进行评估和更新，有时可能会涉及较大的改变，以应对长期的需求和趋势。而对于改进内容可能包括重新审查和修改评价标准、流程、指标和方法等，以反映新的知识、技术和实践发展，使评价过程整体随着内外环境的变化作出适当的调整和改变，以保证高端海归人才引进后成效评价的合理性、有效性。具体来说，我们将从合规性更新、评价内容与指标更新、评价方式与技术更新、机制更新四个方面进行机制设计。

7.3.1 合规性更新

合规性更新机制旨在一方面确保高端海归人才引进后成效评价体系的设置和运转符合国家、地方以及行业有关法律法规和政策制度；另一方面保持与国家及地方发展战略相契合，遵循人才成长和贡献规律。我国的法治建设正在持续深化，人才发展体制机制改革也正在积极推进，对于高端海归人才引进后成效评价机制的构建尚处于起步阶段，因此成效评价机制必须及时进行合规性审查和更新，首要应当符合国家、地方以及相关行业的法律法规和政策制度，包括人才引进政策、薪酬规定、税收政策等各方面的法律法规要求，以确保在引进和管理人才过程中的合法性。另外，我国正处于发展转型期，高端海归人才引进后成效评价机制的设计应当与国家及地方的发展战略相契合，确保引进的人才能够为国家和地方的长期发展作出贡献。这需要与国家和地方的发展规划、政策方向相一致，以支持国家和地方战略目标的实现。此外，高端海归人才引进后成效评价机制的构建应当遵循人才成长与贡献的规律，激励并促进其人才资本的可持续发展。

为确保合规性更新工作的开展，需要设计一个法规监测系统，定期追踪相关法律法规的变化，确保评价体系始终符合最新的法规要求。同时定期进行合规性审查，以验证评价机制的运转和评价活动的开展是否符合法规及战略等。可以设立法律顾问或律师团队，为高端海归人才引进后成效评价相关设置和活动提供法律咨询。并且合规不仅是法务问题，也涉及各行业各领域各类型高端海归人才及成效特征，可以增加分设各领域专业的团队，从不同的角度准确把握合规性。除此之外还需加强政府相关各部门间的密切合作与协调，确保高端海归人才引进后成效评价机制与政策体系的协同，定期开展部门联席会议，以及时追踪分析政策及实践的变化和期望。

7.3.2　评价内容更新

评价内容更新涉及评价体系中所包含的具体内容，如指标库的补充和更新、标准和要求更新等。评价内容的更新关键考虑因素主要有以下四点：（1）定期进行需求分析，了解高端海归人才和引进主体的新需求和社会与国家发展的新趋势，同时积极开展实地调研和高端海归人才的反馈调查；（2）通过咨询领域内专家，确定评价内容改进和更新方向，专家可以提供行业洞察和最佳实践建议；（3）定期审查和评估使用的评价指标，以确保它们仍然反映最新的需求、行业标准和最佳实践；（4）吸引高端人才和其他利益相关者的参与，让各方能够提供对评价内容的意见和建议等。

高端海归人才引进后成效评价指标库的补充和更新为整个评价活动提供了一种有效把握关键成效的方法。成效评价指标库应是动态的、立体的，方便评价者从中获取、新增、修改和调整各类高端海归人才引进后成效的评价指标。由于各种类型、各个领域以及具体应用场景的不同，并且受时间推进、环境变化的影响，成效评价指标库中的指标应动态维护更新，使评价指标库始终符合高端海归人才引进后成效评价的发展要求和发展实际。对高端海归人才引进后成效评价指标库的更新实现路径为：第一，定期评估现有的评价指标库，并根据评估结果确定是否需要进行更新和完善。第二，增量更新。在定期评估的基础上，需要及时更新现有的评价指标库，将新的指标加入数据库中，以确保数据库的时效性和完整性。第三，优化更新。在增量更新的基础上，需要对现有的指标进行优化，删除不必要的指标，调整指标权重和指标细节，以提高评价指标库的准确性和适用性。第四，多方参与。邀请专家、学者、业界人士、社会公众分不同领域的人士参与到评价指标库的更新和完善中，以确保评价指标库的科学性和全面性。第五，实践检验。需要在实践中对评价指标库进行检验和验证，以进一步完善和优化评价指标库，同时也可以不断拓展评价指标库的应用范围。具体设计如图 7-3 所示。

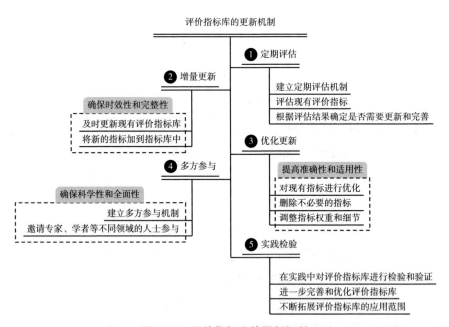

图 7-3 评价指标库的更新机制

评价指标是用来衡量高端海归人才引进后工作成效的具体评价方向和要求的集合，也就是把成效分类评价中的目标结合具体成效产生的场景进行解码和组合。成效评价指标体系是基于成效指标库的指标选择，结合评价类型与目标等应用场景的设定，以及进一步的评价指标科学赋权而形成的。因此，对于高端海归人才引进后成效评价体系的更新主要聚焦于评价指标的开发、更新及组合的更新。建立有效的高端海归人才引进后成效评价指标体系需要考虑很多因素和细节，而且评价指标和要求不是一成不变的，它需要根据评价目标、评价层次和高端海归人才引进的实践发展等方面进行定制和调整更新，如随着社会经济发展，新领域、新业态、新职业也会层出不穷。因此应及时把握新的成效评价需求，针对性定制适合的成效评价指标体系。即使是原有的成效评价指标体系也会随着成效内涵的拓展和新形式的出现而及时更新调整，以持续实现科学有效的评价。

7.3.3　评价方法更新

人才相关的评价方式与方法发展至今，层出不穷。任何事物都要与时俱进，评价方法和技术也需要更新改进。评价方法更新主要涉及评价过程中使用的方法和工具的改进。随着国内外最新科技的发展和趋势的不断变化，我们要及时掌握和更新评价方法和技术，跟踪技术创新，寻找能够改进评价方法的新技术，例如，使用自动化工具和技术收集数据，运用网络爬虫收集关于高端海归人才引进后成效的网络数字信息，提高数据的准确性和实时性；另外，使用机器学习和人工智能等高级工具进行大数据分析，帮助发现高端海归人才引进及成效发挥的关键趋势和模式，提供更深入的理解。还有如利用舆情监测的方法与技术分析媒体和舆论中关于高端海归人才的报道和评论。获取高端海归人才的声誉和影响力数据，使用社交网络分析掌握高端海归人才团队合作和国际交流的数据等。

对于评价方法和技术更新机制的设置，可以从以下三个方面具体考虑：首先是定期对评价流程进行审查，不断优化现有的评价方法和技术，并开展试点评估，评估结果可以反馈到评价方法和技术的调整和优化中，以提高评价方法的效率和准确性。其次对于高端海归人才在不同领域和行业的发展状况和趋势，要开展针对性研究，从而确定更为适宜的评价方法和技术；除此之外可以开展合作研究，与国内外高等学府、科研机构及企业合作，共同研究高端海归人才的评价问题，汲取各方面的经验和优势。最后可以为高端海归人才引进后成效评价工作相关人员提供培训和发展机会，使他们能够使用最新的评价方法和工具，提高评价的专业水平和精准性，确保评价结果的科学性和客观性。综上所述，评价方法和技术要与时俱进才能不断适应高端海归人才成效特点和评价需求，提高评价的准确性和科学性，为高端海归人才的引进和发展提供更为有效的支持和保障。

7.3.4　系统性更新

近年来高端海归人才引进人数并未下降，但是却有一部分海归因各种原因再度回到国外就职，这种现象被称为"归海"。海归的"归海"现象的发生有一部分是因为评价机制的缺陷，因此高端海归人才引进后工作成效评价机制的制定与系统性更新也十分重要。对于评价机制的系统性更新主要涉及评价体系整体的改进和升级，以适应新的需求和变化。在战略规划中要明确高端海归人才引进后成效评价机制的构建目标和方向，这将有助于指导评价机制更新的方向。建立机制绩效评估体系，以评估评价机制的效果和成效，可以根据评估结果的反馈进行改进评价机制。对于资源分配，要确保有足够的资源用于评价机制的更新，包括人员、技术和预算等。还要加强各区域、各引进单位之间的交流合作，分享最佳实践，以借鉴有益的经验和做法，帮助不断改进高端海归人才引进后成效评价机制，促进高端海归人才的成效的发挥。很重要的一点是，要及时发现当下评价机制及评价系统的核心问题，抓住高端海归人才引进后工作成效评价的重点，了解高端海归人才引进后成效评价实践开展的真实需求，从而对评价机制做出有益的系统性更新。

7.4　参 与 机 制

所谓利益相关者就是能够参与或影响某个目标的实现结果，同时也会受到结果实现影响的所有个体和群体[185]。在高端海归人才引进后成效评价系统中，利益相关者包括了多方面的个体和群体，如政府部门、引进主体、社会公众、高端海归人才本身等。从第 6 章的机制构成要素分析来看，这些利益相关者都会被海归人才引进成效评价机制构建及评价实施过程及结果直接或间接影响，因此需要考虑各个相关方的需求和期望，引导其积极参与机制设计和实施。从另一个角度来看，参与机制是一个整体，它将各个运转的有机因素联系起来，使之能够规律有效地运作[186]。考虑到高端海归人才引进后成效内涵及表现的复杂性和多样性，以及不同主体的需求及目标的差异，各利益相关方的共同参与对于评价机制设计的实效性和合理性至关重要。同时，由于各参与主体可能有不同的参与偏好，参与机制的设计应关注到他们的个性化需求，提高满意度并减少潜在的利益冲突。

7.4.1　多元主体参与机制

20 世纪 90 年代在公共管理领域兴起了网络化治理模式，承认了政府作为单一政策决策主体的局限性，强调应从社会协调视角解决某些公共事项和问题，并推动多元化的行为主体多过程、多路径地参与并影响公共政策的供给和制定。其核心观点就是肯定了多元主体参与具有显著的价值生成和创造作用。在某一系统中的利益多元主体需在享有公共权力的基础上共同参与和管理公共事务，进而最终实现共同的目标结果。高端海归人才引进后成效评价机制的构建属于公共服务供给和政策设计的范畴，因此可基于新公共管理理论，在各层次、各类型、各主体成效评价需求的基础上建立共同参与和互动的有效机制，形成一个政府主导、多主体参与的高端海归人才引进后成效评价系统，并具体在高端海归人才引进后成效评价机制构建的必要环节设计各利益方参与的机制，同时构建沟通与协调机制，让相关各主体在评价活动与资源安排等多个方面发挥积极作用，以实现高端海归人才引进后成效机制的构建和运行。这个过程就是多元主体通过参与渠道不断形成和确认其公共价值的过程。

以往不论是政府部门的人才评价政策制定还是组织层面的人才评价实

践操作，多是采用自上而下的制定和决策，其他利益相关者相对被动接受和执行的模式。这种情况下很容易由于价值认知不统一、各主体地位不平等以及话语权不足等问题，致使人才评价活动的相关利益主体对评价政策及机制价值的理解存在差异，政策落实不到位或异化，各方利益有所摩擦甚至冲突，严重影响了政策效果。因此，首先对于高端海归人才引进后成效评价机制的构建和政策的设计，需要各主体积极参与、交互意见、协调一致，多元主体参与交流沟通的平台和机制建设就成为必要举措。网络化治理视角下的高端海归人才引进后成效评价的多主体参与机制要构建网络化的服务管理体系，以专业平台作为沟通渠道，对数字化信息进行交流和协同。例如，在界定成效和构建评价指标体系的过程中要掌握各利益方需求、了解分析各主体的立场和态度等，并在基层各利益关联方可便利接触的网络末端充分发布和收集信息，交互和协调诉求和利益，以提升高端海归人才引进后成效评价机制构建的透明度。其次构建多元主体参与的高端海归人才引进后成效评价的过程化监控机制，要逐步建设由高端海归人才管理部门、参与主体、各利益主体之间的沟通交流平台与渠道，适时公布评价活动规则和结果等信息，并收集意见、及时反馈。同时，监督内容应在保障与高端海归人才引进后成效评价机制构建目标一致的前提下，具体到各个工作环节和工作方式，明确每项责任主体等。在高端海归人才引进后成效评价的信息平台上展示包含多元评价目标、主要评价内容与步骤、参与主体与责任主体、评价标准及方法的评价计划及评价结果和应用情况，并辅助必要的答疑或交流途径，及时沟通和反馈意见建议，让整个高端海归人才引进后成效评价机制的构建获得充分的理解。最后构建多元主体参与高端海归人才引进后成效评价的结果评价机制。以高端海归人才引进后成效评价的质量、时效、成本等方面的结果评价作为该机制构建绩效评价的重要内容，强调利益相关者及社会公众的参与。以成效评价的目标为依据，对比预期和计划评价该成效评价机制运转和评价活动是否达到预定的效果和标准。除此之外，构建高端海归人才引进后成效评价机制本质上是为了满足公共服务的需求，因此该机制不仅在于满足其使用功能，更在于提升其虚拟价值，更偏重体现该机制系统中各利益主体的心理感知和满意度。基于虚拟价值的观点，对于高端海归人才引进后成效评价机制的评价和反馈，要侧重于解决了多少主体的评价需求，更要体现成效评价机制运转的实效，以更好地推动高端海归人才引进相关工作，提高各利益主体公众需求的满足程度及满意度。

7.4.2　参与方式与协作机制

有效的协作沟通机制是多元主体参与成效评价的必要条件。在高端海归人才引进后成效评价的各个环节需要多方参与者的协作和沟通，以便收集信息、解释标准和共享结果。协作沟通机制的建设需先对该成效评价机制体系持相对开放性的态度，允许利益相关者了解其角色作用、领域和职能、责任与利益等相关内容，积极对分类标准、评价标准、评价方案和评价流程等方面进行深入的沟通，形成有效的交流和探讨，基于互相的理解和合力作用推动共同完成高端海归人才引进后成效评价的机制设计和实践工作[187]。

具体而言，可建立透明、易于访问的协作沟通渠道。可以在一定时间和地点组织线下关于高端海归人才引进后成效评价的会议，组织各评价主体面对面进行交流，深入地了解成效评价的内涵和目的，以及对不同领域不同主体的观点和想法，同时也可以帮助评价主体之间建立交流合作的关系。建设线上参与渠道，包括但不限于定期线上会议、电子邮件、平台留言簿、在线反馈表单等，以加强各方之间的沟通和交流，并配合建立双向反馈机制促进多主体参与评价的有效性，让参与评价的各个主体可以向平台或相关组织单位提出建议和反馈，以改进评价的过程和方法等；建立跨机构合作的机制，让不同的主体、机构和组织在评价机制的运行中分工合作，以保证评价的全面性和准确性。除此之外，通过创建在线协作平台、使用在线协作工具（如项目管理软件或社交媒体平台）等，可以提供数据分析和可视化工具，以方便评价主体查看和分析评价结果，促进实时沟通和协商。另外，合理安排协作和沟通的频率和定期性，以确保信息的及时交互和反馈。可制订定期报告的计划，向高端海归人才引进后成效评价的各参与方和利益相关方提供评价进展和结果的更新，并加强对高端海归人才引进后成效机制运行效果的跟踪评价，及时调整相关政策和措施，提高成效评价工作质量和效果。

7.4.3 推进专家库建设

高端海归人才和各领域内专家的参与可以提高评价的专业性、客观性和权威性，因此专家库的建设也非常必要，能够确保高端海归人才引进后成效的评价随时可以访问合适的专业知识与技能操作。专家库的建设先要保证专家库的多样性和全面性，包括不同专业领域、职业属性及个体属性（如性别、海外背景等）的专家，以满足高端海归人才及引进后成效本身的多元化和复杂性。专家库的建设可设计招募和甄选机制，建立透明的招募流程，吸引专家参与，包括发布招募通知、面试、评估专业背景等步骤等，确定哪些专家适合特定评价任务。

在高端海归人才引进后成效评价的实践中要充分发挥专家库的作用。首先，进一步明确和细化专家库的建设目的和定位，也就是成效评价涉及的领域、分类和重点等，如前面所展示的分类：科学研究型、技术研发型、社会服务型，其成效表现及评价重点都具有明显差异。因此在专家库的建设过程中，需要选取同领域或专业相近的专家，建立一支高水平的高端海归人才引进后成效评价的专家团队，可以通过专业的筛选匹配机制，对专家人员的能力水平、实践经验、专业技能等进行评估和聚类，以匹配不同评价目标、不同类别的高端海归人才引进后成效的评价特点和需求。其次，对于专家库的管理和维护也是专家库建设的重要环节，需要建立一套完善的专家信息管理系统，包括专家的基本信息、专业领域、评价记录、评价意见等方面的信息，以进行相应分析，不断优化专家库的工作机制。同时，建立专家的激励机制，激励专家积极参与高端海归人才引进后成效评价机制的理论优化和实际评价工作，保障专家权益；另外可建立专家培训和交流机制，提高专家的业务素质和工作效率，可以定期组织专家集中交流，分享经验、解决问题，同时也可以邀请行业内的知名专家参与交流活动，促进专家间的互动和交流。最后，可积极促进高端海归人才引进后成效评价专家库的应用和推广，加强对专家库的宣传和推广，提高专家库的知名度和影响力，吸引更多的专家参与到评价工作中。并专门建立高效的专家库应用平台，为各类用户提供不同需求的高端海归人才引进后成效评价服务，也可以发布不同领域专家需求，为个性化的评价需求提供储备专家等。

7.4.4 评价机构或第三方的引入

长期以来，第三方评估机制多是用来对政府部门及政府行政行为的测评和监督，其在促使政府信息公开、规范政府部门行为、提升政府绩效的过程中发挥了积极有效的作用。但广义上的第三方评估主体外延较大，包括各类科研院所的专家组成的评估机构、专业性很强的具有社会性质的评价业务公司以及社会公众组成的评估机构等。从根本上说，第三方就是有别于第一方（评价对象）和第二方（服务对象）之外的具有独立性和专业性的评价主体。即第三方同第一方及第二方不存在任何显著的隶属关系和利益关联[188]。引入评价机构或第三方可以增加高端海归人才引进后成效评价过程的独立性和客观性，提高高端海归人才引进后成效评价结果的可信度。第三方的参与可以不只是一个阶段，而是进入评价机制设计的每一个环节中，参与到整个高端海归人才引进后成效评价过程中，做到成效评价工作的公平、公正[189]。

对高端海归人才引进后工作成效评估过程中评价机构或第三方的引入，首先要选择具有良好声誉和独立性的评价机构或第三方，应坚持选用国家认可、合法合规、专业性强、信誉较高的团队，确保其无利益冲突；其次要严格程序，规范操作，禁止选用靠人情关系、虚假宣传的机构，严格按照有关项目招标、竞标的法规，建立科学、严谨、规范的程序，签署"透明"的合同，明确双方的责任和期望，包括报酬、时间表和保密协议等；再次引入第三方评价机构，制定科学、切合实际的评价标准细则等是非常关键的环节，且需要广泛征求吸纳建议意见，经过反复研究后方可使用；最后也要建立定期评估评价机构或第三方绩效的机制，以确保达到期望的标准。

7.4.5　开展培训与支持

要积极开展对高端海归人才成效评价各参与主体的培训与支持。首先是强化评价的意义和目的、强化公正和质量意识。定期对各评价主体的思想品德、职业操守等进行考察。加强廉洁纪律教育，杜绝出现徇私情、弄虚作假现象；可以建立激励和约束机制，如对坚守原则、业务能力强的评价专家或机构给予奖励。同时，建立淘汰机制，实行黑名单信用管理制度，对违反纪律的人员或机构纳入黑名单。其次要强化高端海归人才引进后成效评价的内容培训。政府相关部门协同企业、高校等人才引进单位和社会培训评价组织定期开展理论探讨、实践分析，以及评价标准、流程和工具的使用等相关评价流程的培训，提升评价体系中各利益相关者对该机制及机制建设的关注，提高相应能力素质；对于培训形式，可以采用多种方式，如在线培训、工作坊、培训手册等；也可开发在线培训课程，允许高端海归人才、引进单位等利益关切方即时了解评价内容、流程和标准等基本要素和机制，同时，设置专门的支持团队或联系人解答问题并提供指导。

7.5　本 章 小 结

本章依据高端海归人才引进后成效机制构建的逻辑架构对聚焦于评价

活动规则的规约机制进行设计。主要基于现有政策基础与现实需求、根据机制设计的功能实现和子系统支持协作的要求进行了设计：一是分类机制，包含了高端海归人才引进后成效评价分类标准的选择、分类指标体系的设立、分类的动态调整机制；二是针对高端海归人才引进后成效的评价设计具体的、有组织的技术方法或程序的技术机制，包括：评价方式的选择和运用、评价方法及技术的选择和改进、评价程序设定、评价时点和频次、智能技术的应用等；三是出于高端海归人才引进后成效评价体系的适用性要求，设计了包含合规性更新、评价内容更新、评价方法更新及系统性更新的更新机制；四是考虑到高端海归人才引进后成效评价利益主体的多元性和现代评价与决策机制的科学性要求，设计了基于多元主体参与的参与方式与协作方式、专家库的建设、评价机构和第三方的引入，以及相应的培训支持等参与机制。本章希望通过四个方面的机制阐释与设计，明确高端海归人才引进后成效评价的主要约定和基本规范，推进高端海归人才引进后成效评价理论与方法的现实转化。

第8章 聚焦于评价活动运转的运行机制构建

高端海归人才引进后成效评价机制是由各种要素构成并相互作用的复杂系统，其有效运转需要一个全面有效的运行机制，以服务于评价活动的规约机制，确保该评价机制构建的目标、规则和标准等能够顺利实现。可以依据系统理论和机制设计理论来理解高端海归人才引进后的成效评价机制的复杂动态行为，基于此，我们将遵循高端海归人才引进后成效评价机制构建的逻辑框架和运作方式，从动力机制、共享机制、监控机制等方面进行模拟分析和设计。

8.1 动力机制

所有事物的不断发展变化都是源于某种动力的推动，任何一项社会活动的开展同样也是受各个行为主体及要素推动的结果。因此对于高端海归人才引进后成效评价活动的发生和开展，其动力的分析和机制的设计成为运行机制构建的首要环节。从系统论的视角来看，高端海归人才引进后成效评价系统的动力因素包括多个方面，并且相互关联共同作用，其作用合力即为该系统的动力。因此，动力机制的分析与构建就是要解决如何利用动力源引导各种要素积极参与并扩大其正向影响，进而推动高端海归人才引进后成效评价活动顺利运转。从动力源起的范围来看，我们将动力机制的设计分为内驱动力机制和外驱激励机制，并在此基础上设置相应弹性机制，以保证高端海归人才引进后评价内外部动力传输中的灵活性和适应性。

8.1.1 内在动力机制

高端海归人才引进后成效评价机制的内在动力主要是指处于系统中且会推动评价机制设立和运行的力量。基于前面章节机制要素构成分析来看，高端人才主体、引进主体、政府主体和社会主体作为成效评价活动的利益关联方，是评价机制构建及运转的主要参与力量，因此高端海归人才引进后成效评价的内在动力机制构建的主要任务就是厘清评价活动主体各方的利益追求，相互博弈及合力的形成，并设计对应的激发或提升机制充分利用内在动力，使高端海归人才引进后成效评价活动顺利持续开展，形成良性循环。

8.1.1.1 基于个体与组织利益的驱动机制

基于微观层次来看，首先高端海归人才主体参与高端海归人才引进后成效评价的内在驱动力一方面是个体实现自我追求的愿望；另一方面主要在于期望积极参与构建一个能够评判其个人社会价值实现的认可系统。本质上看，引进后成效来源于高端海归人才个体的职业发展愿望和自我实现的驱动，包括对工作的热情和对所从事领域的兴趣，追求卓越和创新的渴望，以及回馈社会的责任担当和报效祖国的家国情怀等，并且当高端海归人才个体内驱力发挥作用产生了相应成效之后，通过成效评价的机制和活动得到群体内外和社会的认可，其自我社会价值实现感就会倍增，并成为推动其不断实现自我追求的动力之源。因此，高端海归人才参与引进后成效评价所能给予其带来的社会价值认可是其内生动力的重要来源。其次从引进主体来看，尽管高端海归人才引进单位行业领域、工作属性的多样性显著存在，但其引进高端海归人才的初衷均是充分利用高端海归人才资本，以实现科研产出、经济效益、声誉影响等组织利益的最大化。因此，其作为参与成效评价的原动力也在于如何有效客观地掌握高端海归人才的实际工作成效，衡量和反馈引进预期目标的实现程度，以及进一步改善高端海归人才的管理与服务，提升高端海归人才资源的利用效率，从而顺利实现组织目标。

8.1.1.2 基于行政与社会力量的驱动机制

从行政主体的角度来看，近年来各级政府纷纷出台多项政策引导和支持高端海归人才引进活动的积极开展，因而高端海归人才引进后成效评价作为政府引导和政策支持的行为结果，政府作为行政主体参与成效评价机制的内在驱动主要体现在以下五个方面：一是对政策有效性的及时反馈。政府制定高端海归人才引进政策的初衷是围绕国家发展战略，促进国家创新、经济增长和科技进步等。政府积极参与高端海归人才引进后成效评价机制构建，是为了确保政策达到预期的目标和效果，政策效果反馈也是政府内在驱动的一部分。政府追求政策目标的愿望驱使其必然关注成效评价，以评估相关政策的有效性。二是对资源分配合理性的检查。政府作为政策的制定者和执行者，需要确保国家资源得以有效利用。高端海归人才成效评价可以帮助政府判断哪些政策和项目值得继续支持，哪些需要改进或终止，从而实现资源的合理分配。政府的内在驱动力在于最大限度地发挥社会资源的效益。三是政策持续改进的动力。通过高端海归人才成效评价，政府可以及时了解政策的局限性和不足之处，并在此基础上进行改进，进而提高政策的有效性，以更好地服务国家和社会的利益。四是社会责任履行的要求。政府在引导和支持高端海归人才引进方面具有相当的社会责任。政府的内在驱动力之一是确保社会公平和人才资源的合理分配，以促进国家的长期发展。成效评价是政府履行这一社会责任的一种方式。五是国际竞争力的维护需要。高端海归人才作为国际性的战略人才资源，政府关注国际竞争力的维护，对其引进后成效评价是人才工作中的重要环节，也是进一步深化人才强国战略的必要条件，因此也成为政府方面的驱动因素。

公众参与高端海归人才引进后成效评价的内驱动力机制包括对社会利益的关切、民主参与意识的表达、社会监督角色的实现、社会公平保护、未来发展的期望和社会责任感的驱动。这些驱动因素使公众积极关注高端海归人才引进政策的实施和成效，以确保政府和相关机构的决策符合社会的期望和需求。第一，随着民主参与意识的加强，社会公众更加愿意积极表达对政策和社会问题的关切。他们作为社会资源的共同享有者会对高端海归人才引进活动、资源的投入及产生的结果情况有了解的需求。第二，由于高端海归人才引进的特殊性，社会公众，包括本土人才通常会关注社会公平和机会均等等方面的问题，期待高端海归人才引进政策能够实现资源配置的合理和公平，因此也会产生驱动力。第三，对社会利益的关切。公众通常对国家和社会的利益非常关心，他们希望确保政府和相关机构的政策和资源投入能够为社会带来最大的好处。因此，公众对高端海归人才引进后的成效有着内在的关切，这驱使他们积极参与成效评价活动，更加关注政府政策的制定和执行过程。第四，社会监督角色的实现。社会公众希望政府和政策制定者负责任地管理国家资源，确保公共资源得到合理利用。这种社会监督的角色使公众对政府引进高端海归人才后的成效保持关注。第五，对未来发展的期望和社会责任感的驱动。公众切实关心国家的未来发展和竞争力，他们希望确保高端海归人才的引进有助于提升国家在全球的地位，也愿意参与成效评价活动，以确保政府和社会资源得到有效利用，这些也激发了社会公众参与高端海归引进后成效评价的动力。

8.1.1.3　内在动力的博弈与协同机制

各个主体的内在驱动力在高端海归人才引进后成效评价机制中形成了一种相对独立又相互作用的博弈关系，最终将成为推动整体评价机制运转的内部合力驱动机制。

首先是高端海归人才主体与引进主体之间的博弈平衡。高端海归人才追求个人职业发展和社会价值的实现，而引进主体追求资源的高效产出和组织利益的实现。两者存在一种潜在的博弈关系，因为他们的目标和动机可能并不总是完全一致，这种博弈可能导致不同的结果。如果双方能够有效地协调和合作，他们可以实现个人职业发展和社会价值实现与组织利益的双赢。这意味着高端海归人才不仅为组织创造价值，同时也能获得组织提供的满足其职业目标的机会和奖励，实现双赢结果。如果博弈过于激烈，可能会导致零和结果，其中一方的收益减少会导致另一方的增加，反之相反。这可能不利于长期的合作和可持续发展。但往往博弈的结果可能是妥协，双方在个人和组织利益之间寻找平衡。虽然可能不是最理想的结果，但可以实现某种程度的满足。为了尽量获得双赢的博弈结果，高端海归人才成效评价机制可以作为协调和促进博弈的工具，通过客观评估工作成效和贡献，为双方提供公平的评价依据，有助于减少博弈的不确定性，从而更好地实现个人和组织的目标。

其次是引进主体和人才主体与行政主体之间的力量协调。引进主体希望借由政府政策支持高端海归人才的引进和使用实现组织的利益最大化。高端海归人才可能期望政府提供更多的支持，如税收优惠、科研基金、工作发展等，以满足其个人需求。而政府作为行政主体需要确保政策目标的实现，确保引进主体按政策目标行事，引导高端海归人才推动经济增长和科技创新等国家战略目标。与此同时，政府还需要平衡和检查各种政策目标和资源分配，以确保国家资源得到有效利用。可见，引进主体和高端海归人才可能期望获得更多的资源支持，而政府需要确保资源的公平分配，以促进公共利益和社会公平。他们之间的博弈关系集中体现在政策制定、资源分配、监督与反馈等方面，需要共同协商合作，以实现个人、组织与国家或地区的长期发展目标的平衡。这一合力也成为高端海归人才引进后成效评价机制的内在动力，保持系统内的透明性和公平性，促成博弈的最优结果。

行政主体和社会主体之间的力量也会相互作用。社会主体关心政府政策和资源分配的公平性和合理性。希望确保社会资源得以合理利用，维护公共利益。一方面社会主体希望通过监督政府政策和资源分配确保政府履行其社会责任；另一方面政府则需要考虑公众关切，以维护政策的合法性和社会的长期发展，同时也需要根据社会的期望和需求不断改进相关政策，以实现更好的社会效益和资源的合理分配。

综上所述，高端海归人才引进后成效评价系统中的博弈关系和博弈结果凸显了各个主体之间的互动和合作的复杂性，然而，这也是最终形成该评价机制启动和运转的内在驱动集合，同时还是实现高端海归人才引进后成效评价机制基本运作和整体效益最大化的主要动力。

8.1.2　外部激励机制

外部动力机制是处于高端海归人才引进后成效评价机制系统之外，但也会推动评价机制运转的外围力量，其主要由激励系统组成，即由机制参与者的获利系统构成。一个成熟的运行机制必离不开一套有效的外部激励机制，这种机制能够不断吸引机制的各参与群体或行为人群自觉、自愿或被引导地参与到机制活动中，并自觉遵守机制的活动规则，为实现各自利益和整体目标而作出努力的功能。外部激励机制的设置固然重要，但是其发挥作用的前提和本质仍然是对内部驱动力的触动和激发。因此，基于对高端海归人才引进后成效评价机制内部驱动要素及其作用合力的分析，我们应明确以下要点：首先设置利益共享和共赢机制，强调参与各方在成效评价机制运行和评价活动中的利益共享和共赢。创建一个多方参与的合作框架，包括政府部门、企业、高端海归人才、高校及科研机构等，以确保各方在成效评价中共同参与并分担责任和分享利益，包括成效评价的目标确立，评价内容及指标体系的选择，评价程序及结果的应用，反馈与奖罚制度的设计等。同时赋予各主体相应的参与权与决策权，可以通过建立多方合作的委员会或决策机构实现，确保各方在机制的设计和改进中均有意见表达的权利和渠道，增强他们的投入感和责任感。另外，构建沟通及宣传机制，定期沟通高端海归人才引进后成效评价机制运行效果及评价实践活动开展出现的问题，在改进机制的基础上，更重要的是肯定各主体参与的价值和贡献并鼓励他们继续投入。在具体设计外部激励机制时，理解和考虑每个利益主体的内在追求是关键，同时，考虑到激励作用对象的明确性和措施的针对性，我们将按照各参与主体给出相应的外部激励机制。

从高端海归人才主体自身的内驱因素来看，首先要建立荣誉和奖励机制和体系，为那些在成效评价中表现出色的高端海归人才颁发奖项或荣誉称号，以表彰他们的贡献和成就。对应建立奖励体系，定期评选并颁发奖项和给予物质奖励，包括对科学技术研究开创性成果的奖励、对国家重大项目重大战略贡献的奖励，以及其在社会、国际交流等主要成效方面的贡献给予高度的认可和激励。其次是对参与评价活动的支持。为高端海归人才主体提供培训支持，帮助他们更好地理解和参与成效评价活动，帮助其更好地理解成效评价的内容、方法和工具。并可以组织研讨会、讲座和培训课程，使他们具备参与评价活动所需的基本理念和参与方式及方法。最后积极推动高端海归人才参与评价机制中的相关决策。设置高端海归人才的参与机制，邀请高端人才参与评价机制的制定和改进，并将他们的意见表达纳入决策过程，运用他们的主体经验和一线反馈一方面可以帮助确保评价标准和流程更加合理和实用；另一方面也会激励高端海归人才主体更积极地参与成效评价工作。

针对引进主体的外部激励机制主要可以从以下四方面着手。一是设置绩效考核机制，将成效评价活动的开展及评价结果的应用与引进主体的绩效考核挂钩，激励各组织层级积极支持高端海归人才引进后成效评价工作。根据引进主体的高端人才引进成效评价活动的开展和反馈程度，提供奖金、奖项或其他激励措施。二是提供资源支持。提供必要的资源和支持，以协助引进主体参与评价活动。例如，确保引进主体能够轻松访问所需的资源和工具，包括提供数据收集工具、技术方法支持和专业人员的辅导和咨询等，以支持他们积极参与和开展评价活动。三是可建立经验分享机制，通过搭建分享平台和广泛宣传等方式，对高端海归人才引进后成效评价活动取得良好效果、具有可推广经验的组织和引进单位进行分享和探讨，鼓励引进主体及时了解如何改进他们的高端人才引进策略和成效评价的实施。四是给予政策认可和奖励。政府可以公开表彰那些在高端人才引进后成效评价活动中表现出色的引进主体，以树立榜样，也可以颁发荣誉奖项或邀请其参与政策制定过程以给予表彰和肯定。同时，政府可以为那些积极支持成效评价活动的引进主体提供政策性奖励，如税收优惠或更多的高端海归人才引进机会等。

作为高端海归人才引进后成效评价机制设计的主要力量，政府有着很大的内在驱动力去参与机制设计，推动评价工作的展开，那么如何利用针对各层级政府的外部激励机制，让其内在驱动力更好地发挥呢？例如，设立正向激励的措施，鼓励各级及各地方政府积极探索建立相适宜的高端海归人才引进后成效评价办法和措施。设立奖项和荣誉，表彰在高端人才引进和成效评价方面表现出色的政府部门和工作人员。另外，积极推进政策评估机制的建立，引入外部独立机构或专业智库定期对高端人才引进后成效评价的相关政策制度进行评估和审查，从而促进政策体系的持续优化；设立政策对话和咨询机制，建立政策对话和咨询平台，与智库、学术界和业界代表密切合作，共同探讨高端人才引进政策的挑战和机会。这种合作可以促进政策的创新和改进；政府可以积极参与国际合作和比较研究，了解其他国家在高端人才引进和成效评价方面的经验和最佳实践。这可以帮助政府借鉴国际经验，优化相应政策。通过这些外部激励机制，政府可以更好地发挥内在驱动力，积极参与高端海归人才引进后成效评价机制的设计和推动，也有助于提高政府的责任感和效率。

社会公众参与高端海归人才引进后成效的激励机制重点仍是鼓励公众保持对高端海归人才引进后成效评价的关注和参与，通过设置信息分享平台发布高端海归人才引进典型事迹、卓越贡献等信息，使社会公众广泛认可并关切高端海归人才引进工作。设置公众参与机制，包括参与的途径与方式、高端海归人才中介机构的引入、参与的奖励等；同时建立有效的社会监督机制，让社会主体能够提供反馈和监督，保障高端海归人才引进后成效的客观评价和社会资源的合理分配，让其更加积极地参与相应政策的制定、更新，以推动高端海归人才引进后成效评价实践良好地开展。

8.1.3　弹性机制

对于一个有机系统而言，弹性机制（flexibility mechanism）是在内外部动力传输的过程中，保证系统运行结果不受影响的情况下，在特定系统、政策或流程中引入的可调整和适应性变化的变量或机制。一般而言，弹性机制并非能够驱动系统运行的力量，但却是驱动机制发挥作用不可或缺的"润滑剂"，以避免系统运行中各要素由于摩擦造成不必要的损耗，而影响系统目标的实现。弹性机制是配合动力机制发挥作用的辅助部分，并与规约机制密切相关，相互配合。因此，更多时候弹性机制很难作为一个具有显著独立界限的机制来看待，弹性机制更多的是体现为系统运行中的一种灵活变通的功能。在各种领域中，弹性机制的应用可以有不同的形式。例如，在经济领域，货币政策中的弹性机制可以用来调整利率以应对通货膨胀或衰退。在组织管理中，灵活的工作安排和员工福利政策可以提供给员工更多的选择和控制权。在科技领域，软件系统中的自适应算法可以根据用户行为和需求进行自动调整。在高端海归人才引进后成效评价的机制设计中，弹性机制可以理解为评价活动中各种设定可调整的尺度和空间，从而适应特定情况及各种不可预测的情况发生，缓解机制设计目标与运行现实不完全对应时产生的摩擦，如机制运行偏差、走样等[190]，确保评价过程更加公平、准确、有针对性，并能够适应高端人才在不同领域和不同时间段内的贡献成效评判。

弹性机制的首要特性是具备调整能力、个性化能力和适应性能力。调整能力是弹性机制允许高端海归人才引进后成效评价机制在不同情况下作出调整，以满足不同的需求或目标。例如，成效评价的分类标准、指标选择、权重设定等规约机制的要素内容，可以根据不同场景、不同类型的高端海归人才进行调整。例如，引进的高端人才涉及不同领域、不同专业领域和不同职业行业，因此评价指标的选择空间必须要包含覆盖全面的多维度的因素，如科研成果、技术创新、团队协作、知识传承等。并允许权重在不同评价指标之间进行调整，以便更好地反映不同类型、不同需求的高端海归人才引进后成效评价的要求。对于科学研究型高端海归人才，科研创新的权重可以拥有较高的权重；而对于产业技术类高端海归人才，技术创新和产业贡献的权重可能需要更高的赋权范围。同时，由于高端海归人才引进成效内涵广泛，表现形式多样，并且高端海归人才位于人才队伍的最高层次，因此需要更大的弹性和空间，弹性机制的设计必须兼顾高端海归人才个体的独特性，满足其成效评价的个性化需要，允许个体或组织在特定条件下自定义或调整策略，甚至也可以参考高端海归人才引进中的"一人一议"政策进行个性化的定制，并配合资源分配与评价流程中适当的调整，以全面满足评价结果的有效性。另外，弹性机制可以允许高端人才在一定程度上参与选择自己的所属分类，参与相应类别的评价指标的选择和赋权过程，以获得评价对象的首要认同，进而更好地满足其引进成效的客观评价与持续提升。此外，需保持高端海归人才引进后成效评价机制的适应性。弹性机制使系统能够适应外部环境的变化，包括时代要求的变化、国际环境变化、社会发展、技术进步、政策法规变化等，通过在机制设计系统中建立多样化选择策略或备份计划，有助于高端海归人才引进后成效评价机制系统更好地应对发展中的不确定性和风险，减少摩擦，减轻潜在的负面影响。

需要注意的是，对于政策机制设计而言弹性设置需要把握一个度，政策机制的作用空间会随着弹性的增加而扩大，但超过一定限度则会影响政策的执行效果，甚至会背离原有的政策目标。所以这意味着不能尽量压低弹性机制作用的发挥，从而僵化政策的执行和落实，脱离评价实践的现实需求[191]。虽然高端海归人才的引进后成效评价中的弹性机制有其存在的必要性，但也可能会因此导致评价过程中出现评价结果失真的现象。一旦弹性超过某一临界点，灵活性就会转变为偏离、变异甚至对抗，这种偏离和变异又会对成效评价机制目标的实现产生极为不利的影响。因此，为防止机制运行"一刀切"、各层面的成效评价活动开展参差不齐，抑或机械无效的现象出现[192]，必须强调弹性机制的适度性原则，扬利去弊地发挥弹性的作用，才能合理把控高端海归人才引进后评价成效的时势，并张弛有序地对规则指导进行变通。

8.2 共享机制

共享机制是一种组织或系统中的安排，旨在促使系统内资源、信息、知识、经验或权力得以共享、分配或交流。对于一个系统的运转而言，共享机制的建立首先可以确保资源得到更有效地利用，提升系统的持续性发展能力；其次也有助于不同个体、组织或利益相关者之间的合作和协同工作，以达成系统运转共同的目标；再次可以提高信息的透明度，减少信息不对称，增强各方之间的互信度，并且通过共享资源、信息和成果降低成本；最后共享机制可以鼓励知识和经验的传递和分享等。因此，在高端海归人才引进后成效评价机制的运行中，共享机制的设置也是不可或缺的一环。它可以促进提升成效评价机制的运转效率，提高成效评价的准确性和透明度，也可以通过各种信息与结果的共享交互，增强成效评价机制的有效性和实用性。

8.2.1 信息数据共享

信息共享机制是将高端海归人才引进后成效评价的相关信息或数据与相关方或利益相关者共享，以便他们能够访问、了解或使用这些信息数据。高端海归人才引进后成效评价体系中的信息数据巨大，首先可以推进高端海归人才电子档案系统的建设，以及评价专家库和评价委员会的基本信息在一定程度上的开放和共享，如公开评价委员会的成员名单、背景和评价程序等，以提高透明度和公平性，其次需要确保各利益相关方清楚了解如何对引进后成效的评价和衡量，因此对于评价目标和期望、分类标准与类型、评价指标与程序、评价方式和工具等的基本规约有完备的展示和足够的解释。信息透明度是维护高端海归人才引进后成效评价有效运转的前提，透明度的缺失可能会引发高端海归人才等相关人员的质疑和信任度降低。因此，在引进后成效评价之前需要明确公开披露的原则、目的和具体内容，并建立信息公开的制度和流程确保评价标准、流程和方法对高端海归人才和相关利益相关者可见和理解，以减少信息不透明及偏差带来的不确定性和不满。

在数据共享机制中，清楚界定数据的所有权和使用许可是共享机制中的关键方面。高端海归人才成效评价的相关数据需要明确其上传的数据如何被使用，被哪些机构所使用以及是否保留所有权。因此，可以根据线上线下实现方式的不同进行共享权限的分类。线上权限用来保证基于在线工作模式时控制数据的操作权限，线下权限用于保证数据离线时控制数据的操作权限，从而为不同共享模式提供追溯功能[193]，也可以利用区块链技术，通过以以太坊为基础的智能合约的设计设置不同用户的访问权限，实现用户间高效安全的点对点数据共享和信息的安全保护。全系统实现各主体的互惠和信任，促进成效评价数据的增值利用。

8.2.2　共享平台建设

在如今数字化快速发展的时代，高端海归引进后成效评价的共享机制的建立应建设一个专门用于收集、处理、共享和存储有关高端海归人才引进后成效评价的信息、数据和反馈的数字平台，允许高端海归人才和相关利益者在其中进行信息交流、数据上传和评价进程跟踪等，有助于确保评价信息的透明、评价过程的高效和公平，并促进相关方之间的合作和沟通。其中，作为高端海归人才引进及后续评价的服务平台，首先，建立全国通用性的共享信息机制是必不可少的。例如，全国通用性的评价政策共享信息要具有全面性，应系统展示高端海归人才相关政策法规以及必要的分析与解答，为各利益相关方扫清政策认知障碍，积极推动相关政策的落实。其次，作为集中与处理数据的核心平台，该共享平台可集中存储有关高端海归人才评价相关的各种信息，包括高端海归人才数据库、各领域专家库，以及评价活动相关的评价标准、目标设定、成效测量等。例如，建立覆盖全面、跨地域及跨行业的高端海归人才引进后成效评价的专家库，通过共享机制降低匹配难度。此外，还可以设置自我评价和同行评议等基础性评价功能，通过在线调查或电子表单实现数据的采集与储存，并配备相应数据处理、集成与报告反馈的基本性能模块，平台可以生成评价报告和分析，以便评价者和高端海归人才了解评价结果，发现趋势和改进点。共享平台可以支持互动和反馈，包括讨论板块、聊天功能或反馈回路，以便相关方之间交流和问题解决。共享平台的建设可以通过内部开发或采用第三方软件工具实现，具体的设计和功能应根据评价的目标和层次需要制定。

同时共享平台还可以作为安全的网络门户，因此平台的建设需要考虑用户友好性、易用性和可访问性。建设该平台的框架包括技术框架设计、应用机制设计、提供技术支撑以及进行应用和讨论。在技术框架设计时，应当保证网络传输与访问安全，实现数据多方维护、交叉验证、全网一致。应用机制设计则是根据不同类型不同目的的成效评价组合指标后发布评价任务，高端海归人才及各评价层级提供相应成效数据后进行评价，在评价后及时反馈和评议，并经过讨论解决问题及再评价的过程，如此反复直至得到科学合理并满意的评价结果。技术支撑是平台运行和评价技术上的不断更新与维护，为评价活动及过程提供实现保障。最终以完整的评价结果在共享平台展开进一步的应用。

8.2.3 信息安全与保护

在共享机制的建设过程中，信息的安全与保护尤为重要。其一，在数字化时代，有效的数据安全与保护是一个综合性的问题，它关系到个人权益、组织利益、国家安全和社会稳定。其二，又由于高端海归人才的特殊战略资源属性，对其个人信息及引进和成效评价的相关信息与数据可能包含敏感和机密信息，也涉及知识产权、商业机密甚至国家发展战略。因此，在国际竞争激烈的情况下，基于个人与组织利益、国家安全和利益的保护要求，必须加强数据安全的保护机制与措施。共享机制中的共享必须是有限制的、经过授权的、合法的共享行为[194]。在具体措施中，信息安全与保护可利用数据加密技术，对于评价中的人才信息、成效成果信息设置访问及使用权限，对于访问的用户也应当进行筛选控制，访问用户要有相应的身份验证机制；信息系统数据库中的任何信息资源需要经过审批程序方能进行转移；设置平台信息追踪机制，以跟踪查询具体信息的使用状况，在发生任何情况时方便回看督查，以便追责等。

8.3　监控机制

一般而言，监控机制是用于定期追踪、记录、评估和报告有关某个活动、过程或系统信息的一种系统性程序或方法，旨在确保相关活动或过程达到预定的标准和目标，或者及时发现和纠正潜在的问题和异常情况。加之，由于高端海归人才引进后成效评价需求与目的多元、人才类型多样化，以及成效内涵和表现的不断发展，要求成效评价机制的设计应满足一定的规律性和相对性。因此，如何保障相对性和主观因素的合理作用发挥，建立相应的监控机制更是十分重要的。依靠高端海归人才引进后成效评价的监控机制提供成效评价的实时或定期的数据和信息，帮助评价活动的利益相关者掌握高端海归人才引进后成效评价活动或过程的状态，有助于识别和记录问题、异常情况或潜在风险，并及时采取相应行动和纠正措施，以进行及时维护或改进，保障高端海归人才引进后成效评价机制的持续运行。

8.3.1　基于过程的监控机制设计

基于系统论的观点，高端海归人才引进后成效评价机制是一个复杂的系统，各个组成部分相互关联。出于对监控过程的平衡性和监控内容专业性的考虑，需要设计一个全过程的监控机制，覆盖评价前、评价中和评价后的各个阶段。通过全过程监控的设计，可以综合考虑高端海归人才引进后评价运行系统各个部分的维护重点和重点间的相互作用，以便优化和可持续地保障整个系统的运行。

在高端海归人才引进后成效评价前的监控重点主要在于对成效评价机制体系设计的质量及可行性。这一阶段的监控主要关注的是评价体系的基础是否稳固、评价计划和程序是否可以如期执行、预期的效果是否可以顺利达成。具体来说，这一阶段的监控包括对评价机制本身的评估，如高端海归人才引进后成效评价机制的设计是否完善、是否具备科学性和可行性。因此，可组织各级和各领域的智库力量对高端海归人才引进后成效评价机制和政策构建进行深入研究和审查，并征集意见建议进行修正和完善。此外，对于评价参与方和评价流程的合规性也是这一阶段监控的重点。这涉及对各利益相关方及参与者专业素养和道德素质的审查，参与的方式与途径的引导和监督，以及对评价流程的模拟与监测，对其合理性和公正性进行评估。另外，评价前监控还需要确认评价机制安排是否满足不同类型或层次成效评价的需求，即成效评价的结果和应用能否达到预期的目标，能否满足利益相关者的要求。对此可进行一定样本范围的预测试，以收集结果，并进行各方的满意度评价和意见反馈。

在高端海归人才引进后成效评价机制运行的同时需要对评价过程进行一定程度的跟踪、观察和分析，从而进行有效监督以促进成效评价活动公平、公正地实施。该阶段监控的重点主要是关注评价活动的组织和开展、评价方式方法的恰当运用、评价信息及数据的准确性和客观性等。政府或企业组织可根据评价需要成立专门的高端海归人才引进后成效评价监督工作组，全程对相应成效评价活动进行实时监督。同时建立高端海归人才引进后成效评价数据质量监控系统，确保成效评价相关数据的准确性和完整性，包括数据验证、核对和比对；借助信息技术和数据分析工具实现实时数据的收集和分析，以及时识别问题或异常情况；建立问题报告渠道，以便相关方能够及时报告评价机制运行的问题和建议。评价中的监控是整个监控层级的最主要一层，是实现高端海归人才引进后成效客观评价与相应激励与管理服务办法的直接依据。针对评价中的监控，也可以通过监控高端海归人才引进后成效评价机制运行指标来实现，比如运行效率、满意度、目标实现度等[195]，需要强调的是过程监控不是时刻监视，只是监控评价过程的有序、评价结果真实与否，不可过分监控导致评价参与者产生消极情绪，造成评价结果的偏离。

评价后的监控则关注评价结果的合理运用、机制运行的结果反馈和持续改进。可以由监督工作小组负责，委托独立的评估机构将高端海归人才引进后成效评价机制运行的结果向相关利益主体报告，以提供机制运行的绩效信息，包括评估结果是否准确无误、相关工作人员是否有异议以及后续结果运用是否规范合理等。对于评价后的监管还需要对整个评价过程进行详细地记录和存档，以便后续的查阅和审核。同时，对于评价结果的应用也需要进行严格的规范和管理，确保评价结果能够真正为高端海归人才的服务和发展提供有力的支持和指导。

8.3.2　监控主体的选择

行政主体、引进主体、高端海归人才主体、独立评估机构以及社会公众等高端海归人才引进后成效评价机制的利益相关者和参与者都可以是监控机制中的主体。行政主体通常在高端海归人才引进政策的制定和实施中扮演核心角色。因此，政府的相关部门（如科技部门、人力资源部门、财政部门等）可以作为监控主体，负责评估政策执行情况、达到的成效和政策目标的实现。同时，为确保独立性和客观性，政府或组织可以聘请独立的评估机构或专业团队，依据其提供的专业意见和独立的评价监控和评估高端海归人才引进后成效评价机制运行及活动的开展效果；也可以聘请专业咨询顾问或组织智库力量，依靠其专业和经验确定监控方法、监控指标，制定成效评价机制的监控流程等。高端海归人才主体、引进主体、社会群体等也是监控的关键利益相关方。他们可以提供问题反馈和意见报告，以及参与评价机制运转过程的监督。如果高端海归人才引进后成效的评价是基于特定组织或单位内部的，那么该组织或机构的内部管理团队可以作为监控主体，确保成效评价满足组织需要，按目标计划执行，机制运行绩效得到满足，问题得到及时解决。

不同的具体情境下，对于高端海归人才引进后成效评价监控主体的选择取决于成效评价的层次、目的及类型。如果成效评价涉及高端海归人才引进的战略层面，那么政府部门和国家机构通常应作为监控主体组织监控工作，并制定相应的监控规则与操作手册；如果成效评价更关注高端海归人才某政策实施的具体细节和程序，那么政府相关部门、智库团队或独立评估机构可能更适合作为监控主体。其中，如果目标是提高政策的有效性、透明度和问责制，外部独立评估机构或社会组织可能更有利于实现监控的客观性和独立性；如果成效评估的层次是基于高端海归人才个体，以及某引进单位或组织的高端海归人才引进后成效的评价，那么监控主体可以由引进主体、高端海归人才主体以及第三方机构共同组成。同时，多主体跨部门合作也是一种常见的有效监控方式，通过监控主体构成的多元利益方的共同参与和各方利益的博弈和平衡，最终形成各方相互约束、共同认同的监控机制。

如果高端海归人才引进后成效评价涉及不同领域、不同职业专业等不同类型的成效评价，监控主体的选择需要综合考虑多种因素。对于跨领域和多类型的成效评价，可以考虑多个政府部门和机构之间的协作。各部门应根据其专业领域和职责共同监控和评价，以确保监控实施的全面性和专业性。此外，也可以聘请独立的评估机构或专业团队，特别是当需要客观和独立的评价时，这些机构通常具备专业知识和经验，可以进行跨领域的评估，以确保有效监控评价的公正性和客观性。对于高端海归人才引进后成效评价的特定领域，可以组建专家团队，包括来自专业领域和具有相关背景的专家。这些专家可以依据自有的专业领域知识和实践经验，确保监控的专业性和深入到位。同时积极鼓励专业领域的利益相关方参与监控过程，包括高端海归人才、行业协会、专业学术机构等。同时可以建立监控合作机制，以便各监控主体能够共享信息、数据和经验，从而更好地协调和合作。

在各种监控行为的实践中，监控委员会也是一个至关重要的机构设置参考，其职责是确保整个过程公平、公正和符合相关规定。针对高端海归人才引进后成效评价机制的构建和运转，也可以组建相应的监督委员会，需要具有良好道德品质和专业素养的成员，包括相关领域专家、学者、政府代表以及高端海归人才等，以便从多个角度对高端海归人才引进后成效评价机制的设计和运行进行全面分析和问题发掘。委员会的成员应该秉持着客观公正的原则，不受任何利益集团的影响。他们应该具备扎实的专业知识和丰富的工作经验，以便更好地履行职责。此外，监督委员会还应该建立明确的工作章程和操作流程，以便在开展工作时遵循统一的标准和程序。通过这种方式可以确保整个成效评价机制构建和评价活动开展的过程符合相关规定，并且能够得到一个准确、客观的评价结果。

8.3.3　反馈和申诉机制

反馈和申诉机制通常是监控机制的重要组成部分，它是一种用于解决问题、纠正错误或提出异议的渠道建设、程序或流程设计。其主要包括反馈和申诉两个方面。高端海归人才引进后成效评价监控机制设计中的反馈旨在各评价参与主体反映有关成效评价机制构建、评价活动及行为、评价结果及应用的信息，以便对高端海归人才引进后成效评价机制系统地评估、改进或调整。反馈可以是正面的也可以是负面的，但它的主要目的是提供有效信息，以便采取适当的措施进行改进和优化。监控过程中设置的申诉机制则是应对在不满意某一评价结果、评价行为或其他因素的情况下，提出请求重新审查、修改或撤销评价的结果、决策或情况。申诉通常是监控机制中一种正式的程序，可以帮助确保高端海归人才引进后成效评价公平和正义的实现。

在设计反馈和申诉机制时，这个机制应该是相对独立的渠道和体系，这样才能确保其公正性和透明度。首先，高端人才引进后成效评价的参与方应该能够不惧任何形式的压力或诱导，自由地表达他们的异议或投诉。其次，申诉程序应该简单易行，各主体能够快速、方便地提交申诉请求，这也需要设计者考虑到申诉处理的效率和质量，尽量避免出现拖延或推诿的情况。此外，申诉结果应该得到公正、及时的回应。对于相关利益主体的申诉请求，如果确实存在不公平或错误问题，应该及时纠正并给予相应的补偿。同时，对于那些滥用申诉机制的行为，也应该采取相应的措施予以惩戒，以维护机制的公正性和有效性。

8.3.4　修正机制

修正机制和监控机制都是组织或制度中用于确保评价运行系统合规性、有效性和公平性的两个相近概念。它们在许多情况下相互关联，互为补充。高端海归人才引进后成效的监督机制主要关注对成效评价机制构成的方方面面进行监督和评估，以确保其合规性和目标实现。它通常是一个连续性的过程，侧重于独立性、规范性的外在的监督。而修正机制更侧重于解决成效评价机制运行中发现的问题和不足，采取纠正措施，以确保成效评价系统顺利有效地运转。两者可以相互关联，监督机制可能会发现问题，然后引导采取修正措施解决这些问题。总的来说，修正机制是建立在监控机制之上，旨在进一步改善整个评价系统。

问题识别是修正机制的首要任务，它需要对高端海归人才引进后成效评价体系进行全面的了解和分析。通过收集数据、分析信息和调查，问题识别帮助组织或系统发现并确定存在的问题、违规行为或不足。当问题识别之后，解决问题是当下的重要环节。问题解决需要制订和实施解决问题的计划和措施，以纠正评价系统中目前存在的问题。这些计划和措施可能包括制定新的政策、修改流程、监督和多轮评估等。除了解决问题，修正机制还需注重改进流程。通过重新审查和改进评价系统的流程、政策和程序，可以避免类似问题的再次发生。通过这些改进，高端海归人才引进后成效评价体系可以更好地适应环境变化，提高运行效率。此外，修正机制需要在评价体系中对各组成部分进行详细的审查、纠正，并根据实际情况进行不断更新，以避免评价导向、内容、方法体系等发展滞后，造成无效或低效评价。高端海归人才引进后成效评价的修正机制的设置主要是要形成一个经常性的、规律性的做法，即评价运行机制的各个组成部分进行经常性的审查、研究和革新，并通过一个规范性的仪式或过程实施修正行为，使其出现的问题能够被及时地发现和纠正。修正机制设计的核心在于设置一个专门负责进行机制"体检"的管理部门，并定期开展"体检"活动。

8.4　本章小结

本章根据高端海归人才引进后成效评价机制的构建逻辑架构，重点分析和构建了成效评价活动的实现机制，即高端海归人才引进后成效评价的运行机制。首先，依据机制设计理论分析高端海归人才引进后成效评价的内外部动力机制，深刻剖析了包括基于个体与组织利益的驱动机制、基于行政与社会力量的驱动机制，以及这些内在动力的博弈与合力机制。并在此基础上对各个利益主体具体设计外部激励机制，以努力实现激励作用对象的明确性和措施的针对性。同时，为保证内外部动力传输的过程中系统运行结果不受影响，本章在动力机制中引入了可调整和适应性变化的弹性机制，并给出了建议措施和实施要点。其次，考虑到高端海归人才引进后成效评价系统运转中资源的充分有效利用，我们设计了共享机制，从信息数据共享、共享平台建设、数据信息安全与保护等方面给出了具体阐述和意见建议。最后，基于系统运转的维护和可持续发展需要，本章还针对高端海归人才引进后成效评价的监控机制进行了分析设计，一方面构建了全过程的监控机制，提出了分阶段监控的要点和方式；另一方面对监控主体进行了分析，并基于不同情境下的监控主体选择给出了意见，并且进一步针对高端海归人才引进后成效评价的监控特点和层次设计申诉和反馈机制，以及修正机制的作用对象和程序等。以期基于系统运行的理论构成和现实需求形成较为全面和有效的高端海归人才引进后成效评价的运行机制体系。

第9章　聚焦于评价活动支持的保障机制构建

对于高端海归人才引进后成效评价工作的保障体系建设，需要从制度、组织、资源、环境等多角度提供全面支撑，以推进评价工作规范开展。在制度保障方面，需要制定规范、标准化的评价流程和指标体系，形成制度化的文件规范，并注重政策创新与试点，推进评价工作规范化。在组织保障方面，要加强党对评价工作的领导，构建协调机制，打破工作壁垒，推进成效评价工作全面落地，并对评价过程实施监督，提供组织保证。在资源保障方面，需要给予评价主体充足的经费支持、建立高水平的评价专家队伍并给予激励，同时利用信息技术建设专业的评价信息系统，提供规范化和专业化的资源保障。在环境保障方面，要加强评价主客体的道德建设，完善知识产权保护，营造积极的工作氛围，为评价工作提供风清气正的环境保障。

9.1　制度保障

为科学、高效地推进高端海归人才引进后成效评价工作，须在制度的顶层设计上予以指引，评价指标、评价主体、评价过程等具体工作内容的实施要符合流程化、标准化，不断总结经验，形成成效评价工作的制度化文件体系。与此同时，还应注重高端海归人才引进后成效评价工作中相关的制度创新、政策协同与政策试点工作，加快推进成效评价工作落地化、规范化、成熟化。

9.1.1 加强顶层设计使成效评价工作制度化规范化

一是政府要加强宏观顶层设计，为高端海归人才引进后成效评价工作确定评价导向。推进高端海归人才引进后成效评价机制构建必须按照国家人才规划要求，加强顶层设计、整体谋划，明确工作重点和阶段性目标任务，增强科学性、系统性和协调性。同时也要加大改革攻坚力度，着力破解高端海归人才发展领域反映最集中、最强烈的体制机制问题；通过重点领域、重点环节的创新和突破，带动面上体制机制创新，实现以点带面、整体推进。在评价体系的顶层设计上，需要关注高端海归人才引进后成效的多维属性。既要评估成效的创新性、前瞻性等科学价值，也要兼顾技术价值中的共性关键技术取得情况，解决相关产业发展的"卡脖子"问题；还需一定程度地关注经济效益等量化指标，以及提升国家文化软实力、弘扬社会主义核心价值观等方面隐性成效，以核心突破、边界拓展、溢出增效、国际提升为重要评价方面。另外，在评价过程中，指标体系的设置应当兼顾定量分析与定性评判、国际通行标准与中国实际情况相结合。在评价方式上也需注意定量方法与定性比较的结合运用，形成科学合理的判定机制与执行细则等。各级各类高端海归人才管理与使用部门要严格执行这一顶层设计指引，以加快构建系统化、标准化的高端海归人才引进后成效评价模式，为我国实施新时代人才强国战略提供有力支撑。

二是建立健全成效评价工作制度化文件体系。首先，建立系统、科学的评价指标选取需要政策指引。指标选取要综合考量成果的科学价值、技术价值、经济效益等，避免过分依赖单一指标，要使评价指标既有强关联性，也应保证成效评价的全面性。指标体系的设计还可以吸收国内外成功经验，并经多角度论证优化。其次，建立规范评价工作的操作流程规范文件。要制定通用的工作指导手册，细化高端海归人才工作相关各类信息的收集渠道、评价专家的甄选机制、评判会议的召开规则、结果判定的程序、反馈方式等环节的操作规程，使评价工作制度化、程序化、规范化。最后，强化评价结果应用机制建设指导。要建立科学、合理的评价结果应用机制，对成效突出的高端海归人才给予支持激励，提供更高自主权，使之能继续发挥更大作用。同时也要建立负面清退机制，对长期无产出的高端海归人才实施退出替换。此外，成效评价结果也应作为后续高端海归人才引入政策调整和资源配置的重要参考，推动其更好地满足高端人才队伍建设需要。

9.1.2　注重制度创新、政策协同与试点以推进评价工作落地

注重高端海归人才引进后成效评价工作相关制度创新、政策协同与政策试点工作，加快推进成效评价工作落地化、规范化、成熟化。

一是注重高端海归人才引进后成效评价工作中的制度创新，以适应高端海归人才特点，使评价工作更为科学、客观。例如在指标体系建立方面，针对不同学科领域和人才类型设定差异化的定性和定量考核指标，使之更具针对性。在评价过程方面，积极探索评价的新思路和新方法。可以运用大数据分析、数据挖掘、人工智能等技术手段，开发信息化的评价工具；并通过类比成功案例、组织专题评议等方式，使评价更具前瞻性。此外，还可探索与高端海归人才有关的成果评价激励和免责机制。例如健全科技成果转化有关资产评估管理机制，优化科技成果转化管理流程，建立成果评价与转化行为负面清单，完善尽职免责规范和细则。

二是注重政策协同，形成强大的协同效应。为更好地开展和落实高端海归人才成效评价工作，需要注重与其他人才和科技相关政策之间的协同效应。首先，要加强与党中央国务院关于全面实施新时代人才强国战略的顶层部署的紧密衔接，把高端海归人才引进后成效评价作为贯彻落实该战略的重要举措。其次，要与国家相继出台的高层次人才引进培养政策形成合力，使之既为高端海归人才成效评价工作提供评价参考，也使评价结

果更好地优化后续人才政策调整。当前我国已初步建立了高层次人才引进机制，高端海归人才队伍规模也在稳步扩大，这为开展成效评价奠定了坚实的基础。最后，要与完善科技成果评价机制的相关政策形成强大协同。考虑到高端海归人才引进后成效评价中科研创新成果的评判至关重要，因此，成效评价相关制度文件要与《国务院办公厅关于完善科技成果评价机制的指导意见》等政策文件深度融合，从而使评价体系更加科学化。

三是注重成效评价工作相关政策试点，总结推广成功经验。首先，选择典型的高端海归人才引进单位和区域开展试点。可以选择高校、科研院所、高新区等高端海归人才集中的单位和区域作为试点。这些单位和区域既直接面临人才评价的现实需求，也有较强的改革自主权，是开展试点的理想载体。其次，确立试点的改革目标。这些试点要针对现有高端海归人才引进后成效评价中存在的不科学、不适用等问题，确立简化流程、完善方法、强化应用等改革目标。在保证评价质量的前提下，探索出简便实用的新机制新模式。最后，总结推广成功经验。各试点单位要认真总结试点工作中形成的可行性做法，尤其要分析并肯定取得明显效果的改革举措。改革期满后，要由主管部门组织评估，推选出典型案例，形成制度性文件，推动类似单位学习借鉴，使各界主体的制度探索成果产生强大协同效应。

9.2 组织保障

加强党对高端海归人才引进后成效评价工作的全面领导，把握成效评价的政治方向，服务国家发展大局，并通过进一步构建统筹协调机制和开展改革试点，打通成效评价工作中的隔阂，尽快推进成效评价工作全面落地，同时还应加强对成效评价工作的全过程监督，从而为高端海归人才引进后成效评价工作提供坚实的组织保障。

9.2.1　加强党对高端海归人才引进后成效评价工作的全面领导

第一，加强党对高端海归人才成效评价工作的政治性和方向性引导。各级党委要加强对海归人才引进后成效评价的政治方向性把控，引导评价标准更加聚焦党和国家最需要的战略领域和方向，要使成效评价侧重点向国家重大需求倾斜，向攻克前沿科技难题倾斜，向服务国计民生倾斜，对海外高端人才知识和技能如何更好地造福人民提出明确要求。并在此宏观导向下建立科学客观的评价体系，使各类高端海归人才专注国家重点发展需求，发挥应有作用。通过坚持正确的政治方向，防止出现只注重知识技能而忽视政治方向的倾向。

第二，加强党对成效评价工作的全过程监督，完善对评价专家和评价主体部门的监督。各级党组织要加强对成效评价工作全过程的监督管理，建立规范的工作机制。在评价专家选择时，要注意其政治立场可靠、职业部门道德良好、具备专业知识、公正无私。选拔后给予岗前培训，明确其职责要求。在评价工作开展中，采取定期报告、专项检查等方式，加强对评价专家团队和评价主体部门的活动监督，发现问题及时纠正，保证评价公正性。专家团队要坚持原则，防止腐败。评价主体部门也要严格自律，杜绝违规操作。

9.2.2　完善高端海归人才成效评价的统筹协调机制

第一，各级党委牵头成立联席会议，加强统筹协调。高端海归人才引进后成效评价工作涉及人力资源、组织部门、业务部门等多个部门。如果各部门分头行动，难以形成工作合力。因此，各级党委要充分发挥整体领导作用，可以牵头成立联席会议机制，确定相关部门的责任分工。联席会议成员可以包括组织部、人力资源部、业务部门等单位负责人，由党委书记或分管领导任联席会议主席。联席会议的主要职责是确定高端海归人才的分类归属、研究拟定高端海归人才引进后成效评价工作方案，对评价主体、客体等人员的责任进行明确，并加强过程监控，形成强有力的工作合力，保证成效评价工作顺利开展。同时，还应组织各方不定期召开讨论会议，研究解决评价工作中的问题，制定共同遵守的评价规范，并加强过程监管和结果反馈，实现协同高效的评价工作机制。

第二，建立定期沟通对接和经验交流机制。参与高端海归人才引进后成效评价工作的相关部门以及不同区域之间要建立定期沟通对接制度，就成效评价工作规范、工作进展、存在问题等内容进行充分交流。政府部门也可以定期召开成效评价工作协调会，由各部门和不同区域汇报工作情况，交流工作经验，促进各部门和区域之间相互借鉴优秀做法和成功经验，集思广益解决实际问题，同时制定共同遵守的评价规范，并加强过程监管和结果反馈，实现协同高效的评价工作机制，不断提高成效评价工作水平。

第三，建立人才流动与成效评价衔接机制。针对跨区域工作流动的高端海归人才，评价主体单位应建立成效评价工作衔接机制。人才流出地应及时将人才基础信息、已有评价数据和结果等全部资料转移至接收地评价主体单位，实现评价基础数据顺利接续，为接收地继续开展后续评价工作提供基础依据。在人才正式转入过程中，两地评价主体单位要加强沟通对接，确保评价资料无缝衔接。

9.3　资源保障

为高效完成高端海归人才引进后成效评价工作，需要评价主体单位在工作经费、评价专家队伍、信息系统等方面提供充足的资源保障。首先，评价工作需要充沛的工作经费支撑，并应给予使用报销便利；其次，组建高水平的评价专家队伍也至关重要，对所组建的评价委员会专家进行专题培训，同时，还需加强对评价专家队伍的激励引导，提高其对该成效评价工作的重视程度和积极性；最后，利用信息技术建设专业的成效评价信息系统，使之在指标体系设计、工作流程、数据存储等方面发挥信息化支撑作用。各评价主体单位应重视对评价的资源保障，使之规范化和专业化，以更好发挥高端海归人才引进后成效评价的效用。

9.3.1　提供充足的成效评价工作经费

完善工作经费保障工作，可以使成效评价经费得到充分保障并规范高效使用，为开展高质量的高端海归人才引进后成效评价提供强有力的经费支撑，提高评价工作效果。

第一，主管单位要提前做好成效评价经费预算。主管单位在组织开展高端海归人才引进后成效评价前，应科学合理地做好经费预算工作。预算时要充分考虑本次评价的具体情况，全面预估各项评价环节所需的经费支出，评估可能需要的费用项目包括但不限于：相关外聘专家人员的出差费和劳务费，对于高端海归人才的专业成果，酌情聘请行业内权威的专家学者担任评委，给予合理回报；评价委员会活动场地及后勤保障费用，还应做好外聘专家人员的接送、住宿、交通等方面工作，保障集中成效评价活动顺利进行；评价信息系统开发和日常运维的费用支出等。预算时要参考往年相关工作的实际经费消耗情况，按照评价工作未来一段时间的规模需要科学设计，做到不漏项，并报主管领导审批，以确保评价工作获得充足的经费保障。

第二，要给予评价经费申请审批及报销便利。各职能部门和专家评价小组根据预算，在开展评价具体工作时提出经费申请。成效评价工作主管部门和财务等部门在进行审批时，应给予足够便利，避免刻意刁难或打包延期审批的情况发生，确保与预算相符、工作确有需要的各类费用支出可以快速到位，保障评价工作顺利进行。在评价活动结束后进行费用报账报销时，主管部门也要简化审核程序，对合理的费用支出给予支持，避免出现"报销难"的情况，从而提高相关评审专家参与高端海归人才引进后成效评价工作的积极性。

第三，制定评价经费管理办法，杜绝违规支出。成效评价工作主管部门要制定完善的评价经费管理办法，对资金的申请审批、具体使用和监督检查、报销等全过程进行规范和约束，严格执行，杜绝经费被个人挪用或非法占用的情况发生。要设置专人进行日常监督，确保资金只用于高端海归人才引进后成效评价工作规定的用途。如果发现违规支出情况，要及时核查责任并进行处分，绝不姑息隐瞒。同时要定期公布评价经费的使用情况，接受监督。

9.3.2 组建高水平的成效评审专家队伍

第一，根据高端海归人才不同类别，组建多元化的评审专家队伍。为使评价更全面准确，聘请的评审专家也应具有多元化的专业背景。例如，对于引进服务国家战略需求的科研型高端人才，应考虑组建由资深科研专家、院士、重点实验室负责人等组成的评审委员会小组，这些专家对前沿研究领域发展动态及科研成果的价值能作出权威评判。通过组建高水准、多视角的临时评审委员会小组队伍，能对高端海归人才引进后成效的多方面价值进行全面的评议，使结果更具权威性。

第二，加强对评审专家队伍的专题培训。在每一轮高端海归人才引进后成效评价工作正式开始前，主管单位都应对所组成的评审委员会成员进行专题培训，确保他们充分理解针对高端海归人才成效评价的相关体系、流程和标准。培训内容应当涵盖评价指标的内涵解析、分类标准的适用示范、权重分配理念的阐释等，使评委专家深刻领会评价指标设计的用意。此外，还要详细培训成效评价的全流程、各种表格工具的使用、评议记录的要求等内容，以保证评价过程的规范有序。在培训结束后，可以设置小案例进行练习考核，进一步检查评审专家对知识要点的掌握情况。专题培训能有效提高评审专家在参与评价时的准确合理性，保证评价质量。

第三，设置物质激励和荣誉激励，调动评审专家队伍积极性。为了鼓励相关评审专家积极参与高端海归人才评价，应将其视为一种荣誉，除提供合理的物质报酬外，还应设置榜样引领作用的荣誉性激励，如可以颁发评委证书，表彰其为本单位高端人才评价工作作出的贡献。一定时期后，可以由当地政府牵头，举办表彰大会，公开表扬为区域内各单位高端海归人才引进后成效评价工作作出突出贡献的评审专家。这些荣誉性激励可以唤起专家的责任感与荣誉感，激发他们更加投入重要的评价工作中，确保各轮评价活动专业化、权威性，也让单位的高端海归人才成效评价体系越来越成熟完善。

9.3.3　建设专业的评价信息系统平台

为规范和便利高端海归人才引进后成效评价工作，可专门建设评价信息系统平台，实现高端海归人才评价过程的数字化和系统化管理。

第一，构建评价指标体系信息库并实现动态调整。系统需具备构建科学合理的高端海归人才评价指标体系选取的功能模块。最初评价指标经过专家论证后可以预置于系统中，然后根据高端海归人才类别选择适用的评价指标。系统还需能够记录不同版本的历史指标，以满足追踪查询需要。同时，系统应可灵活调整和更新指标内容，以不断优化高端海归人才引进后成效评价指标体系。而且所有指标调整能形成新版本，旧版本保留以追溯历史。

第二，收集高端海归人才信息并建立数据库。系统需要提供收集高端海归人才信息的功能模块，以供评审委员会小组查阅。可要求高端海归人才填报个人基本信息、学习经历、工作履历、所获成果等内容，将信息录入并构建高端海归人才数据库。数据库也可与公司人力资源系统对接，实现信息共享。数据库也应定期更新，补充高端海归人才最新信息。

第三，支持高端海归人才在线评价工作流程。系统可提供设计和发布各类评价表、存档反馈结果的功能。可设计定量考核、定性评语、面谈评估等多种评价手段功能，采用灵活便捷的方式发放给参与高端海归人才评价的评审委员会小组人员。全流程实现在线操作，评审专家可在系统内填写相关表单并上传证明材料。系统自动收集反馈结果，形成高端海归人才引进后成效评价汇总统计报告。

第四，完善高端海归人才评价档案存储和信息安全管理。系统提供数字化、系统化存档功能，对各轮次高端海归人才成效评价的详细过程进行存档，如组织方案、参评人员名单、评价报告、被评价人基本信息等，并采取访问权限控制、水印标识等方式进行信息安全管理。

综上所述，通过建设专业化的高端海归人才引进后成效评价信息系统，可以有效提升评价工作规范化、精细化、智能化水平，强化过程控制，也为后期评价数据分析提供支撑，相关部门应重视信息系统建设，为高端海归人才成效评价工作提供数字化支撑。

9.4 环境保障

通过加强高端海归人才引进后成效评价的主客体道德诚信建设、完善知识产权保护系列工作以及营造成效评价的积极工作氛围，进一步为高端海归人才成效评价工作营造风清气正的环境保障。

9.4.1 加强成效评价主客体道德诚信建设

一是加强评委背景筛选，提高评委的权威性、公正性。在高端海归人才引进后成效评价工作开始前，主管部门必须对参与评价的评审委员会专家进行一定程度的背景调查，调查内容包括个人履历、社会声望、与被评价主体亲属关系等。对于存在严重道德风险的评价主体，不能参与任何评价工作，必须从评审委员会专家人选中剔除。背景调查力度越大，选择的评价主体队伍道德素质越高，也越能确保后续评价的公平公正。

二是开展定期道德教育培训，提高准则意识。评价主体单位应及时对评审委员会专家组织开展道德和法规培训，督促其深入学习成效评价相关法规政策和道德准则，使评审委员会专家全面了解可能出现的利益冲突及不当行为，并自觉采取回避、报告等措施。同时，要加强案例分析，辅以典型案例讲解可能出现的各种违规情形，警示评价主体严守道德底线。在评价过程中，评价主体单位还需要对评审委员会专家加强日常监督，发现问题及时处理。与此同时，评价主体单位还要切实加强对海归人才的道德法规培训力度，特别要加强对科研诚信、学术诚信等方面的培养，使海归人才明确在引进后成效评价过程中应秉持科学态度，如实提供个人信息和研究成果，不得故意虚报或选择性遗漏相关内容，确保评价的全面客观。同时，要培养海归人才的道德自律意识，主动远离各种利益关系，切实维护评价的公平公正。

三是建立惩戒机制，严惩干预评价行为。评价主体单位要建立相关监察机制，对评价全过程进行监督。一旦发现影响评价客观性的干扰，应当立即严肃处理并按规定给予处分。同时，要将相关处分情况向社会公布，接受外部监督。通过形成强效的惩戒机制，杜绝此类行为的发生。

9.4.2 完善围绕知识产权的系列工作

一是建立多层级的知识产权保护法规政策体系。在国家层面，要制定系统、完整的高端人才成果知识产权法规体系，并与现行法规体系衔接配合，形成完善的制度矩阵。在地方层面，重点高端海归人才聚集区可结合实际制定系列政策支持，进一步完善知识产权保护的法规政策体系构建。而在用人单位层面，可鼓励高端海归人才签订知识产权保护专项协议，使其纳入国家知识产权保护的范围。

二是进一步促进知识产权的成果转化，高端海归人才所在单位既是高端海归人才的引进方，也是高端海归人才创新成果的直接受益方。因此，高端海归人才所在单位要发挥好桥梁作用，可通过完善内部管理制度，明确研发人员的知识产权申报和成果转化义务，并通过资金支持、渠道对接、政策服务等方式，积极推动高端海归人才的创新成果向实际生产力的有效转换。

三是加强国际合作，借鉴知识产权保护经验。要通过与知识产权保护水平较高的国家开展交流与合作，共同研究保护机制建设，互相借鉴经验。考虑到高端海归人才的国际化属性，还可探索与其知识产权管理机构开展实质性合作，加快推进专利审查标准和审批流程的互认，同时建立信息共享机制，扩大合作领域。这不仅有利于我国完善知识产权保护体系，也将提升我国高端海归人才创新成果转化运用的国际影响力。

四是开展系统的、多层次的知识产权保护教育。通过多种形式的培训使高端海归人才个体、引进单位、人才工作相关部门等充分了解知识产权的申报流程，鼓励各方积极维护高端海归人才研究成果，如可通过专题讲座、案例分析、模拟演练等多种形式开展教育。培训内容既包括知识产权相关基础知识，如相关法规条文，也应覆盖实务操作细节，以提高知识产权保护意识和技能。这将全面增强高端海归人才各利益主体的知识产权意识，共同营造良好的知识产权保护环境。

9.4.3 营造成效评价工作积极氛围

一是政府层面要多渠道强化对高端海归人才引进后成效评价的相关政策研究、政策开发和精神宣传。中央和省市政府相关部门要充分认识开展高端海归人才引进后成效评价的重要性，并通过召开专题会议、下发重要通知文件等形式，向各级单位动员传达文件精神，督促各地区、各职能部门结合实际做好贯彻落实工作。坚决反对"为评而评"、滥用评价结果，防止与物质利益过度挂钩，杜绝海外高端人才引进后成效评价中急功近利、盲目跟风现象。

二是评价主体单位要提高对成效评价工作的重视程度，并积极推进落实。高校、科研院所、高新技术企业等单位作为引进高端海归人才的主体单位，肩负着推动高端海归人才引进后成效评价工作落实的重任。这些单位一方面要针对本单位相关人员系统开展关于评价的政策法规、具体工作流程、注意事项等方面的培训，以期全员了解和掌握培训内容，推动高端海归人才引进后成效评价各项工作落实到地，抓出成效；另一方面则要根据单位实际必要条件成立专项小组，负责对成效评价改革文件和业务指南进行深入解读，严格制度执行，发挥示范带动作用。

三是积极营造敬重人才的良好评价环境氛围。一方面，可由政府部门牵头，通过各种形式开展系列主题宣传，向社会各界充分展示我国高端海归人才在学术科研、重大工程、自主创新等领域的突出贡献，使其在公众中获得更高声誉；另一方面，各评价主体单位要及时上报贯彻落实成效评价工作进展情况，及时总结推广典型经验做法，进一步解放思想，多方交流，共同积极营造良好的评价环境。

9.5　本章小结

本章聚焦于高端海归人才引进后成效评价支持的保障机制的构建。通过全面协调组织各种高端海归人才引进后成效评价的外在因素，从制度保障、组织保障、资源保障、环境保障四个方面着手构建系统性的保障机制，具体提出了系列办法和保障措施，如加强顶层设计使成效评价工作制度化规范化，完善高端海归人才成效评价的统筹协调机制，协同与试点以推进评价工作落地，加强党对高端海归人才引进后成效评价工作的全面领导、提供充足的成效评价工作经费、组建高水平的成效评审专家队伍、建设专业的评价信息系统平台、加强成效评价主客体道德诚信建设、完善围绕知识产权的系列工作以及营造成效评价积极工作氛围等，为高端海归人才引进后成效评价活动的开展提供全面的资源支撑。

总结与展望

本书遵循"概念辨析与界定（是什么）—背景及政策分析（为什么）—构建成效评价理论模型（评什么）—成效分类评价指标体系的构建（怎么评）—机制构建基础与逻辑架构（怎么建）—具体机制设计（怎么用）"的技术逻辑与研究路径剖析高端海归人才引进后成效评价机制的构建问题，重点创新性探索"高端海归人才引进后成效评价理论模型"和"高端海归人才引进后成效分类评价指标体系"。并依据系统理论和机制设计理论，从构建基础和逻辑架构入手，着力全面设计具有系统性、功能性、操作性的高端海归人才引进后成效评价机制体系，具体探索建立聚焦于评价活动规则的规约机制、聚焦于评价活动运转的运行机制、聚焦于评价活动支持的保障机制，以寻求针对高端海归人才引进后成效评价的理论支持和实践借鉴。

本书主要的学术价值和影响主要有：第一，丰富了理论界对高端海归人才及引进后成效等相关概念的解读，并通过构建高端海归人才引进后成效结构层次理论模型，拟弥补学术界对相关理论研究的不足，丰富人力资源管理和人才学领域相关理论内涵。第二，针对性构建了高端海归人才引进后成效分类评价指标体系，其中依据毕达哥拉斯模糊理论完善评价信息表达工具与评价方法，构建大群体评价的聚类模型，形成新的评价工具和应用思路，从而丰富了人才评价的方法研究。第三，重点剖析了高端海归人才引进后成效评价机制的构建基础与逻辑架构，并系统构建了规约机制、运行机制、保障机制成效评价子机制，可以拓展公共管理与公共政策学科领域关于高端海归人才的研究，为我国高端海归人才引进工作的纵深推进提供理论支撑。同时，本书也存在一些应用价值和影响：第一，全方位对高端海归人才引进后成效的构成、表现、维度、层次等进行剖析，尝试树立引进后成效的概念及内涵，为高端海归人才引进的相关利益主体提供启发思考，同时为推动高端海归人才引进后评价政策建设提供借鉴。第二，本书在现有政策的指导下，基于案例样本的属性特征分析和指标库的聚类分析，分类筛选整理出不同类型高端海归人才引进后成效评价指标集，并创新运用毕达哥拉斯模糊评价方法和大群体聚类模型，为评价指标科学赋权，形成分类动态评价体系，为高端海归人才引进后成效的科学评价提供方法支持和实践参考，为我国推进人才分类评价机制改革提供一定思路和借鉴。第三，厘清了高端海归人才引进后成效评价机制构建的逻辑思路，并系统提出具体方案，形成了较为详细全面的机制系统，希望能够为高端海归人才引进单位及相关政府管理部门的评价制度建设给予参考，为高端海归人才引进后成效评价的实际活动提供操作借鉴。

但同时由于研究水平、资料、时间的局限，本书也存在一些可供进一步研究的问题，需要在今后的学习、调研和研究中继续总结、思考和深化。

一是高端海归人才引进后成效表现、内涵、内容及评价理论模型的进一步完善。本书提出的高端海归人才引进后成效评价的多维多层次理论模型基本涵盖了当前高端海归人才中大部分的职业属性、专业领域和角色定位，但可能存在对特殊职业岗位及专业领域高端海归人才引进后成效的考虑不全面，是否存在其他层面的成效内涵和表现尚需进一步扩大研究样本进行检验。同时，高端海归人才引进后成效是一个动态发展的概念，其会随着高端海归人才工作实践发展而不断拓展和更新。因此，对于高端海归人才引进后成效的理论模型的完善将成为本书课题组进一步的研究方向。

二是须进一步加强高端海归人才引进后成效分类评价体系及构建方法的研究。一方面本书结合现有政策导向、高端海归人才特点和初始概念聚类分析进行了分类，但是也不能否认会存在不同情境下的其他分类方式与办法。因此需要对多种分类方式下的高端海归人才引进后成效评价指标系统进行进一步开发。另一方面对于评价方法而言，基于毕达哥拉斯模糊集理论的评价方法已经很大程度上优化了评价信息的表达，在信息的集成方式上也做了较好的创新，可以科学有效地进行评价信息的聚类和评价结果的输出，但是未来研究可进一步结合评价主体属性或社会网络等做数据的深度挖掘。

三是高端海归人才引进后成效评价机制的设计和构建是一项渐进的、需通过实践反复检验和长期改进的复杂系统工程，并且相关领域的研究尚属起步阶段、相关工作实践发展也仍在探索中。因此对于本书设计的成效评价机制体系的应用检验和不断优化也是后续研究下一步需要重点突破的问题。

附　　录

附录1　高端海归人才相关政策统计清单

项目	序号	政策名称
高端海归人才相关政策	1	《关于改进和加强出国留学人员工作若干问题的通知》
	2	《关于出国留学人员工作的若干暂行规定》的通知
	3	《关于在外留学人员有关问题的通知》
	4	《中华人民共和国海关对回国服务的留学人员购买免税国产汽车管理办法》
	5	《海关总署关于对留学回国人员携带进境行李物品管理问题的通知》
	6	《海关总署关于对留学回国人员携带行李物品验放问题的通知》
	7	《教育部关于妥善解决优秀留学回国人员子女入学问题的意见》
	8	《关于组织开展国家留学人员创业园示范建设试点工作的通知》
	9	《关于确定北京、上海等留学人员创业园为国家留学人员创业园示范建设试点的通知》
	10	印发《关于鼓励海外高层次留学人才回国工作的意见》的通知
	11	《关于确定天津、沈阳等留学人员创业园为国家留学人员创业园示范建设试点的通知》
	12	关于印发《留学人员创业园管理办法》的通知
	13	关于印发《留学人员科技活动项目择优资助经费申请与管理办法》的通知
	14	关于印发《关于鼓励海外留学人员以多种形式为国服务的若干意见》的通知
	15	《关于人事部与地方人民政府共建留学人员创业园的意见》
	16	《关于办理高层次海外留学人才身份证明的通知》
	17	《留学人员回国服务工作部际联席会议制度》的通知

项目	序号	政策名称
高端海归人才相关政策	18	《中共中央、国务院关于进一步加强人才工作的决定》
	19	关于印发《中国海外科技创业园试点工作指导意见》的通知
	20	关于印发《开展高层次留学人才回国资助试点工作的意见》的通知
	21	关于印发《国家中长期科学和技术发展规划纲要〔2006－2020年〕》的通知
	22	《关于印发〈关于在留学人才引进工作中界定海外高层次留学人才的指导意见〉的通知》
	23	关于印发实施《国家中长期科学和技术发展规划纲要〔2006－2020年〕》若干配套政策的通知
	24	《中华人民共和国海关对高层次留学人才回国和海外科技专家来华工作进出境物品管理办法》
	25	关于实施《中华人民共和国海关对高层次留学人才回国和海外科技专家来华工作进出境物品管理办法》有关问题的通知
	26	《教育部关于进一步加强引进海外优秀留学人才工作的若干意见》
	27	印发《关于建立海外高层次留学人才回国工作绿色通道的意见》的通知
	28	《中央人才工作协调小组关于实施海外高层次人才引进计划的意见》的通知
	29	关于印发《引进海外高层次人才暂行办法》的通知
	30	印发《关于为海外高层次引进人才提供相应工作条件的若干规定》的通知
	31	印发《关于海外高层次引进人才享受特定生活待遇的若干规定》的通知
	32	关于转发《中央人才工作协调小组关于建立"特聘专家"制度的意见》的通知
	33	《关于实施海外赤子为国服务行动计划的通知》
	34	《关于印发实施中国留学人员回国创业启动支持计划意见的通知》
	35	《关于海外高层次留学人才回国工作绿色通道有关入出境及居留便利问题的通知》
	36	印发《国家中长期人才发展规划纲要〔2010－2020年〕》
	37	关于印发《青年海外高层次人才引进工作细则》的通知
	38	《关于规范留学回国人员落户工作有关政策的通知》
	39	关于印发《国家中长期科技人才发展规划〔2010－2020年〕》的通知
	40	印发《关于支持留学人员回国创业意见》的通知

续表

项目	序号	政策名称
高端海归人才相关政策	41	《人力资源和社会保障部关于加强留学人员回国服务体系建设的意见》
	42	关于印发《国家特聘专家服务与管理办法》的通知
	43	《中共中央组织部、人力资源社会保障部等五部门关于为外籍高层次人才来华提供签证及居留便利有关问题的通知》
	44	《中华人民共和国出境入境管理法》
	45	关于印发《国家高新技术产业开发区创新驱动战略提升行动实施方案》的通知
	46	《中共中央组织部、人力资源社会保障部等五部门办公厅［室］关于为外籍高层次人才办理签证及居留手续有关事项的通知》
	47	《关于为外籍高层次引进人才提供签证及居留便利备案工作有关问题的通知》
	48	关于引发《"创业中国"中关村引领工程［2015－2020年］》的通知
	49	《关于做好留学回国人员自主创业工作有关问题的通知》
	50	《海关总署关于留学回国人员购买国产免税车辆委托事项有关问题的通知》
	51	《关于深化人才发展体制机制改革的意见》的通知
	52	《国务院关于做好当前和今后一段时期就业创业工作的意见》
	53	《国务院关于强化实施创新驱动发展战略进一步推进大众创业万众创新深入发展的意见》
	54	关于印发《国家海外高层次人才引进计划管理办法》《国家高层次人才特殊支持计划管理办法》的通知
	55	关于印发《"十三五"国家科技人才发展规划》的通知
	56	关于印发《国家科技企业孵化器"十三五"发展规划》的通知
	57	《国务院关于推动创新创业高质量发展打造"双创"升级版的意见》
	58	关于印发《"长江学者奖励计划"管理办法》的通知
	59	《关于支持打造特色载体推动中小企业创新创业升级工作的通知》
	60	《人力资源和社会保障部关于充分发挥市场作用促进人才顺畅有序流动的意见》
	61	《国务院关于促进国家高新技术产业开发区高质量发展的若干意见》
	62	关于取消《留学回国人员证明》的通知
	63	关于印发《关于深入推进创新型产业集群高质量发展的意见》的通知

附录 2   初始概念及范畴

范畴	初始概念	原始语句
挑战前沿	攻克基础研究难题	"急国家所急，前瞻做好基础研究，是科研工作者义不容辞的责任！"基础理论与方法的突破，使实际生产中的诸多难题迎刃而解。这些创新的理论与方法，还将在楼宇等多个系统的节能减排中发挥作用。（CU-05） 力争在基础研究领域创新突破，是他始终不变的追求；作为基础研究，原创性的工作已经完成；接下来，周老师会继续带领我们瞄准其他更加基础的领域去研究。（SRI-14） 受近年来"卡脖子"困境的影响，我们开始认识到没有好的基础科学对于科技发展的重大影响，这使重视基础科学开始成为整个中国的潮流，但这已经滞后了。中国改革开放已经40多年，对于基础科学的重要性此前就应该有更充分、更清醒的认识。（CU-69） 2019年，薛其坤团队因"量子反常霍尔效应的实验发现"获得当年度国家自然科学奖项中唯一的一等奖，并被杨振宁先生评价为"诺贝尔奖"级的科学发现。（CU-73）
	开拓研究领域	他决定在西安交通大学开创网络信息安全研究领域。然而，这一设想遭到了诸多不解，甚至有人认为，网络安全就是管理网吧，没有什么有价值的科学问题需要研究。（CU-05） 因为我们这个研究属于领域开拓性的研究，往下可以研究的东西非常多。（CU-28） 《科学》编辑称赞他们的工作"为钙钛矿材料和铁电材料开辟了一个新的领域"。（CU-101） 周老师的手性螺环催化剂是"从0到1"的工作，他开拓了不对称催化新领域，其原始创新的工作已经基本结束。（CU-104） 最让他佩服的是薛其坤喜欢去拓展新的领域，而这里面会遇到很多困难，也有很多行家，但薛其坤愿意尝试，还能给新的领域带来新的想法，有他个人特色的想法。（CU-113） 西安交通大学的一位研究者想在网络信息安全领域开创新研究方向，但遭到了不理解和反对。（CU-05） 该研究属于领域开拓性的研究，可以探索很多新领域。（SRI-28） 一篇论文被《科学》杂志称赞为"为钙钛矿材料和铁电材料开拓了新的领域"。（CU-101） 周老师开拓了不对称催化新领域，其原始创新的工作已经基本结束。（CU-104） 薛其坤喜欢拓展新领域，愿意尝试并能带来新想法，这是他的个人特色。（CU-113）

范畴	初始概念	原始语句
挑战前沿	创设世界一流	以他所负责的第九项目"深部探测关键仪器装备研制与实验"的结题为标志，中国"深部探测技术与实验研究"项目 5 年的成绩超过了过去 50 年，深部探测能力已达到国际一流水平，局部处于国际领先地位……专家组一致认为，项目总体达到国际领先水平！（CU-13） 潘建伟和他的团队在国际上首次实验实现全光量子中继器的原理性验证，为我国量子通信技术的实现提供了新的途径，这也是我国又一个全球首创。（CU-23） 建立我国首家汽车眼科流动医院，在"轮子"上实现贫困眼病患者的光明梦。并多次刷新历史，将中国眼科从"一穷二白"带到"接轨世界"，再到"引领世界"。（CU-31） 刘永坦团队终于成功完成我国首部"新体制远距离实装雷达"的研制任务，其总体性能达到国际先进水平，核心技术处于国际领先地位，使我国成为极少数掌握远距离实装雷达研制技术的国家之一。（CU-82） 重组人 5 型腺病毒注射液既是中国首个，也是全球第一个上市的溶瘤免疫治疗类抗肿瘤药物，开创了人类用病毒治疗肿瘤的先河。（E-27）
	技术应用推广	除了文博文化产业、教育服务产业，目前崔岩将目光投向将高新尖的技术融入产业中，致力于发展更多的行业应用。（E-07） "肖博士不是单纯地做应用科学，而是能很好地把科学应用于工业和生活，所以在创新和创业方面都取得了很大的成绩"。肖天存的同事、英国皇家科学院院士皮特·爱德华教授这样评价肖天存。（E-16） 海归博士后在佛山创业，推进质子陶瓷导体技术应用。（E-43） "我没有跨界，是我研究的技术在应用上实现了'跨界'"。（E-58） 该厂聘请的海归博士叶长明，利用废米水规模化生产益生菌制剂获得成功。该制剂以光合细菌为主，也包括乳酸菌、芽孢杆菌等益生菌，在养殖、污水治理和设施农业上应用，效果非常显著。（F-08） 他第一个开发出中国镁合金军工产品，开创了中国镁合金军工应用的先河。（F-14） 团队还将丝胶生物材料的应用，进一步拓展到心肌、骨骼肌、软骨、皮肤等组织的创伤修复研究。（O-10） 2016 年，我们发布了基于神威·太湖之光的一系列应用成果，充分证明了这台由我国自主研制的计算系统是好用且耐用的，具有服务重要领域的应用能力。（SRI-04） 李桓英因势利导，抓住时机向世界卫生组织申请资金，申请国际专家技术支持、药物治疗等，把试点扩大到云、贵、川的 7 个地州 59 个县。（SRI-29）
	产学研融合	他带领团队在关键技术上取得骄人成绩，与复旦大学合作的"高光密度纳米增透倒装 LED 芯片级封装模组的研发及产业化"项目获得 2017 年江苏省重大科技成果转化项目立项支持。（E-25） 迈普公司两年来与各大科研机构，如北大、清华、中国科学院、中大、华工等院校，以及中大附属医院、南方医院、珠江医院等展开了深入合作。（E-28） 公司还与有关高校合作，开展黑山羊优品种资源的保护与培育工作。（E-57） 这些成功的实例给光纤激光器产学研一体化提供了一个非常好的思路：以企业为光纤激光器研究创新的主体，并由他们组织牵头，联合高校和科研院所承担光纤激光器的研发任务。（F-05）

范畴	初始概念	原始语句
挑战前沿	成果转化	付玉杰的合作对象遍及浙江、江苏、山东、四川、内蒙古、黑龙江等地诸多大型企业。黄芪资源精深加工关键技术中试与示范，木豆叶活性成分高效诱导提取分离技术中试与示范，黄芪注射液原料生产新工艺，木豆、迷迭香、茶多酚中主要生物活性成分的分离工艺……她的诸多科研成果，也在与企业的一次次合作中创造了不菲的经济效益。（CU-03） 她在 Science、Proc Natl Acad Sci USA 等国际期刊发表了大量科研文章并在进行成果转化。（CU-17） 与复旦大学合作的"高光密度纳米增透倒装 LED 芯片级封装模组的研发及产业化"项目获得 2017 年江苏省重大科技成果转化项目立项支持，在此基础上先期推进了纳米级图形化蓝宝石衬底（nPSS）的量产化进程，目前已完成了小批量生产。（E-25）
创新攻坚	技术自主研发	在国际天文界，我国自主设计、多项技术处于国际领先水平的大型光学望远镜 LAMOST，备受瞩目。它便是由王绶琯和伙伴苏定强共同提出设计的。（SRI-37）。 我国首款自主设计研发、具有国际主流水准的国产大型客机 C919 飞上天空，何舒培正是背后的功臣之一。（SRI-06） 而今可仿的药品正逐渐减少，生物医药行业的"主战场"将围绕研发和创新展开角逐，海归的技术优势将在其中发挥重要作用。（E-09） 项目刚启动很多人都在问，是不是国外已经在做了？我们要鼓励大家敢做一点别人没做过的事情，如果一定要别人开始做了之后我们再去做，我们还能成为一个创新的国家吗？（CU-06） "技术创新是公司发展最强大的后劲，我们若想要走进世界激光设备的高端市场，是要拿出硬实力来说话的"。（E-39）
	关键技术国产化	这个"卡脖子"难题最终被中国工程院院士、浙江大学建筑工程学院教授龚晓南及其团队创建的地基处理"良方"——复合地基处理技术所攻克。（CU-04） 这是"卡脖子"的基础研究难题，也是未来制约我国电力、能源等产业发展的关键问题。为推动我国能源电力系统的安全优化以及网络信息安全领域关键技术国产化发挥了重要作用。（CU-05） "这个工作总得有人去做，这份风险总得有人去担。如果大家都不做，就永远不会有中国自己的原始创新，我们就永远受制于人"。（CU-18） "我们的目标，是要让中国成为除美国、日本之外，第三个能自主生产铁电存储器并能超越传统技术的国家，以此打破国外垄断，维护国家安全和利益"。（CU-20） 原创科研瞄准国际一流，海归教授专攻"卡脖子"技术。近年来在先进纺织技术、功能纤维材料、高端纺织装备等领域的研究处于国际先进地位，多项科研成果属国际首创，推动了产业关键技术国有化。（CU-25） 期望打破 90% 芯片需要进口的局面，最终扎根杭州研发"中国芯"；谈及对公司发展蓝图的构想，他说："未来，将在技术上不断创新，努力提高手机芯片的国产化率，潜心研发出技术过硬的'中国射频芯'，助力我成为真正的手机制造强国。"（E-69）。 他自主创新研制成功的"预薄、空心、快速模锻"新工艺，打破了国外封锁，为我国钛合金模锻开辟了一条新途径，产品达到国际先进水平。（F-14）

范畴	初始概念	原始语句
创新攻坚	产品创新与研发	适逢国内通信从 2G 迈向 3G，国内自主标准 TD‐SCDMA 被寄予厚望。在倪文海的主导下，团队不分昼夜潜心研发，开发出了两颗 TD‐SCDMA 芯片套片，一颗是射频收发芯片，另一颗是模拟基带芯片。其间，他还带队完成了小灵通手机终端芯片的量产，以及 FM 收音机芯片的研发。（E‐13） 团队已自主研发成功双臂柔性机器人、3D 视觉弧焊机器人、家庭管家机器人、消防救援机器人等 7 款技术水平领先的国家级标志性智能机器人，"一旦投产，市场潜力巨大"。为了让研究院专心于产品研发，余姚还为甘中学找到了一家大型企业作为产业合作伙伴。（F‐04） 2014 年底，钟燮和的团队在国内首次将量子点技术成功应用在电视机上，并于 2015 年 3 月投入量产。（F‐20）
	商业模式创新	在商场大场景及电商小商品方面，四维时代主推虚拟现实（VR）的多感知性、浸入式交互体验，让顾客可以真切地在线上平台体验到在线下平台购物的乐趣。针对数字家居、卫浴等商品，四维时代基于增强现实（AR）技术开发，配合专利玛雅码技术，提供虚拟展厅服务，模拟产品摆放的真实效果。（E‐07） 回国前后先后在电商公司和物流公司工作的经历，对我返乡创业帮助很大，让我积累了一些拓宽销售渠道和提升物流运营技术的经验，为创新商业模式打下了基础。（E‐56） 徐咏梅团队通过"土地入股保底＋分红＋务工"模式、"三位一体"模式、"专业合作社＋扶贫接力"模式等有机组合实施，形成了新的商业运营模式，也在当地取得了较好的扶贫效果。（E‐65）
	工艺创新	曾苏民提出"高料温、低模温"的新工艺方案，……可以争抢时间和工作进度。（F‐11） 他创造出 20 多项属国内首创或国际首创的新工艺，其中属于国际首创的代表性新工艺 9 项。（E‐14）
对接需求	产业升级	尽快实现柔性显示屏的大规模产业化，年产量达 5000 万片。"海量的市场运用，才能充分发挥柔性显示技术优势"。（E‐05） 一些海创项目不是过于强调技术，而是过于强调论文，海创团队对国内相关领域的政策更是了解不足，多是适合写论文而缺乏产业化前景的项目。（E‐12） 回顾自己的创业路，肖天承感触最深的是"一项技术从实验室走向产业化需要很长时间，在这个过程中，需要耐心。更重要的是，技术虽然会过时，但创新平台不会"。（E‐16） 把论文写在推动行业发展的道路上，而不是为了发文章而写文章。（CU‐25） 汪之涵团队研发的产品已广泛应用于新能源发电、新能源汽车、智能电网、工业节能、轨道交通等诸多领域，有力推动了中国电力电子行业的技术创新与发展。（E‐45）

范畴	初始概念	原始语句
对接需求	产业升级	加深与国内知名企业的广泛性合作，将国内的科技研发成果进行产业转化。（E-07） 惠州皓赛董事长孙敬玺博士带领团队研制成功激光器、探测器自动耦合机，已实际应用于光器件产业化，如今正研究将机器人应用于光器件的制造，为全国带宽的升级提供支撑。（E-24） 袁玉宇带领创业团队回国，就是要将这项技术在中国实现产业化，为病人们解除痛苦，救治他们的生命。（E-28） 以发展本土激光产业作为奋斗目标，颜景川和他的团队从只能生产相对简单的激光打标设备，到可以把激光焊接、切割等设备出售给国际知名企业，这支年轻的团队在齐鲁大地书写了属于自己的精彩篇章；它将加快区域产业优化升级，为加快新旧动能转换提供"激光引擎"。（E-39） 多年来，邓秀新的研究范围不局限于品种培育、栽培模式创新等纯技术问题，还覆盖了采后处理、品牌打造及市场营销等产业链的各个环节，支撑了我国柑橘产业体系建设。（SRI-43） "食用菌产业具有实现农业废弃物资源化、推进循环经济发展，支撑国家食物安全'三个特征'和不与人争粮、不与粮争地、不与地争肥、不与农争时、不与其他争资源'五不争'的特点，我们一定要鼎力支持，用科技支撑柞水木耳产业的发展。"李玉说。（SRI-48）
	产品出口	截至2016年初，经过多年的艰苦研发，陈友斌带领团队成功研制出多款具有核心知识产权的图像识别类产品，有的产品甚至填补了中国在该领域的空白，并达到了国际一流的技术水平，这些标签为"中国"的技术和产品出口到海外。（E-01） 康柏西普获得美国FDA批准，越过Ⅰ期、Ⅱ期临床，直接进入美国Ⅲ期临床试验。这在美国也不多见，在中国制药史上更是头一回。（E-27） 为打开国际市场赢来开门红。如今，像万豪、凯悦等全球知名酒店品牌都与圣源地毯达成深度合作。创业十几年来，薛婷带领圣源地毯实现年产能290万平方米、年销售收入达1亿元人民币，产品出口涉及"一带一路"40多个共建国家。（E-38） 艾德已研发出20余种肿瘤个体化分子诊断产品，是同行业中产品种类丰富、齐全的企业之一，产品销往40多个国家和地区。（F-66） 颜景川和他的团队从只能生产相对简单的激光打标设备，到可以把激光焊接、切割等设备出售给国际知名企业，这支年轻的团队在齐鲁大地书写了属于自己的精彩篇章。（E-39） 2010年底，迈普公司完成了第二轮3500万元的海外融资，公司首个产品已完成欧盟的审核，开始进入欧洲、东南亚、南美等市场；同时迈普在美国圣地亚哥成立了全资子公司，进行美国的注册申报及市场开拓工作，预计产品将在一年后进入美国市场。（E-28）

范畴	初始概念	原始语句
对接 需求	学科发展	他们把论文写在高天厚土之间，不仅建立了一门学科，更维系了"草—畜—人"相互依存的生命共同体，为草原生产、生态、生计注入活力。（SRI－24） 他推动设立了农林经济管理专业（草业经济管理方向）。如今，他在继续承担科研任务和指导研究生的同时，还花大量精力组织编写教科书和推动学科建设。（SRI－24） 从 1978 年北京大学建立细胞生物学专业至今，在他的带领下，从建立学科、开设细胞生物学课程，到建立博士点。（CU－106） 翟中和对于科学的发展有着卓越的预见能力和坚定的执着信念，对科学上的新东西有极大的兴趣，而且不怕付出任何代价。即使在 20 世纪六七十年代，他仍然坚持研究，充分利用一切可能的条件，在有限的条件下做一些工作。科学的春天到来后，他又有新的想法，编写教材、建设学科，抓科学研究。（CU－106） 学科排名进入全球 ESI 前 1%，整整 20 年，可以说，柴立元和同事们创下了奇迹。（CU－83）
	战略落实	志章的"跑"绝不只是走过或路过，而是挨镇挨村走进农户家作深度调研。从 2012 年主持第一个扶贫研究国家社会科学基金重点项目开始，8 年里，他走进 1 万多个农户家庭，设计问卷、走访、调研、写报告……他的工作里，90% 的时间和精力都用来研究扶贫了。"对我来说，这是把知识转化回报社会的一种途径，也是人文社会科学工作者的历史责任"。在 8 年的走访调研中，王志章不仅惊讶于最初在贫困地区看到的艰苦，更惊叹于如今精准扶贫、精准脱贫取得的丰硕成果。（CU－71） 在近几年的扶贫工作中，李小云将自己的实践与思考整理成"河边随笔"，以发展的视角观察中国经济社会转型，重点关注城市化、工业化、现代化进程中的城乡嬗变、社会文化变迁及贫困问题。（CU－66） 作为重庆市国家"三区"科技人才、重庆市草食牲畜产业技术体系创新团队首席专家、重庆市巫溪县科技扶贫团团长，赵永聚多番深入巫溪等贫困地区，实地调研，进村帮扶，破解山羊养殖难题，带动当地农民通过养羊脱贫致富。（CU－76） 薛婷团队有针对性地在青海当地建立了手工枪刺培训基地，积极开展纺织扶贫工作，并与青海省海北藏族自治州门源回族自治县浩门镇、果洛藏族自治州玛沁县等地达成长期扶贫意向，提供技术培训和指导，为农牧民增收开拓出更多渠道。（E－38） 脱贫攻坚战中，许许多多青年倾力奉献，将最美青春融入脱贫事业，其中就有不少海归的身影。（E－56） 王胜把大量的时间和精力都放在了参与扶贫之中。在宁夏、甘肃、贵州……都能看到他的身影。"我们之前在甘肃招募了一些贫困户加入公司中。员工招聘后，我们会对其进行劳动技能和知识技能培训，让他们能自食其力，实现脱贫。"王胜地说。在 2020 年，他希望在各地的办事处和分公司招聘更多贫困户，帮助他们就业脱贫。（E－63） 海归扶贫，一直在进行。致富路上，海归身影越来越多。（F－28）

范畴	初始概念	原始语句
对接需求	带动就业	孙炼给当地的"红美人"种植户传授了很多经验，也为村里的闲置劳动力带来了更多工作机会。（E-49） 企业办得红火，给村民带来更多工作机会。（E-65） 从14个人、700平方米用房和25万美元注册资金干起，如今，凯莱英先后成立了7家子公司，有2000多名员工。（F-67）
智力引育	人才培养	刘鸿武把着力点放在组建和培养一流人才团队上。研究院建立初期，招入了一批来自全国各高校不同专业的博士生。很多人之前并没有非洲研究的经历，需要从零起步。那段时间，刘鸿武白天为研究院的建设而操劳，到了深夜，又挤出时间钻研学术，为年轻科研人员修改论文和课题设计。根据年轻人各自的专业背景，刘鸿武为他们拟定了研究领域、区域和国别、课题方向等。（CU-01） 跟着这样的"科研疯子"，学生们自然也被"熏"成了"科研狂人"。出生于1986年的焦骄现在是副教授，说起新入学的"90后"的散漫，他还有点看不惯，"好像有代沟"。可是他自己或许都忘了，在刚刚成为付玉杰学生的时候，他还因为家中母亲病重无心学习，再加上始终对自己的科研能力不自信，一度想要退学。正是付玉杰的关心和鼓励，才让他静下心来潜心科研，最终取得在硕士、博士期间发表23篇SCI论文的骄人成果。"现在我对于科研的热情，十头牛都拉不回来。"焦骄说。如今，付玉杰培养出的学生已超百人，很多弟子都在科研领域里小有成就，成为各自科研机构的先锋力量。（CU-03） 为了抢占更多的科技制高点，团队不断拓展新的研究方向，开展交叉学科研究，结出累累硕果。李辰，英国剑桥大学博士、美国麻省理工学院博士后，几年前加入团队，带领团队在机器学习、数据挖掘和大数据研究方面走向国际学术前沿；管理科学与工程学科的徐寅峰教授"跨学科"加入团队后，在网络化系统的在线优化和应急调度管理等相关领域取得重要成果，成长为国家杰出青年科学基金获得者和长江学者特聘教授；叶凯，短短两年时间就以"叶凯青年科学家工作室"为第一单位，在《科学》杂志发表了论文。（CU-05） 注重课堂教学质量的提高和学生创新能力的培养。用人格魅力影响学生，培养出一批动手能力强的复合型创新人才。指导的本科生多次获山东省优秀学士学位论文；指导的研究生先后获国家奖学金、山东省优秀硕士学位论文、山东省研究生优秀科技创新成果奖、山东省优秀毕业生、山东省高等学校优秀学生等奖励和荣誉称号，为物理学和材料学创新人才培养工作作出了贡献。（CU-09） 在周其林院士看来，作为一名教师，"培养人才"是第一重要的事情，做科研在某种意义上讲也是教育，是培养创新型人才。如今，周其林院士已为国家培养了70余名优秀博士和硕士，他们大多在国内外知名大学、研究机构、制药公司任职，成为科学研究和技术开发的骨干。（CU-104） 潘君骅在光学领域孜孜以求多年，为我国光学事业贡献了毕生心力。耄耋之年，他还在用一身学识为我国光学领域培养优秀人才。受他的影响，苏州大学光学科学与工程学院的老师培养研究生，都倡导做一个有工程概念的光学研究者，从设计到制备工艺以及测试，必须全程参与并完成。（SRI-55）

范畴	初始概念	原始语句
智力引育	团队建设	以我自己的团队为例，科研队伍的建设、设计队伍的建设，都要重点围绕提升满足国际需求的能力。（CU-102） 协助声子学中心主任组建国际化科研团队，扩大与同行之间的交流与合作。（CU-46） 组成一个有特色、有活力、有创造的科研集体，并为后来成立的细胞生物学专业打下了基础。（CU-106） 刚调入北师大的李实教授就着手打造一支以中青年生力军为主要力量的贫困研究团队。对团队中的青年教师，李实不遗余力，大力提携。（CU-15） 如今，王栋的团队中有老师20多人，其中3人是"阳光青年拔尖人才"，涵盖生物医药、环境、信息、纺织、电子等学科；硕士研究生和博士研究生共30多人。团队平均年龄仅30岁出头，是武汉纺大较大、较年轻的科研团队之一。（CU-25） 从最初的6人发展到30多人，刘永坦团队形成了新体制雷达领域老中青齐全的人才梯队，是一支作风过硬、能攻克国际前沿课题的"雷达铁军"。（CU-82）
	人才引致与聚集	今年，她从国外找了几位有生物信息和群体遗传背景的博士后回来，其中包括一位来自加州伯克利大学做整合生物学的美籍华裔博士后。（CU-02） "我会现身说法告诉大家，回国发展既能报效祖国，自身也能得到长足发展"。有一段时间，廖昌永每个月都要去欧美国家演出，每年至少有3部大戏在美国上演。一边演出，他一边代表上海音乐学院向那些"流失"到海外的艺术家抛去橄榄枝，"挖了不少人回来"。（CU-109） 同样是吉大人，同样旅居国外18年，同样功成名就。在未见黄大年之前，崔军红就对这个师哥有惺惺相惜的感觉。一次偶尔的学术交流，让当时还是美国康涅狄格大学教授的她再次踏上故土，回到母校。（CU-13） "中国水下国门洞开"，黄大年语气中的忧虑让她难忘，跟黄大年从事的深地探测一样，崔军红从事的水下通信在国内也面临着高端设备依赖进口的处境。"回来吧，吉林大学要上天入海，母校需要你，祖国更需要你。"黄大年的语气中有种让人难以抗拒的魔力。闭门5小时的深谈后，崔军红走出地质宫，天擦黑，却心绪澄明，她打定主意回国。（CU-13） "有一个说法叫作一流人才引进一流人才。"张友明说他回国后，看到比较欣赏的科研人员，就会劝他们回国，"我就是以身说法，告诉他们我在国内的现状，我很高兴能为国家引进人才作一点贡献。"不仅如此，张友明还为山东大学引进了一名很出色的德国学者，张友明说这个德国人以前是中国科学院上海巴斯德研究所的所长，他是法国派过来的德国专家，4年任期满了之后，经过张友明劝说和引荐，他最终选择到山东大学工作。（CU-33）
资源对接	创业引领与支持	除此之外，吴玉华还义务担任欧美同学会海归创业学院的创业导师，他动情地说："我们现在要一代接一代地努力下去，为下一代创造一个更好的平台，让他们踩着我们的肩膀，把留学生的特殊作用在中国发挥好。"（E-68） 尽管不少科创成长性企业视朱敏为业界导师，但熟悉朱敏的人都称呼其为Min，当红明星公司ZOOM的CEO袁征便是其中一位。"Min，我很怀念我们一起创建Webex的日子。创业初期，我们通过技术创新走向成功，那才是最幸福的日子"。作为昔日一同创业的战友，袁征时常通过微信和朱敏交流。（E-51）

范畴	初始概念	原始语句
资源对接	创业引领与支持	同时，作为一名高校老师，陈旻希望能培养出更多热爱基础研究的科研人员，鼓励引导他们积极创新创业，为国家高水平科技自立自强作出贡献。（E-43） 发现、选拔和扶持优质创业项目，帮助海归人才对接政策、资本、市场等各类资源，加快科技成果转移转化，构建海创企业的产业链、创新链、服务链。（E-12） 他可以为创业者服务，和大家交朋友，为大家做很多力所能及的事。看着自己参与扶持过的企业一个个地成长、壮大起来了，夏颖奇说"见证他们的成功，分享他们的喜悦"就是自己最大的满足万般滋味在心头；他每年主编一本书，连续写了十本，记录了500个优秀海归的创业故事，树立了500座丰碑。（GOGN-05） 为留学归国人员搭建交流平台，创建清远市归国留学人员创业园、举办清远市第一届留学人才交流会、组织会员每月定期走进大型企业开展访学活动、开展全市归国留学人员创业创新调查，推出留学人员访谈节目、制作出版清远市首本留学生刊物《留声》、推出海归人员微记录访谈节目《海归人》、安排会员参加各类培训、向各类人才组织推荐会员等方式助力会员在清远的创新创业工作。（E-10） 自从担任人大代表以来，他作为科技创新行业的领军人物，不遗余力地为推动创业创新、实现健康梦发声。（E-20） 为推动帮助留学人员回国创业，我们协会协助广州市在1998年举办了中国第一个留学人员科技交流会，在深圳创立了深圳留学生创业园，孵化了很多留学生创业的独角兽企业，为深圳的科技创新作出了贡献。（SRI-30）
	海外市场开拓	如果说，刁旭早年曾孜孜以求，想要采取拿来主义、将日本的先进技术带回国内，那么他现在更渴望做的事情则是将优秀的中国企业"带"到日本去。（F-03） 作为中国中车的核心子公司，中车株机是中国高端轨道交通装备"走出去"的亮丽名片，墨西哥有着发展轨道交通的需求，章恒作为业务骨干，赴国外出差是常有的事。他曾在西班牙留学，凭借丰富的工作经验和优秀的沟通能力，章恒在墨西哥项目进程中起到了积极推进作用。（F-13） "引进来"，而后"走出去"。从在跨国公司担当主力，到帮助中国公司顺利"出海"，海归角色的悄然变化，折射出中国高水平开放的稳健步伐和中企迈步踏上世界舞台、实现互利共赢的发展历程。（F-26） 熟知中外不同环境，对内无障碍交流、对外打通资源渠道，海归成为中企走向世界的重要推手。他们既能以企业管理者的身份带领团队跨出国门，也可为中企提供协助咨询，降低其海外落地风险。为中国品牌开辟海外通途的过程，也正是余洋灏发挥自身沟通优势的良机。（F-26） 全球化智库理事长王辉耀此前表示，海归通过法律服务、提供咨询等途径，帮助中国企业海外上市，参与其跨国经营与并购业务，间接推动了中企的海外发展。入选"中国改革开放海归40年40人"榜单的高瓴资本创始人张磊，曾帮助腾讯把微信推广到印度尼西亚，重新定义了印度尼西亚的社交媒体，堪称中国企业"走出去"的成功典范。（F-27） 为了与中企开展更为紧密的合作，团队在深圳建立了自己国内的大本营。从旧金山到鹏城，这支为阿里巴巴、腾讯等大公司提供过国外落地品牌宣传的年轻团队，希望在未来可以帮助更多国内中小型制造型企业在海外树立口碑、打响品牌。（E-26）

范畴	初始概念	原始语句
资源对接	先进技术引进	他研发的有关生物医药技术在国外已经得到广泛应用，可是在国内用得还很少，所以就想带回国内，也是作一点贡献。（CU－33） 我本身是做技术的，我们发明的这个技术在国外用得很多，但是在国内用得很少，我想，这个技术在生物医药的产品产业链中能够起一些作用，所以还是应该在国内有所发展。（CU－33） 2008 年底，留美归来的袁玉宇博士注册成立了广州迈普再生医学科技有限公司，将领先的再生医学技术引入中国。（E－28） 学习过程中，她萌生了把国外先进的生态农业理念和技术带回国，发展现代农业的念头。（E－65） 他还把从国际玉米小麦改良中心等引进鉴定的两万多份小麦优异资源发放给国内 20 多个单位，合作单位用何虎引进的种质育成 80 多个优质抗病新品种，这些新品种在我国西南和西北地区的年种植面积超过 2000 万亩。（SRI－07） 在连接美国创业公司和中国市场方面，丹华资本已有了诸多成功案例。在他们的沟通推动下，Qeexo 的触摸屏技术用在了华为 P8 手机上，这是他们的第一笔订单，而后不断获得智能手机国内厂商的合作订单；在张首晟的促成下，GraphSQL 则成为支付宝和中国国家电网的技术提供商。（E－19）
	商业模式引进	"我们要为企业提供'一站式服务'。至今已经帮助近百家国内中小型制造商与创新团队走出国门。我们也在尝试不断引入新的商业模式，与中关村发展集团、众筹平台 Indiegogo、被称为全球十大孵化器之一的 Founders Space 都建立了深层战略合作。"余洋灏说。（F－26） 同时，发挥渭源独特的中草药优势，建立以销带产的电子商务平台，将渭源的产品销售到"一带一路"共建国家中。（F－25） 程玉娇在社交平台上开通了双语直播，在科普水稻知识的同时拓展销售渠道，不仅生意做得风风火火，自己也变成了小有名气的"网红"。（E－45） 为壮大集体经济、发展特色产业，盘活村集体的闲置资源，吸引更多青年人才，阿署达成立了以村集体经济为大股东的金玛缔康养旅游服务公司，从而实现农旅融合发展。（GNGO－09）
精神引领	企业家精神	王钧说："创业一定要脚踏实地、量力而为、稳扎稳打、步步为营。虽然我的企业成长得慢一点，但是起码一直在成长。这样一来，我的心态也能够保持得很好。"任何一个企业的发展都不可能一帆风顺，能够一点一点坚持下来也很不容易。在王钧看来，想要创业，先要有企业家精神，要有一定的信念，甚至要有投入毕生精力的勇气。（E－06）
	科学家精神	榜样的力量是无穷的。黄大年诠释了社会主义核心价值观的真谛，散发着积极向上的时代精神，是最好的说服，更是最好的引导。生逢这个伟大的时代，昂首阔步走在中华民族伟大复兴的历史征程上，我们每一个人都应该树立信心，向榜样对标看齐，创造无愧于时代的业绩。（CU－13） 他不惧防护工程现场的辐射危险，坚持去工程一线、科研一线，用热爱与奉献带领、鼓舞着一批批年轻的军事科学家、年轻的共产党员。（CU－95） 现在，我国经济社会发展和民生改善比过去任何时候都更加需要科学技术解决方案，都更加需要增强创新这个第一动力。越是前行，越离不开创新；越是发展，越需要一大批优秀的科研工作者；越是艰难，越是需要不断凝聚起新时代科学家精神。（SRI－21）

续表

范畴	初始概念	原始语句
精神引领	科学家精神	金展鹏数十年对科学研究不断追求、对学生无私奉献，感动了无数的中南学子。"那个坐着轮椅在校园穿行的身影，再也看不到了!"金展鹏的学生、中南大学材料学院教授刘华山在悼念文中说："一个好的老师对学生一生都有影响，我很幸运，我遇上了金老师。"（SRI-26） "让我印象最深的是谢先生的爱国情怀、科学情怀和培养学生薪火相传的情怀。他教育我们说，应该多为国家想，多考虑气象预报业务工作。他爱生如子，大学毕业时，我因家贫极想工作好尽早孝敬双亲，恩师得知后按期给我寄钱，消除我后顾之忧，让我能安心继续读书。我非常感激谢先生，我希望这样的精神能薪火相传"。（SRI-40）
	爱国奉献精神	晓宏的脚步始终紧随祖国的需要，"我是在西迁精神影响下成长的一代，祖国的召唤就是我的方向"。（CU-12） 回国效力，代表了南开"允公允能、日新月异"的爱国情怀。（CU-18） "国内对我所研究的生态领域越来越重视，相关的项目支持越来越多，就下决心回国了"。（CU-27） 我就下定决心学成回来报效祖国。（CU-32） "在自己的祖国作出科研成果所得到的满足感，是在任何其他地方都无法比拟的!"（CU-34） 因为我们有太多的热情无处安放，我们更喜欢激情和充实，于是我们选择回国创业! 我们坚信在未来的30年中国一定是全球最蓬勃发展的经济体，我们也愿意为之付出我们的努力，贡献我们的才华!（E-03） "出国留学就是为了归国报效，从没有过其他想法。"郑哲敏始终记得老师钱学森嘱咐他的话，"一切要以国家需要为己任。"（SRI-18）
社会服务	科学普及	我坚持用一些通俗语言进行科普，就是希望告诉群众，大家的钱科学家们都用来做了哪些事，这些事给我们的生活会带来哪些改变。这也是我的老师教给我的，当时只要我们有文章发表，他就会发一篇新闻通稿告诉公众我们做了哪些事，这是很有必要的。（CU-06） 即使日程排得再紧，他也会抽出时间给中学生作科普讲座，"用孩子们听得懂的话，把自己的工作讲给孩子们听"。黄大年的讲座似乎有一种魔力，一场报告下来，很多孩子听得血脉偾张，抱定了大学要念地球物理的决心。（CU-13） 她抛开顾虑，腾出时间为孩子们编写教材，为每节课准备教案。她想打破传统课堂的模式，效仿国外的探究式学习。她来做演示，让家长带着孩子一起完成探索性的小实验。课程设计趣味性强，同时传达环保理念："让孩子们认识环境和生命的相互影响，以及人与环境该维持怎样的关系。"（CU-21） 近年来，他们以及不少量子科学家都积极为量子科学的普及而努力，中国科学技术大学上海研究院还专门开辟了"墨子沙龙"科普微信公众号。不过，让缺乏相关知识背景的普通百姓理解量子的概念，以及目前量子科技的发展，的确相当困难。潘建伟希望能通过各种渠道，不断提升公众的科学素养，让他们少受"伪科学"的困扰。（SRI-40） 我们也很愿意承担起科普、服务的责任，减少内涝对人们生活造成的影响。也希望能有更多人关注这一问题，和我们一起为建设美好城市而努力!（E-31）

范畴	初始概念	原始语句
社会服务	社会公益	7月3日，华中科技大学崔崑夫妇捐资400万元，设立"新生助学金"。整个捐资没有仪式，留影照都没有拍，老人专门叮嘱"不要宣传"。（CU-84） 杜振宁用自己的专业技术产品，向定点医院等抗疫第一线捐赠了价值15万元的抗疫物资，为国家疫情防控作出一份贡献。（CU-89） 前脚刚获奖，后脚便把奖金捐了出去——他把自己荣获的国家科学技术奖奖金捐献给了自己设立于家乡昆山的"瑾晖"基金，重点资助边远贫困地区的贫困学生。这个爱心基金设立于2006年，而他慈善之举不是从2006年开始的。他从20世纪90年代起，就用自己的获奖奖金或者工资资助贫困学生，帮助孤寡老人。（CU-95） 那段时间，公司员工们每天都与农民保持联系，稳定他们的情绪，还以低价甚至赠送的形式给经济困难、受灾较重的种植户们供苗。患难与共的担当，让百利种苗在这次灾害中收获了农民的信任。"我们虽然经济损失很大，但赢得了特别多的朋友。"（E-46） 2007年回国后，从关爱贫困大学生到帮助重病儿童家庭，他的身影频繁活跃在公益事业中。近20年的公益路走来，李曦越发感到公益是"自然而然应该去做的事情"。"回报社会是我们海归企业家的责任，坚持做公益就是守住一颗'平常心'。觉得应该去做，就要努力把它做好，尽到自己的责任"。李曦说。（F-28） 面对农村无资金、无技术的窘境，他慷慨捐款480万元，帮助农民从零起步发展香菇产业扶贫。（SRI-27）
资政强国	政府任职	在今年初刚结束的市两会上，他顺利当选为政协第七届清远市委员会常务委员，在更多公共事务上发出留学生声音。（E-10） 是吴季作全国政协委员的第一年，在全国瞩目的平台上，他还要继续为我国空间科学"菜园子"的可持续发展谋出路。（SIR-12） 经致公党青岛市委员会和青岛市委统战部的推荐，王乙潜从青岛大学物理科学学院来到崂山区高科园管委会创业服务中心挂职锻炼，任创业服务中心副主任。（CU-09） 担任着中国科学院学部常委、教育部生物学教学指导委员会副主任、北京市学位委员会副主任。（CU-106） 在市侨联的牵头之下，清远市成立了清远市归国留学人员联谊会，黄于于出任创会会长。现时，市留联会成员已发展至220人。（E-10）
	政府决策支持	教学科研工作之余，王乙潜教授善于发现社会民生、经济发展问题，常常于深夜伏案撰写提案、社情民意信息，多次向政协、统战部等部门上报自己的提案、意见建议，用实际行动实践着自己的承诺：科研要服务于经济社会、民生的发展。（CU-09） 作为一名全国人大代表，安然一直密切关心最新的新冠疫情形势。今年2月初，她便撰写并上交了一份建议，为有关部门决策提供咨询参考。（CU-35）

范畴	初始概念	原始语句
资政强国	政府决策支持	新冠疫情以来，她还看到一批批高校留学生管理干部日夜辛劳，战斗在抗疫第一线。她对北大、复旦、哈工大、华工等全国 22 所高校留管干部新冠疫情期间的现状深入调查，形成报告，并形成代表建议，准备带到今年"两会"上。（CU－35） 为解决归国留学人员回清创业的难题，进一步促进人才的落户工作，黄于于带领着市留联会参与了由市政协、市委组织部、市委统战部、市人社局和市侨联在 2016 年举办的五场座谈会，就出台清远市留学人员创业创新政策、建立清远留学生创业园、建立金融服务平台等方面进行了深入探讨，并参与了《清远市引进国外人才智力行动计划》的起草工作（该计划已经在 2016 年 8 月通过了市委、市政府的审议，并颁布实施）。（E－10） 会后，我们会将沙龙讨论交流中所产生的有价值观点与成果整理存档后供民建会员参阅借鉴；对政策环境等方面的意见建议也会报送相关部门以供决策参考。（E－60） 面对行业系统内存在的问题，结合多年工作经验，和同事深入调研交流，在今年全国两会上，他提交了《关于进一步加强对甲骨文宣传推广》的提案，意在推进文化传承与文化创新发展。（GNGO－27）
	高端智库建设	不断提出有建设性的政策建议，以学者力量形成高端智库。（CU－15）
	制度改革与优化	而王晓东的"药方"就是要办独立的研究所。"因为我们中国没有足够数量的真正的好科学家，科学家不够，底子不行，开再多'药方'也不管用，即使有的'药方'能一时把某个学科的水平提上去，但也不可持续。我们需要在人才、资源和体制上发力，打造创新体系"。（CU－08） 近年来国内从事科研的硬件水平发展迅猛，正在逐步与国际接轨，但在软件环境上，还与国外存在一定的差距。国内一些大学和科研院所每年都会对科研工作者进行考评，并且必须保证每年完成一定的工作量才能通过考评，这让研究者不得不规避一些耗时较长、有挑战性的重要课题，使科学研究具有功利色彩，也使科研工作者产生了浮躁的情绪。（CU－46） 自 2003 年起，王晓东负责筹建北生所。作为科技体制改革的"试验田"，北生所采取与国际接轨的管理和运行机制，旨在为中国建立世界一流的生命研究所，做出世界一流研究成果……对此，北生所主要的科学家要求全球公开透明招聘；对人才评定打破学术背景、论文等限制，着重强调能力；打破科研"铁饭碗"，采用全员聘用制，5 年内不问成绩，充分给予科研自由；建立有竞争力的年薪制及给予稳定科研经费支持；文化氛围追求卓越，讲求批判性思维。（SRI－11） 周光召担任中国科学院院长后，提出了"一院两种运行机制"的建院模式和"把主要力量动员和组织到国民经济建设的主战场，同时保持一支精干力量从事基础研究和高技术创新"的新办院方针，推出了研究所所长任期目标责任制、设立开放实验室（所）、兴办高新技术企业等一系列重大改革举措……在其领导下，中国科学院成为科技体制改革的先行者，在基础研究和高技术前沿保持了一支优秀的人才队伍，同时为国家高技术产业的兴起与发展起到先导和示范作用，为新时代中国科学院的改革创新发展奠定了基础。（SRI－61）

范畴	初始概念	原始语句
国际化深入	国际平台搭建	而经过两年多实践发展，由林毅夫担任院长的北大南南合作与发展学院现已成为发展中国家学习交流的新平台。（GNGO – 03） 建立非洲研究院，刘鸿武不仅要打造一个学术的平台，也要建立一个人文交流的平台。（CU – 01） 1987 年大气所向第三世界科学院（现称"发展中国家科学院"）申请、1991 年成立了"国际气候与环境科学中心"，成为"中国科学院（CAS）—发展中国家科学院（TWAS）优秀中心"和"南方科技促进可持续发展委员会优秀科学中心"，该中心正式接收外国博士生。后又以此为基础，成立了 CAS—TWAS—WMO 国际气候论坛，已成为 CAS 与 TWAS 有关气候变化研究的品牌论坛。（SRI – 40） 陈捷与同事也积极争取在国内举办多类国际学术交流活动，希望能为更多本土师生搭建国际化的科研对话平台。（CU – 60） 同济大学声学与热能科学中心目前拥有 9 位科研人员（包括一位中组部千人和四位青年千人）以及 20 多位研究生，同时中心还有 3 位外籍讲座教授，其中 2 位是欧洲科学院院士。中心具有浓厚的学术氛围，自 2012 年成立以来已举办 60 余场专题学术报告，已接待超过 300 多位来自国内外的专家学者参观访问。（CU – 46）
	国际人才交互	他先后将陈建国派送到世界上做细胞骨架非常好的实验室之一——Hirokawa 实验室做博士生联合培养；将张传茂派送到世界上非常好的细胞核重建实验室之一。（CU – 106） 对想去境外深造的学生，他都操碎了心，学生们有去韩国读博士的，有去香港地区香港理工大学的，有去澳大利亚迪肯大学的。（CU – 25） 在科研上给予指导，帮助他们改论文、申请奖学金和出国合作交流的机会。（CU – 34） 回国执教后，陈捷很注重为课题组的学生争取国际教育资源。当学生有留学意向，但在学校和导师的选择上犹豫不定时，他也会适时给出自己的建议，帮助学生具体分析，权衡利弊。（CU – 06） 科研人员中有清华大学、中国科学院、中山大学、武汉大学的专家，还有来自美国、加拿大等国的"海归"人才做技术顾问。（E – 01） 也培养了不少来自韩国的博士研究生。他常笑谈说学生比他有名气，他的韩国博士生中，有在韩国 COSMAX、LG 集团、SK 百朗德、爱茉莉太平洋等企业担任高管，圈里圈外名声不小。（E – 22） 为全国 35 个单位的 110 名研究生和科技人员提供出国深造和合作研究的机会。80 多名硕士、博士从我这里"走出去"，还有 100 多人通过我的推荐或资助到墨西哥、澳大利亚、美国参加培训交流。（SRI – 07） 就在这次讲学中，李先生发现了中国有不少很有才华的年轻学子，觉得应该尽力帮助他们赴美留学，培养成国际一流人才。当时，美国对中国学生的水平不了解，中国又没有 TOEFL 和 GRE 等考试，中国学生要赴美留学非常困难。为此，李先生"突发奇想"，想出了选拔中国优秀学子赴美留学的"中美联合招考物理研究生项目"（China – U. S. Physics Examination and Application，CUSPEA）。（SRI – 30） 曾庆存还为发展中国家培养了多位留学生，其中包括中国科学院培养的首位外籍博士古拉姆·拉索尔，回国后任巴基斯坦国家气象局局长。（SRI – 40）

范畴	初始概念	原始语句
国际化 深入	国际项目 合作	在项目启动会上，重庆大学、英国斯旺西大学、英国国家物理实验室联合设立的"智能感知技术协同创新中心"也正式揭牌，未来，三方将在人工智能、智能传感、脑科学与神经科学等领域展开全方位的合作与探索。（CU-43） 该项目还引起了业内人士的高度关注，韩国国立全南大学校长特地来到温州医科大学拜访，并带来最新的皮肤模型技术研究成果。（E-22） 因为同时有好几个其他国家，也都希望这个项目能够向他们开放，我们也乐于和他们一起开展相关合作研究。（CU-06） 他带领团队与牛津大学贫困与人类发展研究中心展开深入合作，结合"两不愁三保障"，首次将中国贫困研究从一维的经济贫困扩展到多维贫困。（CU-15） 加大与德国人工智能研究中心的深度合作，2017年6月，在中德两国总理见证下，四维时代公司与德国人工智能研究中心签署合作多个跨国项目。（E-07） 建议在贵州省落地对接"春晖计划"，得到了贵州省人民政府的积极响应，成立贵州省"春晖计划"行动领导小组，并向驻法使馆教育处提交了101个合作项目。（E-21）
	国际文化 交流	如今，肩负着中国文化、中国音乐走出去的重任，廖昌永每年甚至每个季度、每个月都要和他的团队一起用创新的、海内外年轻人可以接受的方式到世界各地"讲好中国故事"。（CU-109） 2012年，中央音乐学院与丹麦皇家音乐学院合作建立了全球第一所音乐孔子学院，传播和展示中国音乐文化。刘月宁说："作为一名音乐教师、一名音乐演奏家，我感到责任重大。像我们这样的海归，要做中外文化交流的桥梁，讲好中国故事，把这些故事带到国外的课堂里。"（CU-111） 文化立世，文化兴邦。面对世界百年未有之大变局与党和国家事业发展全局，向海外朋友介绍中国五千年悠久历史、中华优秀传统文化、革命文化和社会主义先进文化、中国特色社会主义发展道路，帮助他们更加全面地了解一个真实生动的中国，促进世界各民族间的彼此交流，是新时代青年学子的责任和担当。（CU-22） 海归成长于中国文化环境，了解西方文化话语体系，承担着传播中国文化、推动中外文明互鉴、融合的任务。全球化和网络正在改变世界，海归可以促进中外文化交流，这也是当代海归义不容辞的责任与义务。（F-26）
国际 影响 提升	国际荣誉 奖项	杰弗里·杰里科爵士奖具广泛国际影响力，该奖项由IFLA组织评选，自2004年创立以来，每4年颁发一次，2011年以后每年仅颁发给一位专家学者。俞孔坚教授是第2位获此殊荣的亚洲景观设计师。（CU-103） 国际地球化学学会（Geochemical Society）与欧洲地球化学协会（European Association of Geochemistry）公布了2019年国际地球化学会士（Geochemistry Fellows）名单，中国科学院院士、中国地质大学（北京）教授李曙光以其在同位素地球化学领域的突出贡献入选。（CU-16） 中国科学技术大学潘建伟教授领衔的"墨子号"量子科学实验卫星科研团队被授予2018年度克利夫兰奖。这是克利夫兰奖设立90余年来，中国科学家在本土完成的科研成果首次获得这一荣誉。（CU-23）

范畴	初始概念	原始语句
国际影响提升	国际荣誉奖项	基于闫森教授近年来在可穿戴天线领域的杰出学术贡献，国际无线电科学联盟（International Union of Radio Science，URSI）授予其 URSI 青年科学家奖。该奖项是国际无线电学界评选青年科技人才的传统奖项，旨在奖励 35 岁以下在无线电科学相关领域作出突出贡献的青年学者，享有较高的国际知名度。（CU-30） 日前，北京生命科学研究所资深研究员、清华大学生物医学交叉研究院教授李文辉博士，凭借其在推动乙肝科研和治疗方面作出的杰出贡献，荣获全球乙肝研究和治疗领域最高奖——巴鲁克·布隆伯格奖。（SRI-22） 2020 年未来科学大奖周今天（12 月 27 日）开幕。今年的未来科学大奖——"数学与计算机科学奖"授予中国科学院院士、山东大学教授彭实戈，以表彰他在倒向随机微分方程理论，非线性 Feynman-Kac 公式和非线性数学期望理论中的开创性贡献。（CU-78） 美国陶瓷学会在线颁发了 2020 年度国际陶瓷学领域各奖项，西北工业大学光电工程学院林大斌博士获美国陶瓷学会授予的 Ross Coffin Purdy（罗思·科芬·珀迪）奖。（CU-92） 成为首位获"英国皇家特许建筑师""英国皇家特许规划师"等专业称号的中国大陆建筑师。（F-01）
	国际影响力	32 岁的付巧妹在科技界可谓年轻，却已经是在古 DNA 研究领域具有广泛国际影响力的学者，并入选《自然》杂志评选的"十位中国科学之星"。（CU-02） "世界上还没有其他研究所能在如此短的时间里，在国际科研领域占据如此重要的地位"。（CU-08） 俞孔坚教授是当今世界最具影响力的景观设计师之一，其设计作品、巡讲与教育活动积极影响并深化了人们对景观设计行业的认知。（CU-103） 这不仅是南开化学的标志性成果，更成为合成化学中一个不可或缺的工具，被全球 40 多个研究组借鉴，被用于 200 多种不对称合成反应，还被用于多种手性药物的生产。（CU-104） 《科学》杂志发表了一项震惊物理学界的成果——薛其坤领衔的团队在实验中首次发现量子反常霍尔效应。后来，包括美国和欧洲的顶级团队都按照薛其坤的方法证明了实验结果，这才让这一百多年来的"霍尔效应"又添上了浓墨重彩的一笔。（CU-113） 其中多种新型分子筛被国际分子筛协会收录、命名。（CU-14） 英国著名科学新闻杂志《新科学家》以封面标题的形式这样评价潘建伟团队："中国科大——因而也是整个中国——已经牢牢地在量子计算的世界地图上占据了一席之地。"而《自然》杂志则评价道："国际同行们正在努力追赶中国，中国现在显然是卫星量子通信的世界领导者。"（CU-23） 在国际刊物上发表近百篇论文。7 月 9 日，熊宇杰课题组在光催化固氮合成氨催化剂开发上取得新进展的成果登上《美国化学会志》。（CU-44） 英国路透社根据最新科学家影响力评价系统，综合评估了气候变化研究领域科学家的影响力，发布了全球最具影响力的 1000 位科学家名单，陈杰凭借在气候变化领域的研究成果而成功入选。（CU-48） 在进化计算国际会议上组织过多次优化算法竞赛，所制定的标准测试函数集被全世界 67 个国家和地区、45 个学科领域的学者认可和使用。（CU-49）

续表

范畴	初始概念	原始语句
国际影响提升	国际影响力	他的模锻技术被波音专家誉为"东方魔术"。以美国波音公司为代表的国际工程技术界的广泛认同。(F-14) 1995年，他做了世界上第一例不会发生排斥反应的角膜移植。世界眼科界命名它为"姚氏法角膜移植术"，美国医学教科书把它作为教材资料。(O-08) 2014~2018年，梁应敝曾连续5年入选汤森路透全球高被引科学家名单。这一名单"含金量"极高，是衡量大学学术影响力的重要指标。(CU-19) 发表论文的《数学新进展》是国际数学界最权威的期刊之一。目前，他的论文已经引发国际数学界的关注，被美国科学院院士劳森等第一时间引用。(CU-47)
	海外组织机构任职	当选为欧洲科学院外籍院士。这是电子科技大学教师首次当选该科学院院士，梁教授因在无线通信领域的杰出贡献成为该组织中物理与工程科学（Physics & Engineering Sciences）领域院士。(CU-19) 欧洲科学院（Acadamia Europaea）发布2019年新增院士名单，吉林大学于吉红教授当选欧洲科学院外籍院士。(CU-14) 入选美国霍华德·休斯研究所国际研究学者。(CU-21) 担任4种国际学术期刊副主编和编委。(CU-09) 2008年，出任世界银行首席经济学家，成为这一岗位上的首位中国人。他走遍上百个国家，探寻全球发展之路。4年后重返北大，提出"新结构经济学"。(GOGN-110) 陈杰担任国际水资源协会常务理事、国际水文科学协会中国委员会地表水分委员会副主席，还是多个权威英文期刊副主编、编委。(CU-48)

附录3　高端海归人才引进后成效分类评价指标筛选调查表

尊敬的专家：

您好！本调查问卷旨在对高端海归人才引进后成效评价指标进行筛选。目前本书研究已经基于高端海归人才引进后评价理论模型，综合考虑不同职业岗位的高端海归人才成效表现特征和规律，并在国家现有人才分类政策的指导下，形成了高端海归人才引进后成效分类评价初始指标体系，请您对其进行进一步评判筛选。本调查只供研究使用，非常感谢您在百忙之中阅读并参与本项调查！如果您对本书研究及问卷有任何想法，请与我们联系！

高端海归人才引进后成效评价机制研究课题组

2020 年 5 月

一、基本信息

1. 您的性别：

（1）男□　　　　　　　　（2）女□

2. 您的年龄是：

（1）30 岁以下□　　　　　（2）30～40 岁□

（3）41～50 岁□　　　　　（4）50 岁以上□

3. 您的最高学历：

（1）本科□　　　　　　　（2）硕士□

（3）博士□　　　　　　　（4）其他（请注明）□

4. 您所在单位性质是：

（1）研究机构□　　　　　（2）高校□

（3）企业 （4）政府部门□

（5）其他（请注明）□

5. 您的专业技术职称属于或相当于：

（1）初级职称□ （2）中级职称□

（3）副高级职称□ （4）正高级职称□

二、请您选出您认为重要的指标

请从下列三级指标中选择能够说明相应二级指标的项目，并在其后面勾画"√"，如果您觉得还有更好的指标或对目前指标设置有任何意见或建议的，请在最后的"补充意见"中进行说明。

表1 对于科学研究型高端海归人才引进后成效
评价指标的第一轮专家意见征询

	一级指标	二级指标	三级指标	选择意见
高端海归人才引进后成效评价	核心突破	挑战前沿	攻克基础难题	
			开拓研究领域	
			技术应用与推广	
			产学研融合	
			成果转化	
			创设世界一流	
		创新攻坚	技术自主研发	
			关键技术国产化	
		对接需求	学科发展	
			促进产业升级	
			战略研究与实践	
	边界拓展	智力引育	人才培养	
			团队建设	
			人才引致与聚集	
		资源对接	先进技术设备引进	
			先进理念引进	

	一级指标	二级指标	三级指标	选择意见
高端海归人才引进后成效评价	溢出增效	精神引领	科学家精神	
			爱国奉献精神	
		社会服务	科学普及	
			社会公益	
		资政强国	政府任职	
			政府决策支持	
			高端智库建设	
	国际提升	国际化深入	国际平台搭建	
			国际人才交互	
			国际项目合作	
		国际影响提升	国际荣誉奖项	
			国际影响力	
			海外机构任职	
补充意见				

表2　对于市场应用型高端海归人才引进后成效评价指标的第一轮专家意见征询

	一级指标	二级指标	三级指标	选择意见
高端海归人才引进后成效评价	核心突破	挑战前沿	技术应用与推广	
			产学研融合	
			成果转化	
		创新攻坚	技术自主研发	
			关键技术国产化	
			产品创新	
			商业模式创新	
			工艺创新	

续表

一级指标	二级指标	三级指标	选择意见
核心突破	对接需求	产业升级	
		产品出口	
		带动就业	
边界拓展	智力引育	人才培养	
		团队建设	
		人才引致与聚集	
	资源对接	创业支持	
		海外市场开拓	
		先进技术引进	
		商业模式引进	
		制度引进与借鉴	
溢出增效	精神引领	企业家精神	
		爱国奉献精神	
	社会服务	科学普及	
		社会公益	
	资政强国	政府任职	
		政府决策支持	
		高端智库建设	
国际提升	国际化深入	国际平台搭建	
		国际人才交互	
		国际项目合作	
	国际影响提升	国际荣誉奖项	
		国际影响力	
		海外机构任职	

其中一级指标列左侧为"高端海归人才引进后成效评价"，最后一行为"补充意见"。

表 3　　　　　　对于社会服务型高端海归人才引进后成效
评价指标的第一轮专家意见征询

	一级指标	二级指标	三级指标	选择意见
高端海归人才引进后成效评价	溢出增效	精神引领	爱国奉献精神	
		社会服务	科学普及	
			社会公益	
		资政强国	政府决策支持	
			高端智库建设	
			制度改革与优化	
	国际提升	国际化深入	国际平台搭建	
			国际人才交互	
			国际项目合作	
			国际文化交流	
		国际影响提升	国际荣誉奖项	
			国际影响力	
			海外机构任职	
补充意见				

附录4 高端海归人才引进后成效分类评价指标绝对重要性程度调查表

尊敬的专家：

您好！本调查问卷旨在对高端海归人才引进后成效分类评价指标进行进一步筛选确定。目前已经基于第一轮专家征询意见修改后，形成了如下评价指标体系，请您对其进行进一步重要性程度评价。本调查只供研究使用，非常感谢您在百忙之中阅读并参与本项调查！如果您对本书研究及问卷有任何想法，请与我们联系！

高端海归人才引进后成效评价机制研究课题组

2020 年 5 月

请按照"非常重要""重要""一般重要""不重要""很不重要"分别记 5 分、4 分、3 分、2 分、1 分的标准对评价指标进行重要程度调查，在相应的表述项上打"√"，进行单选作答。

表1　　　　科学研究型高端海归人才（高校、科研院所）

引进后成效评价指标

项目	一级指标	二级指标	三级指标	5 分	4 分	3 分	2 分	1 分
高端海归人才引进后成效评价	核心突破	挑战前沿	攻克基础难题					
			开拓研究领域					
			技术应用与推广					
			产学研融合					
			成果转化					

项目	一级指标	二级指标	三级指标	5分	4分	3分	2分	1分
高端海归人才引进后成效评价	核心突破	创新攻坚	技术自主研发					
			关键技术国产化					
		对接需求	学科发展					
			战略研究与实践					
	边界拓展	智力引育	人才培养					
			团队建设					
			人才引智与聚集					
		资源对接	先进技术引进					
			先进设备引进					
	溢出增效	精神引领	科学家精神					
			爱国奉献精神					
		社会服务	科学普及					
			社会公益					
		资政强国	政府任职					
			政府决策支持					
			高端智库建设					
			制度改革与优化					
	国际提升	国际化深入	国际平台搭建					
			国际人才交互					
			国际项目合作					
		国际影响提升	国际荣誉奖项					
			国际影响力					
			国际话语权					

表2　市场应用型高端海归人才（企业、创业）引进后成效评价指标

项目	一级指标	二级指标	三级指标	5分	4分	3分	2分	1分
高端海归人才引进后成效评价	核心突破	挑战前沿	技术应用与推广					
			产学研融合					
			成果转化					
		创新攻坚	产品创新与研发					
			商业模式创新					
			工艺创新					
		对接需求	产业升级					
			产品出口					
			带动就业					
	边界拓展	智力引育	人才培养					
			团队建设					
			人才引智与聚集					
		资源对接	创业引领与支持					
			海外市场开拓					
			先进技术引进					
			商业模式引进					
	溢出增效	精神引领	企业家精神					
			爱国奉献精神					
		社会服务	科学普及					
			社会公益					
		资政强国	政府任职					
			政府决策支持					
			高端智库建设					
			制度改革与优化					
	国际提升	国际化深入	国际平台搭建					
			国际人才交互					
			国际项目合作					
		国际影响提升	国际荣誉奖项					
			国际影响力					
			国际话语权					

表 3　　　　　**社会服务型（政府及社会组织、其他）高端**

海归人才引进后成效评价指标

项目	一级指标	二级指标	三级指标	5分	4分	3分	2分	1分
高端海归人才引进后成效评价	溢出增效	精神引领	爱国奉献精神					
		社会服务	科学普及					
			社会公益					
		资政强国	政府决策支持					
			高端智库建设					
			制度改革与优化					
	国际提升	国际化深入	国际平台搭建					
			国际人才交互					
			国际项目合作					
			国际文化交流					
		国际影响提升	国际荣誉奖项					
			国际影响力					
			国际话语权					

附录 5A　关于高端海归人才引进后成效评价指标权重确定的调查问卷

（科学研究型：高校、科研院所）

尊敬的先生/女士：

您好！高端海归人才引进后成效评价是一个复杂的过程，其各个评价指标权重的高低直接影响了评价结果。为了提高高端海归人才引进后成效评价指标权重确定的科学性与准确性，特进行本项调查。调查结果仅用于学术研究，保证匿名保密，请您认真填写！

非常感谢您在百忙之中阅读并参与本项调查！如果您对本书研究及问卷有任何想法，请与我们联系！

高端海归人才引进后成效评价研究课题组

2020 年 5 月

一、重要的程度评价

请您根据已有对高端海归人才引进工作的认识，以及自身对高端海归人才引进后成效评价的理解和看法，请对下列指标体系中的三级指标的重要性程度逐一进行判断。分值区间为 0～100 分，分值越高，代表该三级指标的重要性程度越高。

高端海归人才引进后成效评价指标
（科学研究型：高校、科研院所）

一级指标	二级指标	三级指标	重要程度［0～100分］
核心突破	挑战前沿	攻克基础难题	
		开拓研究领域	
		技术应用与推广	
		产学研融合	
		成果转化	
		创世界一流	
	创新攻坚	技术自主研发	
		关键技术国产化	
	对接需求	学科发展	
		促进产业升级	
		战略研究与实践	
边界拓展	智力引育	人才培养	
		团队建设	
		人才引智与聚集	
	资源对接	先进技术引进	
溢出增效	精神引领	科学家精神	
		爱国奉献精神	
	社会服务	科学普及	
		社会公益	
	资政强国	政府任职	
		政府决策支持	
		高端智库建设	
		制度引进与借鉴	
国际提升	国际化深入	国际平台搭建	
		国际人才交互	
		国际项目合作	
		国际文化交流	
	国际影响提升	国际荣誉奖项	
		国际影响力	
		国际话语权	

二、不重要的程度评价

请您根据已有对高端海归人才引进工作的认识，以及自身对高端海归人才引进后成效评价的理解和看法，请对下列指标体系中的三级指标的不重要的程度逐一进行判断。分值区间为 0～100 分，分值越高，代表该三级指标越不重要。

高端海归人才引进后成效评价指标
（科学研究型：高校、科研院所）

一级指标	二级指标	三级指标	不重要的程度 ［0～100 分］
核心突破	挑战前沿	攻克基础难题	
		开拓研究领域	
		技术应用与推广	
		产学研融合	
		成果转化	
		创世界一流	
	创新攻坚	技术自主研发	
		关键技术国产化	
	对接需求	学科发展	
		促进产业升级	
		战略研究与实践	
边界拓展	智力引育	人才培养	
		团队建设	
		人才引智与聚集	
	资源对接	先进技术引进	
溢出增效	精神引领	科学家精神	
		爱国奉献精神	
	社会服务	科学普及	
		社会公益	

一级指标	二级指标	三级指标	不重要的程度〔0~100分〕
溢出增效	资政强国	政府任职	
		政府决策支持	
		高端智库建设	
		制度引进与借鉴	
国际提升	国际化深入	国际平台搭建	
		国际人才交互	
		国际项目合作	
		国际文化交流	
	国际影响提升	国际荣誉奖项	
		国际影响力	
		国际话语权	

附录 5B　关于高端海归人才引进后成效评价指标权重确定的调查问卷

（市场应用型：企业、创业）

尊敬的先生/女士：

您好！高端海归人才引进后成效评价是一个复杂的过程，其各个评价指标权重的高低直接影响了评价结果。为了提高高端海归人才引进后成效评价指标权重确定的科学性与准确性，特进行本项调查。调查结果仅用于学术研究，保证匿名保密，请您认真填写！

非常感谢您在百忙之中阅读并参与本项调查！如果您对本书研究及问卷有任何想法，请与我们联系！

高端海归人才引进后成效评价研究课题组
2020 年 5 月

一、重要性程度评价

请您根据已有对高端海归人才引进工作的认识，以及自身对高端海归人才引进后成效评价的理解和看法，请对下列指标体系中的三级指标的重要性程度逐一进行判断。分值区间为 0～100 分，分值越高，代表该三级指标的重要性程度越高。

高端海归人才引进后成效评价指标
（市场应用型：企业、创业）

一级指标	二级指标	三级指标	重要程度［0～100分］
核心突破	挑战前沿	技术应用与推广	
		产学研融合	
		成果转化	
	创新攻坚	产品创新与研发	
		商业模式创新	
		工艺创新	
		关键技术国产化	
		技术自主研发	
	对接需求	产业升级	
		产品出口	
		带动就业	
边界拓展	智力引育	人才培养	
		团队建设	
		人才引智与聚集	
	资源对接	创业支持	
		海外市场开拓	
		先进技术引进	
		商业模式引进	
溢出增效	精神引领	企业家精神	
		爱国奉献精神	
	社会服务	科学普及	
		社会公益	
	资政强国	政府任职	
		政府决策支持	
		高端智库建设	
		制度改革与优化	

一级指标	二级指标	三级指标	重要程度 [0～100分]
国际提升	国际化深入	国际平台搭建	
		国际人才交互	
		国际项目合作	
	国际影响提升	国际文化交流	
		国际荣誉奖项	
		国际影响力	
		国际话语权	

二、不重要的程度评价

请您根据已有对高端海归人才引进工作的认识，以及自身对高端海归人才引进后成效评价的理解和看法，请对下列指标体系中的三级指标的不重要的程度逐一进行判断。分值区间为 0～100 分，分值越高，代表该三级指标越不重要。

高端海归人才引进后成效评价指标
（市场应用型：企业、创业）

一级指标	二级指标	三级指标	不重要的程度 [0～100分]
核心突破	挑战前沿	技术应用与推广	
		产学研融合	
		成果转化	
	创新攻坚	产品创新与研发	
		商业模式创新	
		工艺创新	
		关键技术国产化	
		技术自主研发	
	对接需求	产业升级	
		产品出口	
		带动就业	

一级指标	二级指标	三级指标	不重要的程度 [0～100分]
边界拓展	智力引育	人才培养	
		团队建设	
		人才引智与聚集	
	资源对接	创业支持	
		海外市场开拓	
		先进技术引进	
		商业模式引进	
溢出增效	精神引领	企业家精神	
		爱国奉献精神	
	社会服务	科学普及	
		社会公益	
	资政强国	政府任职	
		政府决策支持	
		高端智库建设	
		制度改革与优化	
国际提升	国际化深入	国际平台搭建	
		国际人才交互	
		国际项目合作	
	国际影响提升	国际文化交流	
		国际荣誉奖项	
		国际影响力	
		国际话语权	

附录5C　关于高端海归人才引进后成效评价指标权重确定的调查问卷

（社会服务型：政府及社会组织、其他）

尊敬的先生/女士：

您好！高端海归人才引进后成效评价是一个复杂的过程，其各个评价指标权重的高低直接影响了评价结果。为了提高高端海归人才引进后成效评价指标权重确定的科学性与准确性，特进行本项调查。调查结果仅用于学术研究，保证匿名保密，请您认真填写！

非常感谢您在百忙之中阅读并参与本项调查！如果您对本书研究及问卷有任何想法，请与我们联系！

高端海归人才引进后成效评价研究课题组

2020年5月

一、重要的程度评价

高端海归人才引进后成效评价指标
（社会服务型：政府及社会组织、其他）

一级指标	二级指标	三级指标	重要程度［0~100分］
溢出增效	精神引领	爱国奉献精神	
	社会服务	科学普及	
		社会公益	
	资政强国	政府决策支持	
		高端智库建设	
		制度改革与优化	

一级指标	二级指标	三级指标	重要程度［0～100分］
国际提升	国际化深入	国际平台搭建	
		国际人才交互	
		国际项目合作	
		国际文化交流	
	国际影响提升	国际荣誉奖项	
		国际影响力	
		国际话语权	

二、不重要的程度评价

请您根据已有对高端海归人才引进工作的认识，以及自身对高端海归人才引进后成效评价的理解和看法，请对下列指标体系中的三级指标的不重要的程度逐一进行判断。分值区间为 0～100 分，分值越高，代表该三级指标越不重要。

高端海归人才引进后成效评价指标
（社会服务型：政府及社会组织、其他）

一级指标	二级指标	三级指标	重要程度［0～100分］
溢出增效	精神引领	爱国奉献精神	
	社会服务	科学普及	
		社会公益	
	资政强国	政府决策支持	
		高端智库建设	
		制度改革与优化	

续表

一级指标	二级指标	三级指标	重要程度［0～100分］
国际提升	国际化深入	国际平台搭建	
		国际人才交互	
		国际项目合作	
		国际文化交流	
	国际影响提升	国际荣誉奖项	
		国际影响力	
		国际话语权	

参 考 文 献

[1] 杨庆．海外高层次人才引进效能评估与提升研究［D］．天津：天津大学，2017．

[2] 高筱梅．论新型高层次人才及其培养［J］．现代大学教育，2004（2）：109－111．

[3] 倪海东，杨晓波．我国海外高层次人才引进与服务政策协调研究［J］．中国行政管理，2014（6）：110－113．

[4] 董新宇，鞠逸飞，段雨欣．地方政府高层次人才政策实施效果研究［J］．中国科技论坛，2022（9）：128－138．

[5] 徐刚．发展错位到错位发展：地方高层次人才引进同侪效应的治理逻辑［J］．软科学，2023，37（5）：131－138，144．

[6] 张华英．人才国际化与国际化人才的培养［J］．福建农林大学学报（哲学社会科学版），2003（4）：81－83．

[7] 王靖华．如何理解"外国专家"和"海外高层次人才"及其相互关系［J］．国际人才交流，2009（6）：42－43．

[8] 张奕涵．地方政府引进海外高层次人才对策研究［D］．上海：上海交通大学，2010．

[9] 葛蕾蕾．我国海外高层次人才引进政策20年（2001－2020）：回顾、挑战与展望［J］．福建论坛（人文社会科学版），2021（11）：207－216．

[10] 潘晨光，娄伟，王力．中国人才发展报告［M］．北京：社会科学文献出版社，2004：252－255．

［11］李群，陈鹏．我国人才效能分析与对策研究［J］．系统工程理论与实践，2006（5）：72-77．

［12］陈安明．基于人才结构的区域人才效能综合评价［J］．重庆大学学报（自然科学版），2007（8）：149-152，159．

［13］王选华，曹立锋，孟志强．北京地区人才效能的比较研究［J］．中国人力资源开发，2011（5）：9-15．

［14］王美霞，王选华．我国区域人才资源配置效能比较研究——基于省际面板数据的实证分析［J］．新视野，2010（6）：18-20．

［15］张玉利，薛红志，陈寒松．创业管理（3版）［M］．北京：机械工业出版社，2015．

［16］Ulrich D. Assessing human resource effectiveness：Stakeholder, utility, and relationship approach［J］. Human Resource Planning, 1989（4）：301-315.

［17］Richard O C, Johnson N B. High performance work practice and human resource management effectiveness：Substitutes or complements?［J］. Journal of Business Strategies, 2004, 21（2）：133-148.

［18］Huselid M A, Jackson S E, Schuler R S. Technical and strategic human resources effectiveness as determinants of firm performance［J］. Academy of Management Journal, 1997, 40（1）：171-188.

［19］周文成，赵曙明．人力资源管理系统——改进企业人力资源管理效能的新路径［J］．南京邮电学院学报（社会科学版），2004（1）：11-15．

［20］饶征．以效能为核心的人力资源系统运营与整合［J］．中国人力资源开发，2013（21）：19-25．

［21］李志华．以价值量化管理：激活基层组织人力资源效能［J］．中国人力资源开发，2013（21）：26-32，39．

［22］彭剑锋．中国企业进入人力资源效能管理时代［J］．中国人力资源开发，2013（21）：164．

［23］张正堂．人力资源管理活动与企业绩效的关系：人力资源管理效能中介效应的实证研究［J］．经济科学，2006（2）：43－52.

［24］柯年满．创业型企业愿景预览与人力资源效能关系研究［D］．杭州：浙江大学，2005.

［25］岳意定，李军．薪酬战略与企业绩效的中间作用机理分析［J］．湖南师范大学社会科学学报，2008（3）：95－99.

［26］吴继红，陈维政，张杰玲．人力资源管理的"重能主义"［J］．中外管理，2003（11）：42－43.

［27］金南顺，王亚．人力资源管理效能评价方法研究综述［J］．延边大学学报（社会科学版），2013，46（1）：68－74.

［28］孙少博．战略性人力资源管理对组织效能的影响研究［D］．济南：山东大学，2012.

［29］高宏．做好现代人力资源管理吸引和留住人才的有效途径探析［J］．经济师，2013（11）：233－234.

［30］曾涛．系统科学理论下北京高校智慧教室的建设标准研究［D］．北京：北京工业大学，2021.

［31］李瑞超．基于系统科学理论的大学英语教学模式研究［J］．海外英语，2020（24）：17－19.

［32］谢德胜．系统科学理论视角下的高校教学质量评价创新策略［J］．中国成人教育，2019（14）：61－63.

［33］叶立国．国外系统科学内涵与理论体系综述［J］．系统科学学报，2014，22（1）：26－30.

［34］郭俊义．论系统科学理论体系的创建［J］．系统工程，1987（3）：1－8.

［35］叶立国．国内系统科学内涵与理论体系综述［J］．系统科学学报，2013，21（4）：28－33.

［36］王欣．中俄国有企业改革的约束条件与政策选择比较研究［D］．沈阳：辽宁大学，2020.

［37］方宝. 系统科学理论观照下的高校教师科研业绩考评研究 ［J］. 黑龙江工业学院学报（综合版），2019，19（4）：32－36.

［38］方宝. 研究型大学教师科研业绩考评机制设置研究 ［D］. 厦门：厦门大学，2017.

［39］李文俊. 机制设计理论的产生发展与理论现实意义 ［J］. 学术界，2017（7）：236－245，328.

［40］钟鹏. 机制设计理论在企业资源配置中的实践与启示——以电信公司为例 ［J］. 财务管理研究，2022（7）：70－74.

［41］方燕，张昕竹. 机制设计理论综述 ［J］. 当代财经，2012（7）：119－129.

［42］舒尚奇，关文吉. 机制设计理论与设计过程综述 ［J］. 渭南师范学院学报，2011，26（12）：24－26.

［43］方宝. 机制设计理论视角下的高校教师科研业绩考评机制研究 ［J］. 牡丹江教育学院学报，2019（11）：52－56.

［44］胡旸. 人力资本理论国内外研究发展综述 ［J］. 企业改革与管理，2021（5）：108－109.

［45］叶德磊. 现代人力资本理论的早期发展 ［J］. 生产力研究，1993（6）：68－71，77－80.

［46］于兆吉，张嘉桐. 扎根理论发展及应用研究评述 ［J］. 沈阳工业大学学报（社会科学版），2017，10（1）：58－63.

［47］周海银. 扎根理论及其在学校课程管理研究中的运用 ［J］. 教学与管理，2007（12）：3－5.

［48］王俊. 跨学科教学团队中的大学教师发展 ［D］. 南京：南京大学，2017.

［49］吴刚. 工作场所中基于项目行动学习的理论模型研究 ［D］. 上海：华东师范大学，2013.

［50］杜勇，张欢，陈建英. CEO 海外经历与企业盈余管理 ［J］. 会计研究，2018（2）：27－33.

［51］苗东升. 模糊学导引［M］. 北京：中国人民大学出版社，1986.

［52］孔峰. 技术经济分析中的模糊多属性决策理论研究及其应用［D］. 保定：华北电力大学，2006.

［53］庄惟敏，苗志坚. 多学科融合的当代建筑策划方法研究——模糊决策理论的引入［J］. 建筑学报，2015（3）：14－18.

［54］余以胜，徐剑彬，陈坤贤，等. 人才的网络测评与实证系统研究［J］. 重庆大学学报（社会科学版），2015，21（4）：123－128.

［55］西奥多·舒尔茨. 人力资本投资［M］. 北京：商务印书馆，1990：1－27.

［56］中松义郎. 人际关系方程式［M］. 桂林：漓江出版社，1990：185－202.

［57］荣芳，赵劲松. 中国人力资本外流的成因分析及对策建议［J］. 科学学与科学技术管理，2000（12）：10－14.

［58］王东升，杜砚如，侯风云. 中国人力资源国际流动研究［J］. 经济与管理研究，2004（3）：24－27.

［59］Sassen S. The mobility of labor and capital：A study in international investment and labor flow［J］. American Journal of Sociology，1989，83（95）：703.

［60］Forslid R. Agglomeration with human and physical capital：an analytically solvable case［J］. CEPR Discussion Paper，1999（2102）：332－345.

［61］李守身. 论劳动力的国际流动［J］. 中央财经大学学报，1997（8）：1－4.

［62］李薇辉. 论人力资本流动全球化趋势及相应对策［J］. 上海师范大学学报，2002（4）：20－26.

［63］Makarius E E & Stevens C E. Drivers of collective human capital flow：The impact of reputation and labor market conditions［J］. Journal of Management，2019，45（3）：1145－1172.

［64］Teferra D. Brain circulation：Unparalleled opportunities，underlying challenges, and outmoded presumptions [D]. Boston: Boston College, 2004.

［65］Rosenzweig M R. International migration and global development [D]. Yale: Yale University, 2005.

［66］Grubel G, Scott A. The international flow of human capital [J]. American Economic Review, 1966 (56): 268 – 274.

［67］Stark O, Helmenstein C, Prskawetz A. A brain gain with brain drain [J]. Economics Letters, 1997, 55 (3): 227 – 234.

［68］Beine M, Docquier F, Rapoport H. Brain drain and economic growth: Theory and evidence [J]. Journal of Development Economics, 2001, 64 (1): 275 – 289.

［69］Cohen L, Umit G G, Christopher M. Resident networks and corporate connections: Evidence from World War II internment camps [J]. The Journal of Finance, 2017: 207 – 248.

［70］戴蕙阳, 施新政, 陆瑶. 劳动力流动与企业创新 [J]. 经济学报, 2021, 8 (1): 159 – 188.

［71］Bye B & Faehn T. The role of human capital in structural change and growth in an open economy: Innovative and absorptive capacity effects [J]. The World Economy, 2022 (45): 1021 – 1049.

［72］王中保. 人力资本全球化利益分配与中国的策略选择 [J]. 毛泽东邓小平理论研究, 2009 (4): 80 – 85.

［73］白艳莉. 海外人才引进: 构建人力资源强国的重要路径——国际经验与启示 [J]. 生产力研究, 2009 (12): 91 – 93.

［74］李秀珍, 孙钰. 韩国海外人才引进政策的特征与启示 [J]. 教育学术月刊, 2017 (6): 81 – 87.

［75］郑永彪, 高洁玉, 许睢宁, 等. 世界主要发达国家吸引海外人才的政策及启示 [J]. 科学学研究, 2013, 31 (2): 223 – 231.

［76］朱军文, 沈悦青. 我国省级政府海外人才引进政策的现状、问题与建议 [J]. 上海交通大学学报 (哲学社会科学版), 2013, 21 (1):

59 – 63，88.

[77] 王建平. 我国海外引才政策区域差异研究 [J]. 世界地理研究，2013（4）：169 – 175.

[78] 张丽霞. 我国地方政府关于高层次人才引进的资金补助政策分析 [J]. 科技管理研究，2014，34（4）：25 – 28，37.

[79] 于倩倩. 我国海外高层次人才引进政策研究 [D]. 长春：吉林大学，2019.

[80] 祝瑞. 地方政府引进海外高层次人才政策比较与建议——以杭、沪、京、穗为例 [J]. 经营与管理，2013（3）：103 – 105.

[81] 王尧骏，廖中举. 海外高层次人才创业政策体系：文本分析与优化建议 [J]. 中国人力资源开发，2019，36（8）：60 – 68.

[82] 王延涛. 我国海外人才引进体系研究 [J]. 现代管理科学，2018（12）：100 – 102.

[83] 程华，娄夕冉. 海外高层次人才创新创业政策研究：政策工具与创新创业过程视角 [J]. 科技进步与对策，2019，36（21）：141 – 147.

[84] 卢琳，张毅，张洪潮. 山西省引进海外高层次人才政策分析——基于系统动力学方法 [J]. 中国人事科学，2020（12）：50 – 61.

[85] 苏佳琳. 海外高层次人才引进政策效果评价 [D]. 南宁：广西大学，2021.

[86] 周学馨，曾巧. 海外高层次人才治理机制创新研究 [J]. 领导科学，2019（10）：93 – 96.

[87] 徐丽梅. 我国引进海外创业人才的实践与思考——基于台湾、深圳、无锡的案例研究 [J]. 科学管理研究，2010，28（3）：92 – 96.

[88] 贺翔. 基于主成分分析的宁波“海归”高层次人才创业环境评价 [J]. 宁波大学学报（人文科学版），2015，28（6）：90 – 95.

[89] 魏浩，王宸，毛日昇. 国际间人才流动及其影响因素的实证分析 [J]. 管理世界，2012（1）：33 – 45.

[90] 陈瑞娟. 新发展阶段海外华侨华人高层次人才回流趋势研究

［J］. 青年探索, 2021 (4): 94 – 103.

［91］Gibson J, Mckenzie D. Eight Questions about Brain Drain ［J］. Journal of Economic Perspectives, 2011, 25 (3): 107 – 128.

［92］Giannetti M, Liao G, Yu X. The brain gain of corporate boards: Evidence from China ［J］. The Journal of Finance, 2015, 70 (40): 1629 – 1682.

［93］Zeithammer R, Kellogg R. The hesitant haigui: Return-migration preferences of U. S. – educated Chinese scientists and engineers ［J］. Social Science Electronic Publishing, 2013, 50 (5): 644 – 663.

［94］Lanvin B, Monteiro F. The Global Talent Competitiveness Index 2019 ［R］. Fontainebleau: INSEAD, 2019: 11 – 15.

［95］刘建彬, 崔源. 金融危机中的海外引才机遇 ［J］. 中国人才, 2009 (5): 31 – 32.

［96］陈程, 吴瑞君. 海外回流移民留沪发展意愿及其影响因素分析 ［J］. 上海经济研究, 2015 (10): 31 – 39.

［97］杨芳娟, 刘云. 青年高层次人才引进特征与质量分析 ［J］. 科研管理, 2016, 37 (S1): 238 – 246.

［98］高子平. 海外科技人才回流意愿的影响因素分析 ［J］. 科研管理, 2012, 33 (8): 98 – 105.

［99］李梅. 中国留美学术人才回国意向及其影响因素分析 ［J］. 复旦教育论坛, 2017 (2): 79 – 86.

［100］彭中文. 西方关于人力资本流动与技术溢出研究综述 ［J］. 经济纵横, 2006 (4): 77 – 79.

［101］Bai W, Kao P, Wu J. Returnee entrepreneurs and the performance implications of political and business relationships under institutional uncertainty ［J］. Journal of Business Research, 2021 (128): 245 – 256.

［102］陈怡安. 国际智力回流: 文献评述与展望 ［J］. 科技进步与对策, 2014 (23): 183 – 188.

［103］李平, 许家云. 国际智力回流的技术扩散效应研究——基于中

国地区差异及门槛回归的实证分析 [J].经济学（季刊），2011，10（3）：935-964.

[104] 仇怡，聂萼辉.留学生回流的技术外溢效应——基于中国省际面板数据的实证研究 [J].国际贸易问题，2015（2）：34-42.

[105] 黄伟丽，马广奇.海归高管、区域差异与企业创新 [J].科研管理，2021，42（7）：200-208.

[106] 余长林，孟祥旭."海归"高管与中国数字产业技术创新 [J].吉林大学社会科学学报，2022，62（6）：127-145，234.

[107] 杨海霞.海归人才推动中国创新 [J].中国投资，2007（4）：41-43.

[108] 林琳.智力流动与经济发展研究综述 [J].经济评论，2009（2）：147-153.

[109] 杨河清，陈怡安.中国海外智力回流影响动因的实证研究——基于动态面板模型的经验分析 [J].经济经纬，2013（3）：86-90.

[110] 许家云，刘廷华，李平.海外留学经历是否提高了个人收入？[J].经济科学，2014（1）：90-101.

[111] 马腾，赵树宽.基于扎根理论的高校科研人才能力评价分析 [J].科技进步与对策，2022（10）：1-8.

[112] 王玲，尹钰佳，王蓉希，等.基于德尔菲法和层次分析法的医学高层次人才评价体系实证研究 [J].现代医院，2021，21（1）：64-67.

[113] 张欣，贾永飞，宋艳敬，等.创新链视角下科技人才分类评价指标体系构建研究 [J].科学与管理，2020，40（6）：51-56.

[114] 赵伟，包献华，屈宝强，等.创新型科技人才分类评价指标体系构建 [J].科技进步与对策，2013，30（16）：113-117.

[115] 刘颖.构建多元化创新科技人才评价体系 [J].中国行政管理，2019（5）：90-95.

[116] 张兰霞，宋嘉艺，王莹.基于QFD的海外科技人才引进政策实施效果评价——以辽宁省为例 [J].技术经济，2017，36（5）：28-33.

［117］庞弘燊，王超，胡正银."双一流"大学建设中人才引进评价指标库及指标体系构建［J］.情报杂志，2019，38（3）：67－74.

［118］Zhang S and Liu S. A GRA-based intuitionistic fuzzy multi-criteria group decision making method for personnel selection, Expert Systems with Applications［J］. 2011（38）：11401－11405.

［119］王菲.基于 AHP 的科研人员综合评价方法——北京航空航天大学青年拔尖人才评价方法研究［J］.北京航空航天大学学报（社会科学版），2020，33（1）：116－121.

［120］Yu D, Zhang W and Xu Y. Group decision making under hesitant fuzzy environment with application to personnel evaluation［J］. Knowledge－Based Systems，2013（52）：1－10.

［121］Williams O, Olatunji M and John E. Online fuzzy based decision support system for human resource performance appraisal［J］. Measurement，2014（55）：452－461.

［122］毕瑜林.心理契约视角下高校高层次人才绩效评价体系优化研究［J］.扬州大学学报（高教研究版），2020，24（4）：43－48.

［123］李乐泉，朱军，王家保，等.基于熵权的 TOPSIS 种业科技创新人才评价方法研究［J］.长江大学学报（自然科学版），2018，15（2）：77－81.

［124］杨阳，刘雅婷，胡远，等.湖北省海外高层次创新创业人才评价指标体系构建［J］.科技创业月刊，2019，32（12）：8－13.

［125］顾晓蕙，董玮，胡明列，等."双一流"背景下学科建设成效的评价体系［J］.天津大学学报（社会科学版），2021，23（6）：517－524.

［126］岑朝阳，张云宇.乡村振兴成效评价指标体系研究综述［J］.乡村科技，2021，12（28）：7－9.

［127］宁升.吉林省中小企业减税降费成效评价及提升策略研究［D］.长春：吉林外国语大学，2022.

[128] 闫一鸣. 资源型城市转型发展成效评价研究——以江苏省徐州市为例 [J]. 老字号品牌营销, 2022. (5)：108 – 110.

[129] 钟秉林. "双一流"建设成效评价的价值、方向与反思 [J]. 河北师范大学学报（教育科学版）, 2022, 24 (2)：17 – 21.

[130] 蔡三发, 任士雷, 王倩. "双一流"建设背景下学科可持续发展度评价指标体系构建 [J]. 复旦教育论坛, 2020, 18 (2)：86 – 92.

[131] 张琦, 石新颜, 顾忠锐. 中国绿色减贫成效评价指数构建及测度 [J]. 南京农业大学学报（社会科学版）, 2019, 19 (6)：20 – 28, 156 – 157.

[132] 赵懿宁. 我国企业数字化转型发展成效评价指标体系及实证研究 [C]//中国通信学会. 2020 中国信息通信大会论文集（CICC2020）. 中国工信出版集团, 2020：358 – 361.

[133] 顾璟. 创新驱动发展战略背景下江苏省人才高地建设的成效、困境与优化策略 [J]. 高校教育管理, 2022, 16 (6)：93 – 101.

[134] 曹霞, 王洋洋, 程逸飞. 高层次创造性人才队伍建设政策机制效果评价的指标体系 [J]. 科技与经济, 2010, 23 (1)：71 – 74.

[135] 刘加顺, 张珍. 人才政策实施效能研究 [J]. 当代经济, 2014 (3)：123 – 125.

[136] 郑巧一. 我国海外高层次人才计划实施效果评价 [D]. 上海：上海交通大学, 2015.

[137] 杨河清, 陈怡安. 海外高层次人才引进政策实施效果评价——以中央"千人计划"为例 [J]. 科技进步与对策, 2013 (16)：107 – 112.

[138] 邢敏. 双维度下河北省人才政策体系建设及实施成效研究 [D]. 石家庄：河北地质大学, 2021.

[139] 张兰霞, 张靓婷, 杨硕. 新常态背景下辽宁省海外高端人才引进的问题与对策 [J]. 东北大学学报（社会科学版）, 2016, 18 (4)：369 – 374.

[140] 高静, 黄河. 建立公平的人才评价机制 [J]. 中国人才, 2021

（9）：55.

[141] 杨留花，石磊．我国科技人才分类评价改革政策的演进及典型案例研究 [J]．中国科技人才，2021（1）：24 – 29.

[142] 习近平．决胜全面建成小康社会夺取新时代中国特色社会主义伟大胜利——在中国共产党第十九次全国代表大会上的报告 [M]．北京：人民出版社，2017：63 – 65.

[143] 萧鸣政，张湘姝．新时代人才评价机制建设与实施 [J]．前线，2018（10）：64 – 67.

[144] 刘璐．我国人才评价政策的变迁研究 [D]．兰州：兰州大学，2021.

[145] 赵菁菁．新时代苏州精准引进海外高端人才方法的优化策略 [J]．中国市场，2023（27）：25 – 28.

[146] 方君亮．湖州市海外高端人才引进政策优化研究 [D]．武汉：华中师范大学，2018.

[147] 刘如，陈志．引进海外高端人才的战略思考与建议 [J]．科技中国，2021（9）：56 – 58.

[148] 李奕赢．高校海归青年教师首聘期工作满意度研究 [D]．上海：上海交通大学，2020.

[149] Glaser B G, Strauss A L. The discovery of grounded theory: Strategies for qualitative research（grounded theory）[J]. Taylor & Francis eBooks DRM Free Collection, 1967: 1 – 10.

[150] 陈向明．"本土概念"分析 [J]．外语教学与研究，2000（3）：196 – 199，239 – 240.

[151] 陈文基，忻展红，申志伟．基于经典扎根理论的商业模式研究 [J]．北京邮电大学学报（社会科学版），2011，13（3）：81 – 88.

[152] Patton M Q. How to use qualitative methods in evaluation [M]. Sage, 1987.

[153] 陈力华，魏凤．扎根理论下涉农企业生态创新行为研究——来

自陕西杨凌区 10 家企业的数据 [J]. 科技进步与对策, 2017, 34 (24): 102 - 107.

[154] 费小东. 扎根理论研究方法论: 要素、研究程序和评判标准 [J]. 公共行政评论, 2008, 1 (3): 23 - 43.

[155] 毕恒达, 刘长萱, 瞿海源, 等, 社会及行为科学研究法 (质性研究法) [M]. 北京: 社会科学文献出版社, 2013.

[156] 陈晓萍, 徐淑英, 樊景立. 组织与管理研究的实证方法 [M]. 北京: 北京大学出版社, 2008.

[157] 徐选华, 陈晓红. 基于矢量空间的群体聚类方法研究 [J]. 系统工程与电子技术, 2005 (6): 1034 - 1037.

[158] 胡立辉, 罗国松. 改进的基于矢量空间的群体聚类算法 [J]. 系统工程与电子技术, 2007 (3): 472 - 474.

[159] 徐选华, 杨玉珊. 基于累积前景理论的大群体风险型动态应急决策方法 [J]. 控制与决策, 2017, 32 (11): 1957 - 1965.

[160] 徐选华, 吕杰, 陈晓红. 大群体风险应急决策动态子群体识别及管理机制研究 [J]. 运筹与管理, 2023, 32 (4): 41 - 46.

[161] Yager R R. Pythagorean fuzzy subsets [C]. Ifsa World Congress and Nafips Meeting, 2013: 57 - 61.

[162] Yager R R. Pythagorean membership grades in multicriteria decision making [J]. IEEE Transactions on Fuzzy Systems, 2013, 22 (4): 958 - 965.

[163] Zhang X, Xu Z. Extension of TOPSIS to multiple criteria decision making with Pythagorean fuzzy sets [J]. International Journal of Intelligent Systems, 2014, 29 (12): 1061 - 1078.

[164] Zhang X. Multicriteria Pythagorean fuzzy decision analysis: A hierarchical QUALIFLEX approach with the closeness index-based ranking methods [J]. Information Sciences, 2016 (330): 104 - 124.

[165] Garg H. A novel accuracy function under interval-valued Pythagorean fuzzy environment for solving multicriteria decision making problem [J].

Journal of Intelligent & Fuzzy Systems, 2016, 31 (1): 529 – 540.

［166］尹东亮，崔国恒，黄晓颖，等. 基于改进得分函数和前景理论的区间值毕达哥拉斯模糊多属性决策 ［J］. 系统工程与电子技术，2022，44 (11).

［167］Liang W, Zhang X & Liu M. The maximizing deviation method based on interval-valued Pythagorean fuzzy weighted aggregating operator for multiple criteria group decision analysis ［J］. Discrete Dynamics in Nature and Society, 2015: 1 – 16.

［168］Garg, H. A new improved score function of an interval-valued Pythagorean fuzzy set based TOPSIS method ［J］. International Journal for Uncertainty Quantification, 2017, 7 (5): 463 – 474.

［169］Yu C, Shao Y, Wang K, et al. A group decision making sustainable supplier selection approach using extended TOPSIS under interval-valued Pythagorean fuzzy environment ［J］. Expert Systems with Applications, 2019 (121): 1 – 17.

［170］Xu Z. Intuitionistic fuzzy aggregation operators ［J］. IEEE Transactions on Fuzzy Systems, 2007, 15 (6): 1179 – 1187.

［171］尤欣赏，陈通. 区间直觉模糊环境下公共文化设施建设方案选择研究 ［J］. 系统科学与数学，2017，37 (6): 1468 – 1479.

［172］Chen M, Wang L, Wang J, et al. Impact of individual response strategy on the spatial public goods game within mobile agents ［J］. Applied Mathematics and Computation, 2015 (251): 192 – 202.

［173］Bašič A M, Kamal S M, Almazroui M, et al. A mathematical model for the climate change: Can unpredictability offset the temptations to pollute? ［J］. Applied Mathematics and Computation, 2015 (265): 187 – 195.

［174］尤欣赏. 基于模糊偏好关系的公众参与下公共项目多准则群决策 ［D］. 天津：天津大学，2017.

［175］Hwang C L, Yoon K. Multiple attribute decision making and application. A State of the Art Survey［M］. Berlin：Springer – Verlag，1981.

［176］南江霞，李登峰，张茂军. 直觉模糊多属性决策的 TOPSIS 法
［J］. 运筹与管理，2008（3）：34 – 37.

［177］陕振沛，张转周，宁宝权. 基于直觉模糊集 TOPSIS 决策方法
的应急预案综合评价研究［J］. 数学的实践与认识，2016，46（3）：160 –
166.

［178］杨学明. 构建以绩效为导向的人才评价机制策略——以福建高
校教师职称评定为例［J］. 领导科学论坛，2016（15）：29 – 30.

［179］张曦琳. 高校教师学术评价机制变革研究［D］. 上海：华东师
范大学，2022.

［180］别敦荣. 现代大学制度原理与实践［M］. 青岛：中国海洋大学
出版社，2018：42.

［181］Murtagh F，Legendre P. Ward's hierarchical agglomerative cluste-
ring method：Which algorithms implement ward's criterion［J］. Journal of Classi-
fication，2014，31（3）：274 – 295.

［182］Kruskal J B. Nonmetric multidimensional-scaling：Anumerical meth-
od［J］. Psychometrika，1964，29（2）：115 – 129.

［183］张兴. 上海高校分类评价指标体系设计的基本原则［J］. 上海
教育评估研究，2020，9（4）：30 – 33.

［184］陈玉琨. 教育评价学［M］. 北京：人民教育出版社，1999：35 –
36，47 – 48.

［185］Freeman R E. Strategic management：Astakeholder approach［M］.
Boston，MA：Pitman，1984.

［186］周彦. 第三方评估在政府绩效评估中的应用研究［D］. 北京：
对外经济贸易大学，2019.

［187］黄中伟. C 企业新品开发的跨职能协作沟通机制研究［D］. 武
汉：华中师范大学，2022.

［188］石国亮. 慈善组织公信力重塑过程中第三方评估机制研究［J］.

中国行政管理，2012（9）：64-70.

[189] 车洁. 我国地级市政府绩效评估第三方参与机制研究 [D]. 杭州：电子科技大学，2016.

[190] 陈家建，洪君宝. 社会治理的话语与地方实践：基于"模糊政策"的概念解释 [J/OL]. 广西师范大学学报（哲学社会科学版），2023（6）：1-15.

[191] 郑松. 政策弹性、执行能力与互动效率对地方政府政策执行绩效的影响研究 [D]. 兰州：兰州大学，2022.

[192] 赵天航. "不折不扣"还是"灵活变通"：政策执行刚性与弹性研究的分野与整合 [J]. 中国延安干部学院学报，2020，13（1）：126-136.

[193] 徐静冉. 风险情境下的政策弹性：一项探索性研究 [D]. 济南：山东大学，2022.

[194] 李静，单既桢. 大数据时代下区域健康医疗数据资源共享及安全防护机制研究 [J]. 信息技术与信息化，2019（4）：132-134.

[195] 魏良，林鑫，索晴. 基于区块链的医学学术评价共享平台构建研究 [J]. 中国卫生信息管理杂志，2022，19（4）：488-492.